U0819206

权威·前沿·原创

皮书系列为
“十二五”“十三五”国家重点图书出版规划项目

BLUE BOOK

智库成果出版与传播平台

地方立法蓝皮书
BLUE BOOK OF LOCAL LEGISLATION

中国地方立法报告（2021）

ANNUAL REPORT ON CHINA'S LOCAL LEGISLATION (2021)

主　　编／付子堂
执行主编／周祖成　周尚君
副 主 编／杨惠琪

社会科学文献出版社
SOCIAL SCIENCES ACADEMIC PRESS (CHINA)

图书在版编目(CIP)数据

中国地方立法报告.2021 / 付子堂主编. -- 北京:
社会科学文献出版社, 2022.2
(地方立法蓝皮书)
ISBN 978-7-5201-9679-6

Ⅰ.①中… Ⅱ.①付… Ⅲ.①地方法规-立法-研究
报告-中国-2021 Ⅳ.①D927

中国版本图书馆CIP数据核字(2022)第021848号

地方立法蓝皮书
中国地方立法报告(2021)

主　　编 / 付子堂
执行主编 / 周祖成　周尚君
副 主 编 / 杨惠琪

出 版 人 / 王利民
组稿编辑 / 刘骁军
责任编辑 / 易　卉
责任印制 / 王京美

出　　版 / 社会科学文献出版社·集刊分社
　　　　　地址: 北京市北三环中路甲29号院华龙大厦　邮编: 100029
　　　　　网址: www.ssap.com.cn
发　　行 / 社会科学文献出版社(010)59367028
印　　装 / 三河市东方印刷有限公司

规　　格 / 开 本: 787mm×1092mm 1/16
　　　　　印 张: 20.75　字 数: 311千字
版　　次 / 2022年2月第1版　2022年2月第1次印刷
书　　号 / ISBN 978-7-5201-9679-6
定　　价 / 138.00元

读者服务电话: 4008918866

《中国地方立法报告（2021）》
编　委　会

主编简介

主编　付子堂

法学教授，西南政法大学校长。享受国务院特殊津贴专家，第六届“全国十大杰出青年法学家”，2014年入选“国家百千万人才工程”，获国家“有突出贡献的中青年专家”荣誉称号；中国法学会常务理事、学术委员会委员，教育部高等学校法学学科教学指导委员会副主任委员，中国法理学研究会副会长，中国法学教育研究会副会长，中国人权研究会副会长，全国法律硕士专业学位教育指导委员会委员，重庆市“2011计划”地方立法研究协同创新中心主任。在《求是》《人民日报》《光明日报》以及《中国社会科学》《法学研究》《中国法学》等国家级权威报刊及中文核心期刊发表学术论文200余篇，主持和主研国家及省部级科研项目30余项，出版法学教材、专著、辞书等60余部。

执行主编　周祖成

西南政法大学教授，博士生导师，重庆市“2011计划”地方立法研究协同创新中心执行主任；日本筑波大学社会科学系访问学者，中国法学会立法学研究会常务理事，中国法理学研究会理事，中国行为法学会理事。先后在《法学研究》《人民日报》《政法论坛》《现代法学》《法制与社会发展》等权威和核心学术刊物发表论文60余篇。

执行主编　周尚君

西南政法大学教授，博士生导师。国家“万人计划”青年拔尖人才，重庆市学术技术带头人，重庆市青年专家工作室领衔专家。现任西南政法大学科研处处长，西南政法大学高等研究院执行院长，重庆市“2011 计划”地方立法研究协同创新中心副主任；中国法理学研究会理事，中国行为法学会理事，中国社会学会法律社会学专业委员会常务理事。在《法学研究》《中国法学》等权威和核心刊物发表学术论文多篇。主持国家社科基金项目及教育部、司法部、中国法学会等的项目。

摘　要

本年度“地方立法蓝皮书”由总报告和各专题报告组成，力求在展现2020年中国地方立法的整体样态的基础上，发现、分析并回应地方立法实践中的具体问题。总报告通过对2020年度地方立法成果数据的统计分析，发现地方立法整体上依旧表现出积极活跃状态，立修并重格局也得到了稳固延续。并且，省级立法活动成为年度立法活动主力，立法事项类型在均衡发展之余表现出了多元集中态势。社会治理中的地方立法专题，针对网络立法、养老立法等热点问题作出了实证分析，涉及地方立法的司法适用问题，也从地方立法角度探讨了大众法治观念塑造途径。地方立法调研与评估专题集中展现了重庆、巴中等地在食盐管理、招商引资、水源保护、市容卫生、垃圾分类方面的立法工作情况，对同类立法事项的实践活动提出了对策建议。资源环境保护近年来一直是地方立法的热点、重点领域，此次设置专题报告栏目，以陕西省为研究样本进行了个案测评，并就流域治理以及协同立法问题进行了深入论证。另外，地方立法技术专题对地方性法规结构进行了比较研究，并对设区的市立法实践中的“法规指导”机制进行了系统论证。

关键词： 地方立法　立法技术　法治建设　社会治理

目 录

Ⅰ 总报告

B.1 2020年度中国地方立法发展状况 …………………………… 杨惠琪 / 001

Ⅱ 社会治理中的地方立法

B.2 地方立法司法适用的现状与诠释
——以甘肃各级法院的1131份裁判文书为例
…………………………………………………………… 康建胜 吴 琼 / 024
B.3 地方网络立法的问题与完善…………………………… 宋维志 / 042
B.4 大众法治观念的样态呈现与增强路径
——基于地方立法的视角………………………………… 肖 武 / 056
B.5 我国地方养老立法的问题及对策研究……………………… 李春兰 / 082

Ⅲ 地方立法调研与评估

B.6 《重庆市食盐管理条例》立法调研报告…………………… 杨文明 / 105

B.7 重庆市招商引资领域立法的背景阐释、目标定位与框架设计 …………………… 赵忠奎 / 122

B.8 地方立法后评估的方法论研究
——基于《巴中市城市饮用水水源保护条例》立法后评估的理论和实证分析 …………………… 梁西圣 冯子轩 杨 刚 / 139

B.9 省级市容和环境卫生地方立法特色质量评估 …………… 赵心语 / 160

B.10 城市生活垃圾分类地方立法现状研究
——以46个重点城市地方立法为样本 …………… 张睿楠 / 193

Ⅳ 地方立法与资源环境专题

B.11 跨区域的流域治理协同立法研究
——兼论漳河流域生态环境治理协同立法的必要性与可行性 …………………… 傅 丽 徐鹏飞 刘恒科 / 221

B.12 流域治理的现实观照与立法意涵 …………………… 张 虹 / 236

B.13 环境资源的地方立法：规范、实效与测评
——基于陕西省的考察 …………………… 吕康宁 / 246

Ⅴ 地方立法技术专题

B.14 地方性法规结构特征研究
——以成都市、广州市、杭州市和武汉市为例 …… 张 琼 / 264

B.15 论设区的市法规指导的规范基础与功能定位 ………… 王友健 / 284

Abstract …………………………………………………… / 302

Contents …………………………………………………… / 304

总报告

General Report

B.1

2020年度中国地方立法发展状况*

杨惠琪**

摘　要：在收集、整理2020年度地方立法成果数据的基础上，引入八大经济地带、立法事项类型等要素，深入分析研究地方立法的省市表现、热点问题与发展趋势。在全面展现地方立法概况的基础上，总结得出2020年度中国地方立法状态依旧积极活跃，立修并重格局得到稳固延续，省级立法活动成为年度立法活动主力。并且，立法事项类型在均衡发展之余表现出了多元集中态势。

* 本文为重庆市社会科学规划项目“新时代地方立法的适用问题研究”（2019BS103）的成果，中国人权研究会2020年度部级课题项目“马克思主义视野下‘以人民为中心’的人权主体观研究”（批准号：CSHR2020－06YB）的阶段性成果。报告数据的收集整理由课题组团队完成，仅具有学术意义。

** 杨惠琪，西南政法大学行政法学院讲师，重庆市地方立法研究协同创新中心研究员，法学博士，主要研究方向为法社会学、立法学。

关键词： 地方立法 实证研究 立法热点

一 2020年度地方立法概况

本报告通过对全国各地人大、政府官方网站以及权威数据库公开的立法信息数据进行收集、筛选①，汇总了2020年度中国的地方立法情况基本数据。从时间方面来看，样本覆盖时间为2020年1月1日至2020年12月31日；从立法层级而言，囊括了省级、市级两层级的地方立法成果。据统计，2020年度中国地方立法依旧保持了活跃状态，年度立法活动频次总量达到1835次（见图1）。② 其中，年度新增立法867件，法规修改828件，法规废止140件（见图2）。结合上年度数据发现，2020年度地方立法活动依旧保持了数量上涨的态势，但频次增加幅度略有下降③，并且，该年度虽然同样呈现新增立法和法规修改基本持平的态势，但新增立法的数量在本年度已经小幅超越了法规修改数量。④

就地方立法层级表现而言，本年度市级立法活动未能延续上年度的强势表现⑤，省级立法活动在频次上略占优势。具体而言，本年度省级立法活动

① 统计时间截止到2021年1月5日。主要信息来源为各地人大公开信息，并结合北大法宝数据库的检索信息。考虑到现实中一些地方人大网站，乃至大规模数据库也会存在公开不足、信息滞后的问题，本文的数据分析仅对取样数据负责，并允许课题组统计数据同实际情况之间存在一定的误差，特此对可能存在的数据更新误差以及统计疏漏作出解释。

② 为了凸显地方立法的活动状态，这里的统计没有仅单纯地计算立法和修改的数量，而是将法规废止这一活动也纳入了统计范围，故而选择以“频次”来代表整体数量情况。也即，频次意味着地方立法活动的活跃情况，具体包括了新增立法、法规修改、法规废止三种活动内容。

③ 从2019年统计数据看，该年度立法活动频次较2018年度数值上涨300余次，2020年度较2019年度虽有所上涨，但仅上涨170余次。数据参见付子堂主编《中国地方立法报告（2020）》，社会科学文献出版社，2021。

④ 上年度数据显示，地方新增立法和法规修改占比各为45%。数据参见付子堂主编《中国地方立法报告（2020）》，社会科学文献出版社，2021。

⑤ 上年度市级立法十分活跃，立法活动频次占据全年数据的60%。数据参见付子堂主编《中国地方立法报告（2020）》，社会科学文献出版社，2021。

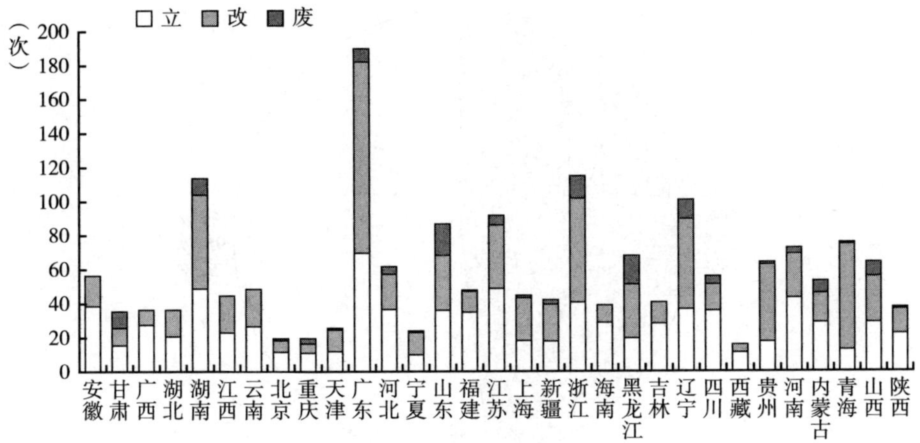

图1　2020年度中国各省份地方立法情况

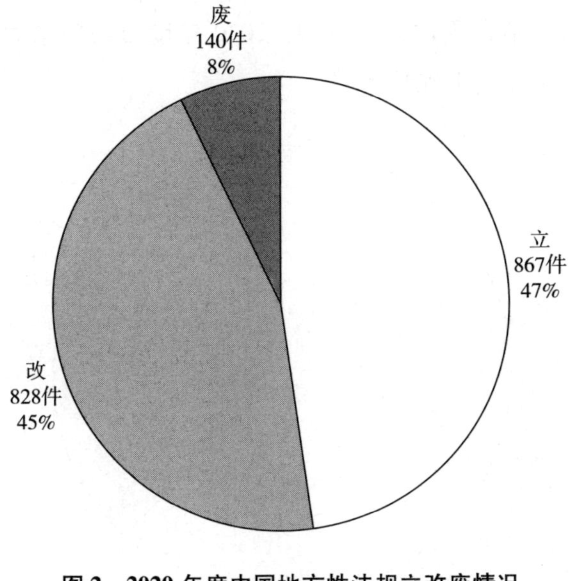

图2　2020年度中国地方性法规立改废情况

共计958次，占比为52%，市级立法活动频次为877次，占比为48%。

但是，省、市两级地方立法活动状况在新增立法、法规修改、法规废止方面表现差异较大。从新增立法角度而言，市级立法占比高达62%，这表明本年度的新增立法成果超过六成是由设区的市贡献的，省级立法成果占比

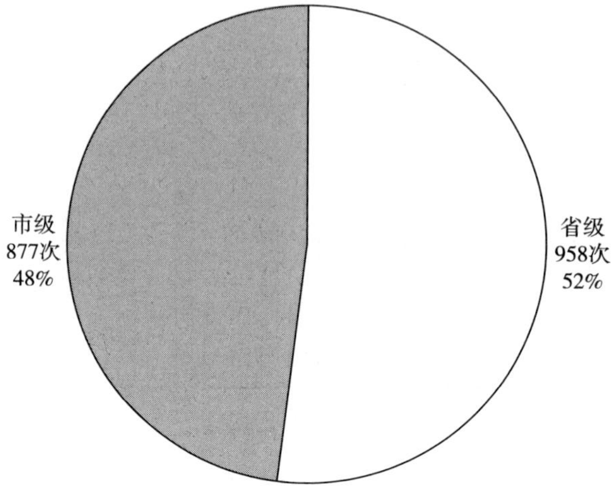

图 3　2020 年度中国地方立法频次省市分布情况

相对较小。并且，结合既往数据得知，2020 年度市级新增立法依旧保持活跃，延续了过去两年的上涨势头。①

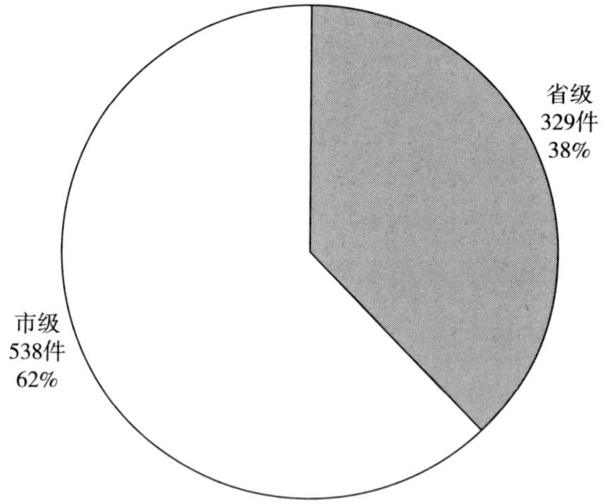

图 4　2020 年度中国地方新增立法省市分布情况

① 上年度市级在新增立法数量中占据了七成，本年度虽占比略有下降，但仍旧占据数量优势。数据参见付子堂主编《中国地方立法报告（2020）》，社会科学文献出版社，2021。

不过，市级层面在新增立法方面的优势并未在法规修改方面再次展现。省级层面在本年度的法规修改数据方面呈现较大优势。具体而言，省级法规修改件数占据了全年近七成，市级层面法规修改活动相对较少，这也体现出，既往年度市级积极修法的状态在本年度有了一定改变①。

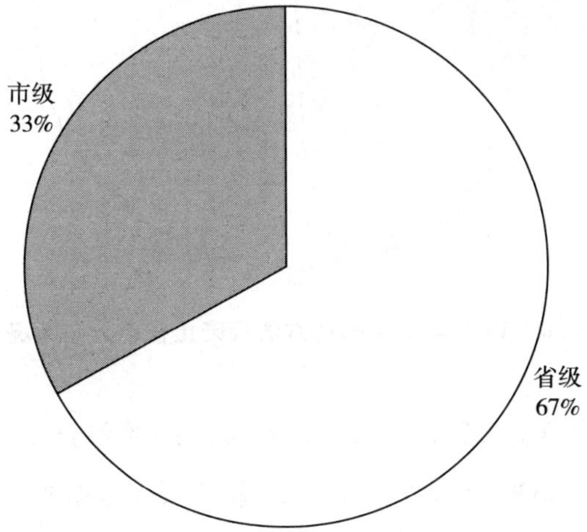

图5　2020 年度中国地方法规修改省市分布情况

法规废止方面依旧呈现双方大体持平的状态，本年度法规废止件数为 140 件，相较于上年度略有下降。从占比上看，省、市两级之间的差异逐步缩小，本年度省级法规废止数量占比 51%，市级法规废止数量占比 49%，而上年度两者占比分别为 54%、46%，体现出市级层面法规废止行为的逐渐增多。

总体而言，2020 年度地方立法频次再次增长体现出地方立法持续活跃，并且本年度延续了上年度立修并重的风格，法规废止数量则有所降低。不过，地方立法不同层级的侧重点不尽相同，省级本年度的立法活动重点在于法规修改，市级本年度的立法活动重点则在于新增立法，双方在法规废止方面表现相对均衡，也正是省、市两层级立法重点的差异化表现，导致了在最

① 上年度市级修法占比为 48%，但本年度该数据则下降为 33%。数据参见付子堂主编《中国地方立法报告（2020）》，社会科学文献出版社，2021。

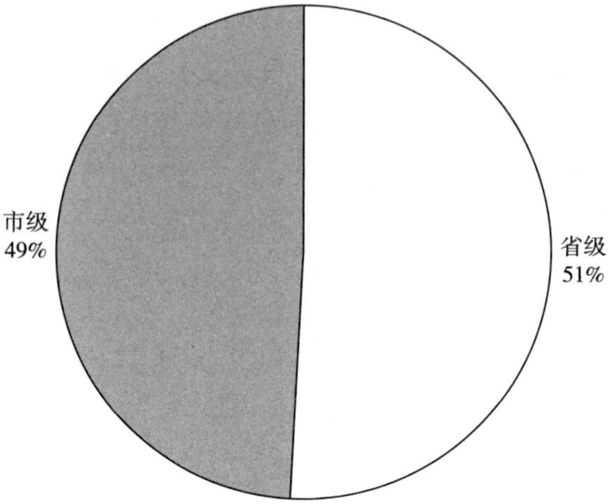

图 6　2020 年度中国地方法规废止省市分布情况

终的年度立法活动频次总数据方面，两层级之间的差异并不悬殊。为了全面展现中国地方立法 2020 年度发展情况，除了总览分析外，后文将对各地的立法情况进行区域分析和类型分析，以期能够深入挖掘年度地方立法成果以及立法重点。

二　2020年度地方立法地域分析

本年度地方立法地域数据分析，依旧采用的是既往划分标准，以国家“十一五”规划提出的八大经济地带为标准进行区域划分，同时此划分方式也是国家统计局官方采纳的地区划分标准之一①。具体而言，八大经济地带划分结果如下：

（1）北部沿海：包括北京、天津、河北、山东 4 个省份；

（2）大西北地区：包括甘肃、青海、宁夏、西藏、新疆 5 个省份；

（3）东北地区：包括辽宁、吉林、黑龙江 3 个省份；

① 国家统计局网站，http：//data. stats. gov. cn/easyquery. htm？ cn = E0101。

（4）东部沿海：包括上海、江苏、浙江 3 个省份；

（5）黄河中游：包括陕西、山西、河南、内蒙古 4 个省份；

（6）南部沿海：包括福建、广东、海南 3 个省份；

（7）西南地区：包括云南、贵州、四川、重庆、广西 5 个省份；

（8）长江中游：包括湖北、湖南、江西、安徽 4 个省份。

（一）各地区立法活动状况总览

从数据总体上看，2020 年度的立法活动在八大区域内分布趋势较为均衡，但仍旧呈现不同的活动状况。具体而言，南部沿海（15%）、长江中游（14%）、东部沿海（14%）地区立法活动频繁，其他地区表现较为均衡，数据均在 11% ~12% 波动。同往年相比，区域之间的立法活动频次差异在本年度有了进一步缩小。

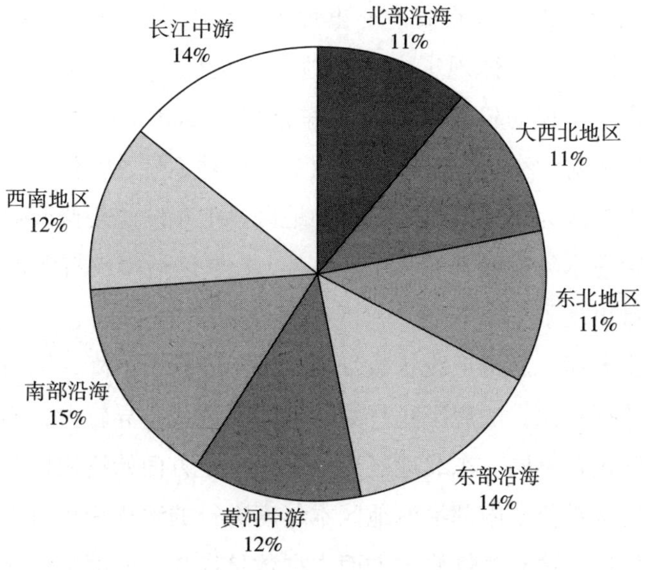

图 7　2020 年度中国地方立法活动区域分布情况

结合具体立法行为来看，本年度各地区新增立法行为表现活跃，南部沿海、长江中游地区在新增立法数量上领先于其他地区，黄河中游、西南地区数量次之，大西北地区新增立法数量依旧最少。相较于上年度数据，2020年度新增立法数量有了一定增长，其中尤以南部沿海地区增幅最为显著，东部沿海增幅次之。①

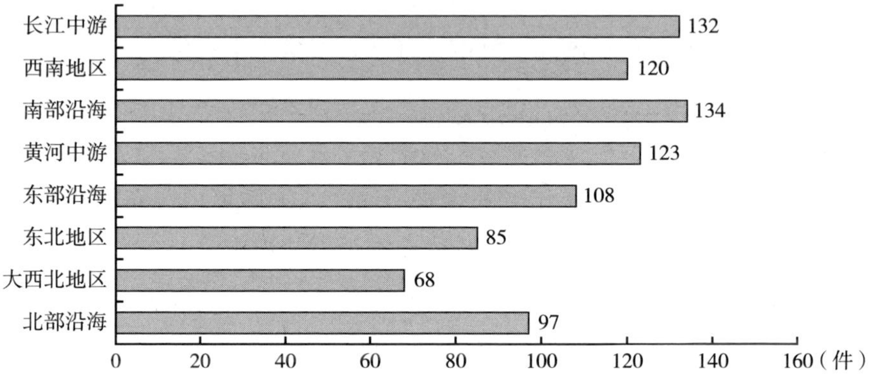

图 8　2020 年度中国地方新增立法区域分布情况

2020 年各地区的法规修改情况出现了较大变动，绝大多数地区的修法数量均呈上升趋势，这体现了本年度地方对法规修改重视程度的提升。并且，相较于往年呈现的较为分散的数据分布，2020 年度法规修改数量在各个地区的表现相对均衡，各区域之间数量差异并不悬殊。值得一提的是，南部沿海地区再次成为法规修改最频繁的地区，上年度法规修改数量最少的东部沿海地区则在本年度跃升为第二。另外，8 个区域中仅有黄河中游地区的法规修改数量出现了小幅下降。

法规废止方面，总量上废止数量相比上年度有所下降，同新增立法和法规修改活动数据相比，法规废止行为的地区间数量差异较大，不同地区对废止法规的态度选择不同。东北地区近年来在废止方面始终积极，废法数量连续三年占据地区首位。南部沿海地区本年度进行的法规废止行为最少，但由于该地区在新增立法和法规修改方面占据数量优势，南部沿海地区依旧成了年度立法活动最频繁的区域。

---

① 南部沿海地区上年度新增立法数量为 77 件，东部沿海地区上年度新增立法数量为 74 件。数据参见付子堂主编《中国地方立法报告（2020）》，社会科学文献出版社，2021。

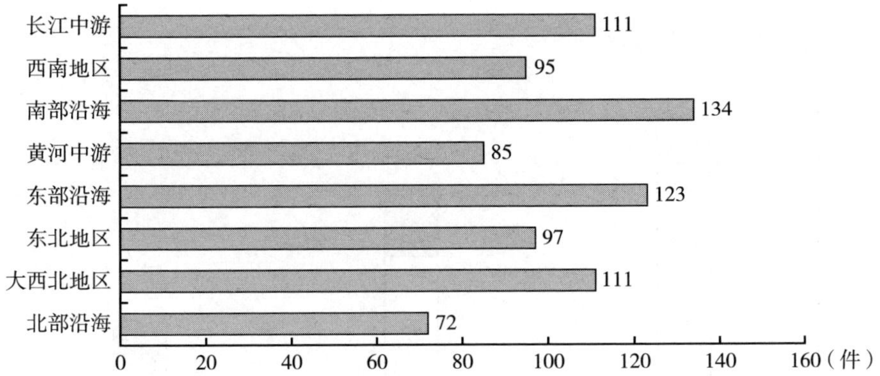

图9　2020 年度中国地方法规修改区域分布情况

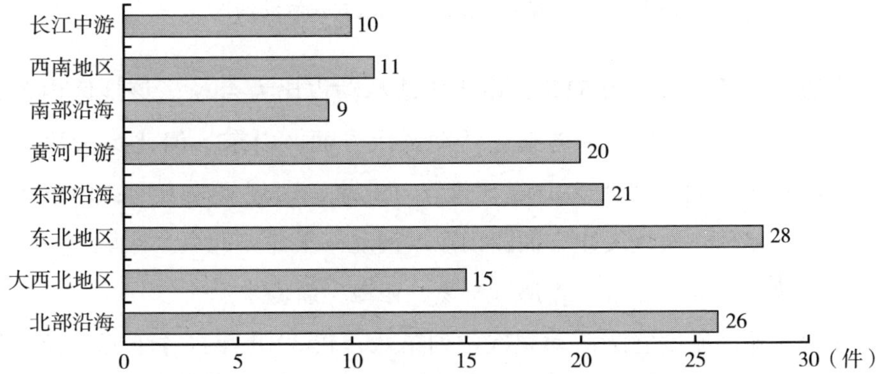

图10　2020 年度中国地方法规废止区域分布情况

（二）各地区年度立法活动样态

我们依照年度立法活动的频次排序，逐一对各个地区的立法情况进行了统计梳理，以求进一步揭示 2020 年度地方立法在各个地区的表现情况。

1. 北部沿海：北京、天津、河北、山东

北部沿海地区年度立法活动频次位列第七，2020 年度该地区立法活动频次继续走低①，其中全年新增立法 97 件，法规修改 72 件，法规废止 26

① 该地区 2019 年度地区排序第六，2018 年度地区排序第四。数据参见付子堂主编《中国地方立法报告（2020）》，社会科学文献出版社，2021。

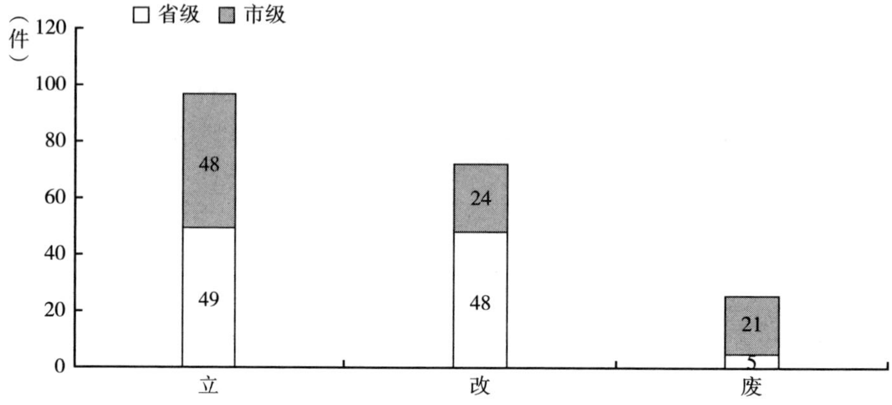

图 11　2020 年度北部沿海地区立法活动情况

件，省级立法活动占比为 52%，市级立法活动占比为 48%。该地区内各省（市）表现情况具体为，总体立法活动频次方面：山东 > 河北 > 天津 > 北京；新增立法方面：河北 > 山东 > 天津 = 北京；法规修改方面：山东 > 河北 > 天津 > 北京；法规废止方面：山东 > 河北 > 天津 = 北京。

2. 大西北地区：甘肃、青海、宁夏、西藏、新疆

大西北地区年度立法活动频次位列第八，较 2019 年排序下降一位，位列各地区整体排序最后一名。其中，全年新增立法 68 件，法规修改 111 件，法规废止 15 件，省级立法活动占比为 72%，市级立法活动占比为 28%，省、市两层级立法表现差异悬殊。该地区内各省（区）表现情况具体为，总体立法活动频次方面：青海 > 新疆 > 甘肃 > 宁夏 > 西藏；新增立法方面：新疆 > 甘肃 > 青海 > 西藏 > 宁夏；法规修改方面：青海 > 新疆 > 宁夏 > 甘肃 > 西藏；法规废止方面：甘肃 > 新疆 > 青海 = 宁夏 > 西藏。

3. 东北地区：辽宁、吉林、黑龙江

东北地区年度立法活动频次位列第六，本年度立法活动频次排序再次出现下降。其中，年度新增立法 85 件，法规修改 97 件，法规废止 28 件，省级立法活动占比为 42%，市级立法活动占比为 58%。该地区内各省表现情况具体为，总体立法活动频次方面：辽宁 > 黑龙江 > 吉林；新增立法方面：

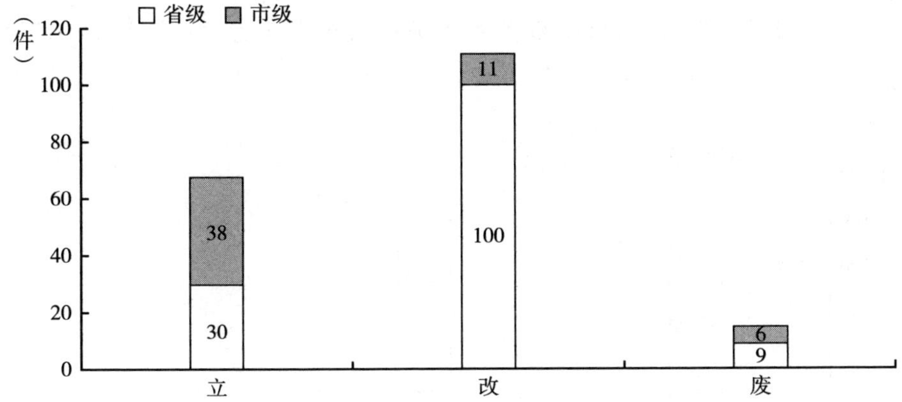

图 12　2020 年度大西北地区立法活动情况

辽宁 > 吉林 > 黑龙江；法规修改方面：辽宁 > 黑龙江 > 吉林；法规废止方面：黑龙江 > 辽宁 > 吉林。

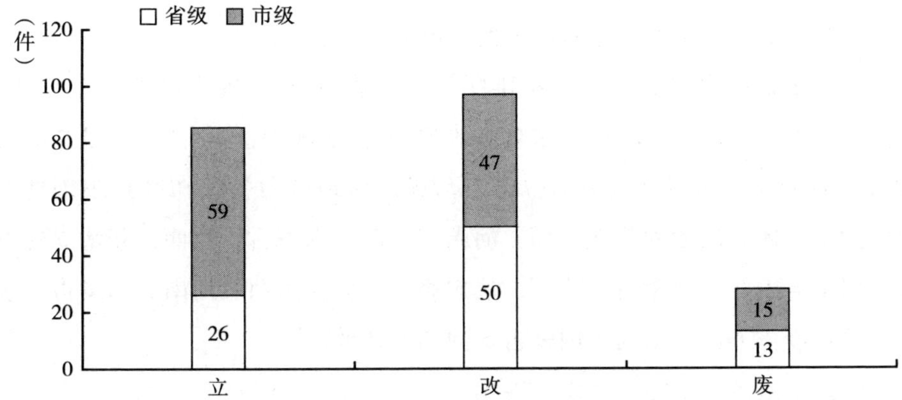

图 13　2020 年度东北地区立法活动情况

4. 东部沿海：上海、江苏、浙江

东部沿海地区年度立法活动频次排序第三，较 2019 年有大幅上升。其中，年度新增立法 108 件，法规修改 123 件，法规废止 21 件，省级立法活动占比为 63%，市级立法活动占比为 37%。该地区内各省（市）表现情况具体为，总体立法活动频次方面：浙江 > 江苏 > 上海；新增立法方面：江苏 > 浙江 > 上海；法规修改方面：浙江 > 江苏 > 上海；法规废止方面：浙江 > 江苏 > 上海。

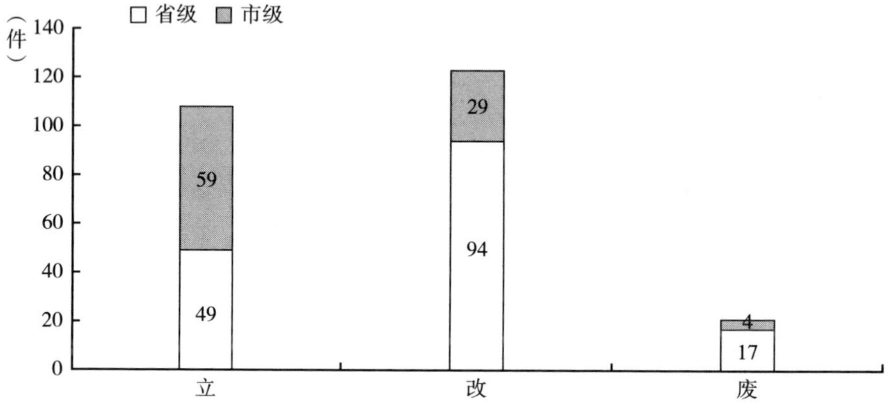

图 14　2020 年度东部沿海地区立法活动情况

5. 黄河中游：陕西、山西、河南、内蒙古

黄河中游年度立法活动频次排序第四，较 2019 年度下降了一个位次。其中，年度新增立法 123 件，法规修改 85 件，法规废止 20 件，省级立法活动占比为 43%，市级立法活动占比为 57%。该地区内各省（区）表现情况具体为，总体立法活动频次方面：河南 > 山西 > 内蒙古 > 陕西；新增立法方面：河南 = 山西 > 内蒙古 > 陕西；法规修改方面：山西 > 河南 > 内蒙古 > 陕西；法规废止方面：山西 > 内蒙古 > 河南 > 陕西。

6. 南部沿海：福建、广东、海南

南部沿海地区年度立法活动频次排序第一，同上年度位次持平。本地区年度新增立法 134 件，法规修改 134 件，法规废止 9 件，省级立法活动占比为 35%，市级立法活动占比为 65%，市级立法活动十分活跃。该地区内各省表现情况具体为，总体立法活动频次方面：广东 > 福建 > 海南；新增立法方面：广东 > 福建 > 海南；法规修改方面：广东 > 福建 > 海南；法规废止方面：广东 > 福建 > 海南。

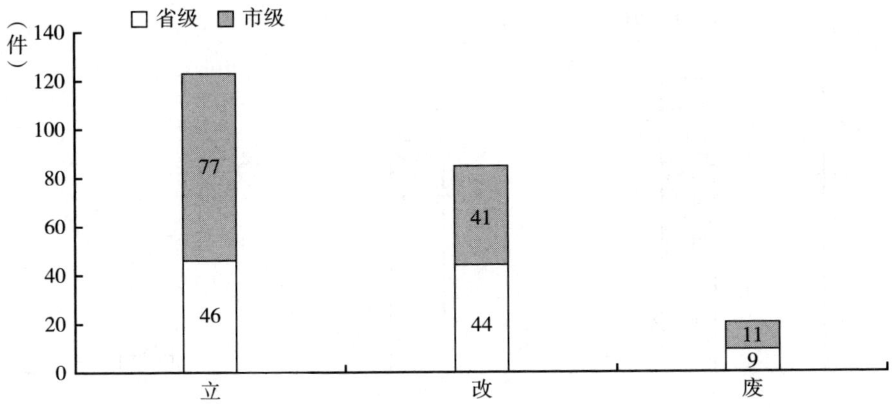

图 15　2020 年度黄河中游地区立法活动情况

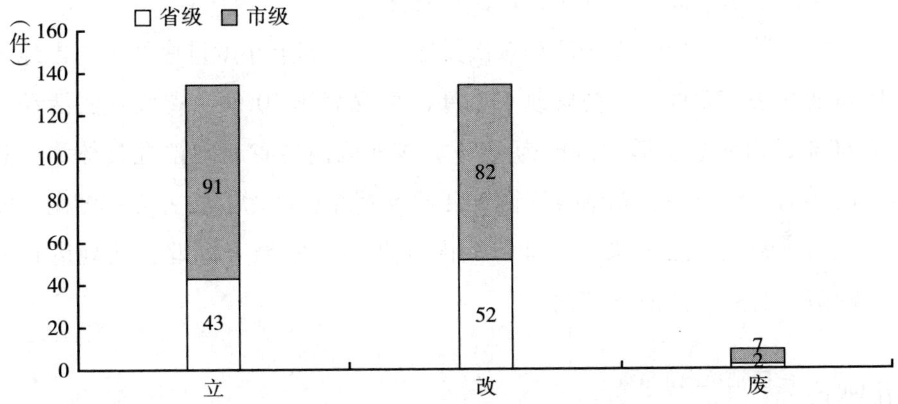

图 16　2020 年度南部沿海地区立法活动情况

7. 西南地区：云南、贵州、四川、重庆、广西

西南地区年度立法活动频次排序第五，较上年度下降一个位次。本地区年度新增立法 120 件，法规修改 95 件，法规废止 11 件，省级立法活动占比为 54%，市级立法活动占比为 46%。该地区内各省（区、市）表现情况具体为，总体立法活动频次方面：贵州 > 四川 > 云南 > 广西 > 重庆；新增立法方面：四川 > 广西 > 云南 > 贵州 > 重庆；法规修改方面：贵州 > 云南 > 四川 > 广西 > 重庆；法规废止方面：四川 > 重庆 > 云南 = 贵州 > 广西。

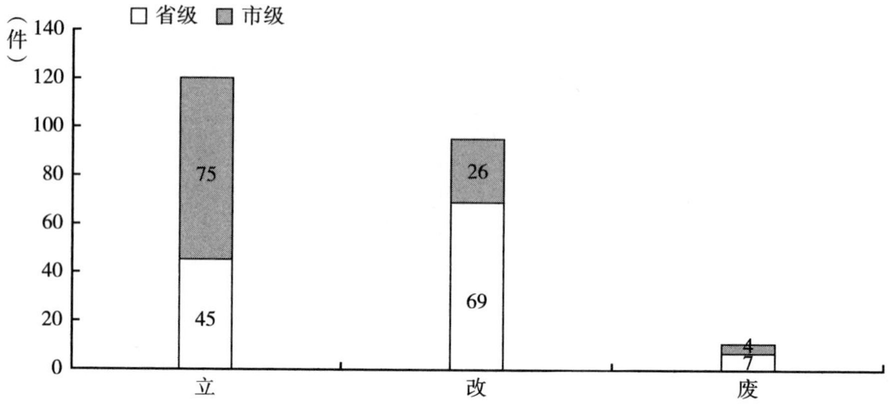

图 17　2020 年度西南地区立法活动情况

8. 长江中游：湖北、湖南、江西、安徽

长江中游地区年度立法活动频次排序第二，同上年度排序持平。本地区年度新增立法 132 件，法规修改 111 件，法规废止 10 件，省级立法活动占比为 60%，市级立法活动占比为 40%。该地区内各省表现情况具体为，总体立法活动频次方面：湖南 > 安徽 > 江西 > 湖北；新增立法方面：湖南 > 安徽 > 江西 > 湖北；法规修改方面：湖南 > 江西 > 安徽 > 湖北；法规废止方面：湖南 > 安徽 = 江西 = 湖北。

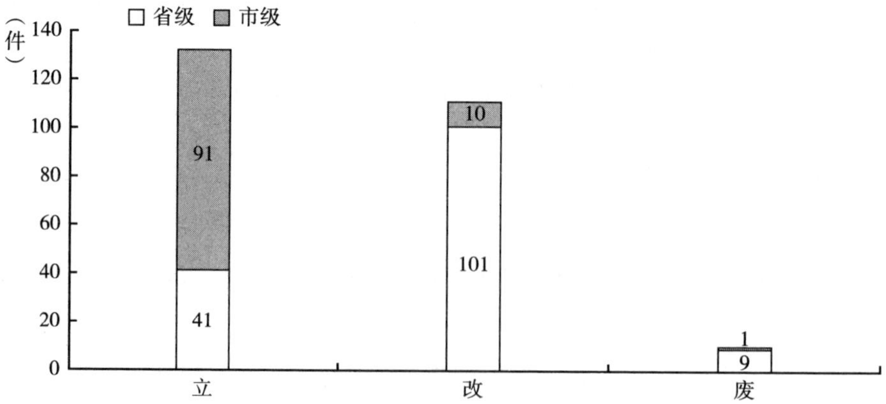

图 18　2020 年度长江中游地区立法活动情况

三　2020年度地方立法类型分析

（一）立法活动类型分布情况总览

为了方便研究者进行年度数据比较，地方立法成果的类型分析依旧选用往年的分类方式，也即，依据地方立法成果具体调整内容及调整重点的不同，将其基本划分为六大类别。

（1）国家机关类：具体包括人大制度、行政机构、行政执法、行政事务等内容。

（2）社会事务类：具体包括公民权益、公共安全、司法服务、社会事务、社会团体、基层政治、劳动安全、社会保障等内容。

（3）文化教育类：具体包括教育、科学、文化、卫生、体育等内容。

（4）财政经济类：具体包括市场、交通、农业农村、旅游、企业、邮政电信、统计、中介组织等内容。

（5）城乡建设类：具体包括建设规划、市政绿化、风景名胜等内容。

（6）资源环境类：具体包括资源、能源、环保、灾害防治等内容。

依照前述类型区分标准，我们对2020年度地方立法的立、改、废情况进行了分类统计。数据显示，在立法事项类型方面，本年度的地方立法活动呈现更加明显的多元集中特征。并且，这种多元集中也呈现连续稳定性：一方面，同上年度保持一致的是，2020年度的立法事项依旧集中在资源环境、财政经济、社会事务三类；另一方面，即便同样是多元集中状态，上年度的资源环境类立法活动占据了明显数量优势，但本年度数据所反映的财政经济、社会事务类立法活动数量持续增多，则表明地方立法事项的多元集中状态日趋稳定均衡。

结合具体立法活动情况来看，新增立法方面，资源环境类、文化教育类占比均超过了20%，成为年度新增立法最为集中的事项类别，社会事务类紧随其后，占比19%，这三类立法事项数量占据2020年度地方新增立法数

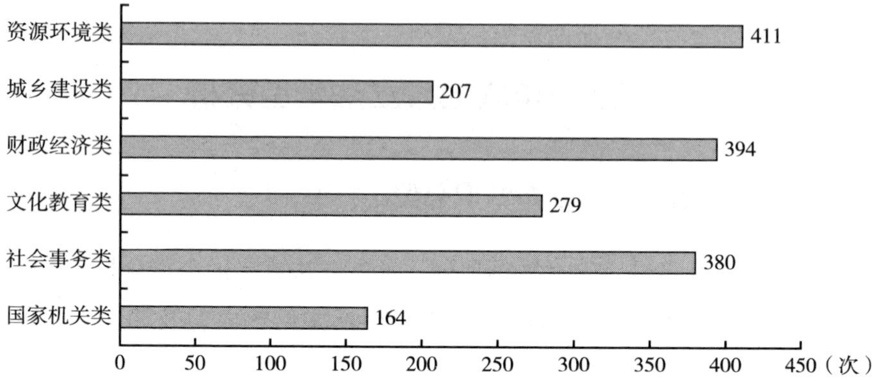

图 19　2020 年度地方立法活动类型分布情况

量的六成还多，成为绝对主力。另外，国家机关类新增立法数量一直占比最少，而城乡建设类新增立法数量占比继续下降。

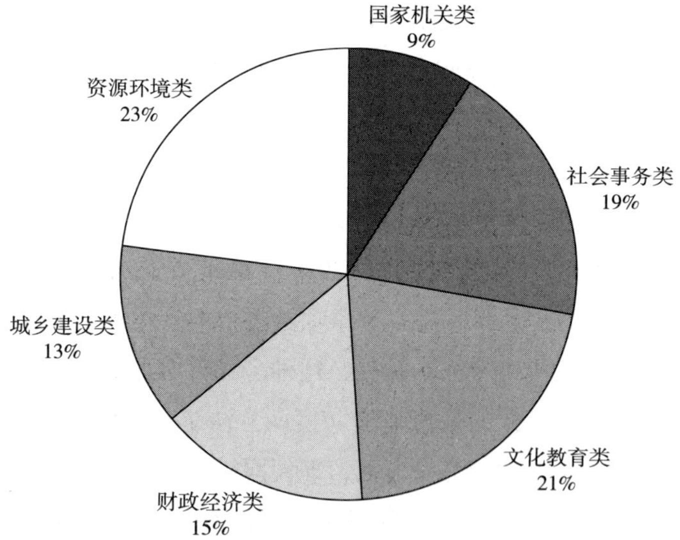

图 20　2020 年度地方新增立法类型分布情况

法规修改方面再次出现了事项类型的多元集中，财政经济、资源环境、社会事务三类占比均超过 20%，远远领先于其他事项类型。结合上年度数据，国家机关类事项在修法活动中依旧占比最低，而伴随着财政经济、资源环境、社会事务三类占比的增长，城乡建设类、文化教育类占比自然出现了一定程度的下降。

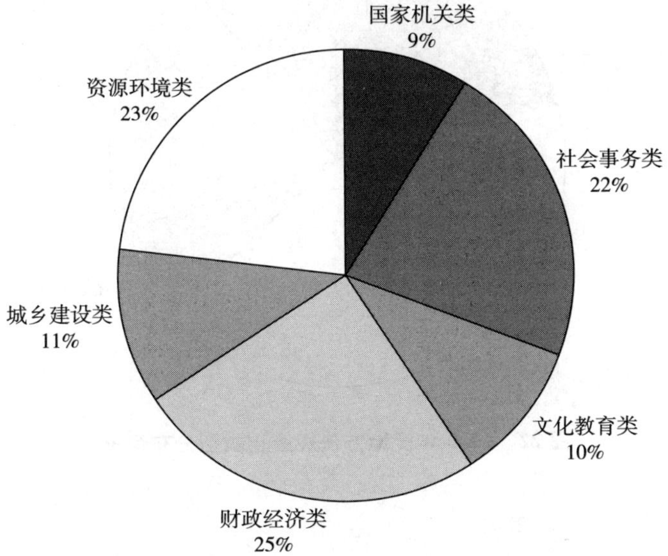

图21　2020年度地方法规修改类型分布情况

法规废止活动虽然在年度立法活动频次中占比最小，但同新增立法和法规修改活动不同的是，法规废止活动事项类型体现出了较强的单一集中性——超过四成的废止类活动均为财政经济类项目。国家机关类项目不再占比最小，反而是城乡建设类的法规废止活动最少。社会事务类和资源环境类的法规废止活动也各有近两成的占比。

（二）各区域立法活动的类型分布

1. 国家机关类

虽然国家机关类立法活动数量较上年度有所增多，但2020年度该类型仍旧是全年立法活动总数最少的一类，也即，在地方立法实践中，国家机关类项目并非热点所在。具体而言，长江中游地区成为本年度在国家机关类项目上新增立法最多的地区，而大西北地区在法规修改方面最为积极，北部沿海地区则成了废止国家机关类法规最频繁的地区。

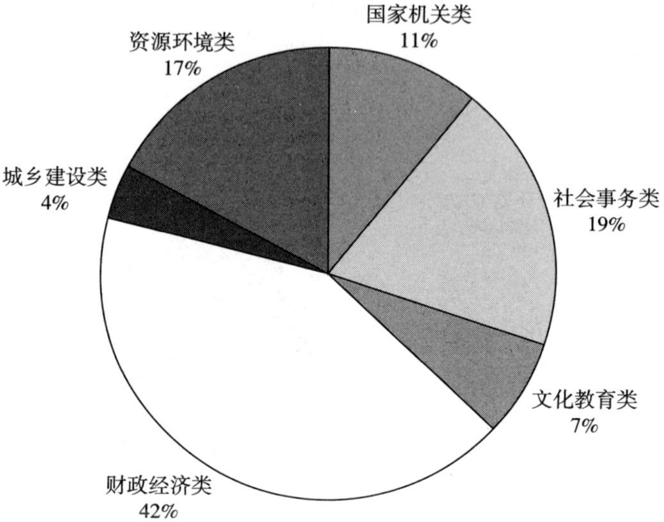

图 22　2020 年度地方法规废止类型分布情况

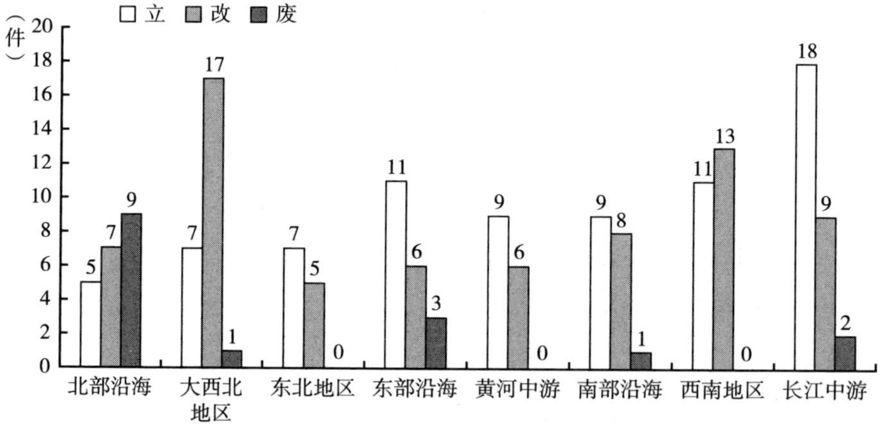

图 23　2020 年度国家机关类立法活动区域分布情况

2. 社会事务类

社会事务类项目是本年度立法活动的集中领域之一，虽然排序为第三位，但仅从活动总量上而言，本年度已经出现了较大的增幅。并且，上年度的社会事务类立法活动多集中在法规修改领域，本年度该类型在新增立法方面的活跃性有了加强。其中，在新增立法方面南部沿海地区表现尤为突出，而东部沿海地区则集中出现了社会事务类的修法活动，法规废止活动相对较少，也多集中在东北地区。

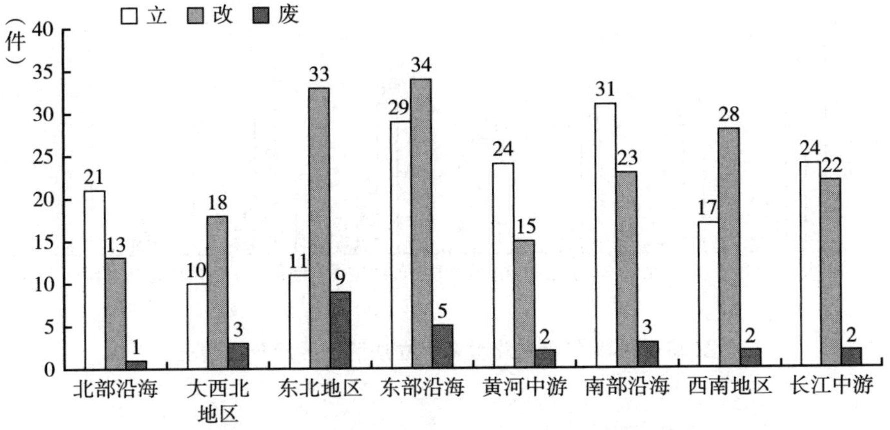

图 24　2020 年度社会事务类立法活动区域分布情况

3. 文化教育类

文化教育类立法活动本年度依旧排序第四位，属于地方立法中虽抱有关注但热度并不突出的领域。近年来，地方立法实践在文化教育领域的表现较为稳定，2020 年度仍旧是新增立法数量占据优势，且尤以西南地区的新增立法活动最多。法规修改方面，南部沿海、大西北地区表现较为突出。该领域的热度近三年才逐渐形成，故而，相应的法规废止活动很少，北部沿海地区虽然在法规废止的数量上占优势，但各个地区的数量差异其实很小。

4. 财政经济类

财政经济类事项在本年度立法活动中排序第二，同往年持平，但同首位资源环境类之间的数量差距进一步缩小。不过，财政经济类的立法主要集中于法规修改方面，且东部沿海地区、南部沿海地区、长江中游地区出现了较频繁的修法活动。新增立法方面，各地区之间数量差异不大，主要集中在东部沿海、黄河中游、南部沿海地区。不过，法规废止方面该事项类型表现十分活跃，其中黄河中游、北部沿海、东北地区相关废止行为表现频繁。

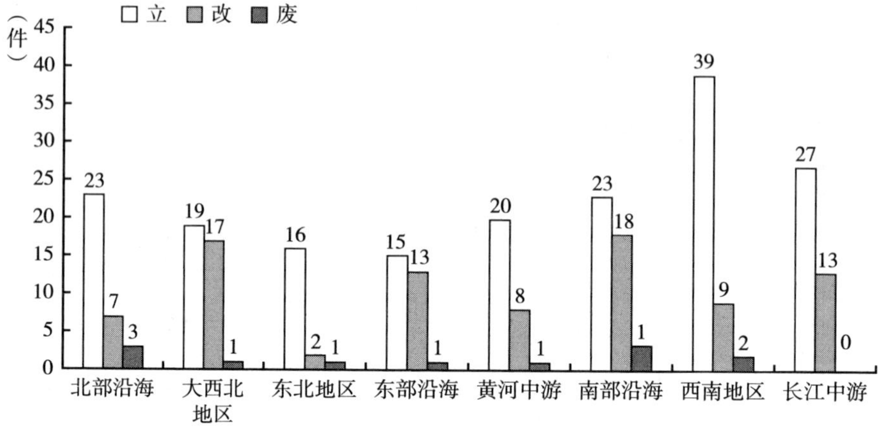

图 25　2020 年度文化教育类立法活动区域分布情况

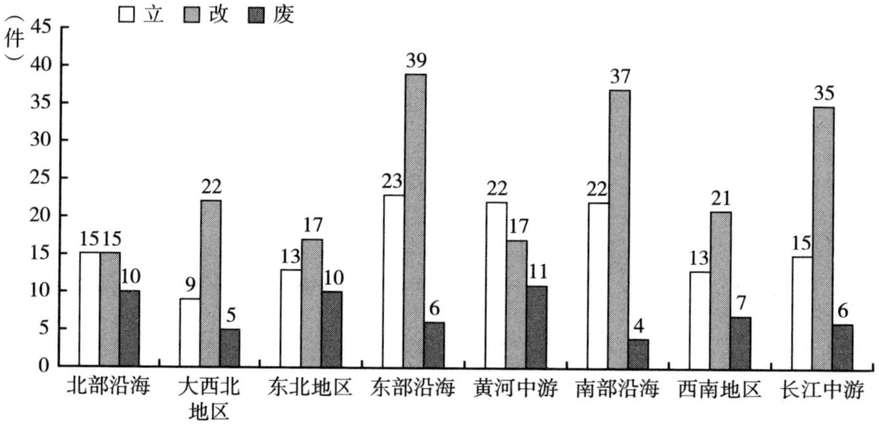

图 26　2020 年度财政经济类立法活动区域分布情况

5. 城乡建设类

城乡建设类立法活动的年度排序维持在第五位。新增立法和法规修改活动频次差异不大，其中，南部沿海、西南地区在该领域的新增立法活动较多，南部沿海、东北地区则在法规修改领域动作频繁，并且，法规废止情况极少，仅东部沿海、黄河中游、北部沿海地区出现了废止活动。

6. 资源环境类

资源环境类项目本年度继续保持在立法活动数量首位，但该领域的立法

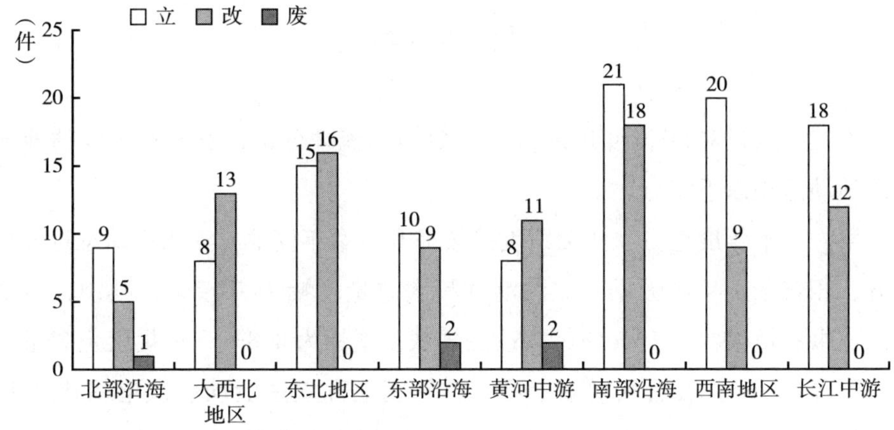

图 27　2020 年度城乡建设类立法活动区域分布情况

活动数量同财政经济类、社会事务类的差距进一步缩小。从具体行为表现来看，新增立法数量略多于法规修改数量，但两者之间差异不大，且总量均较为客观。这也体现出地方立法实践无论是在新增立法还是修改法规方面，都将资源环境类项目当作重点、热点事项去考虑。其中，黄河中游地区年度新增立法最为活跃，南部沿海地区年度法规修改项目最多。

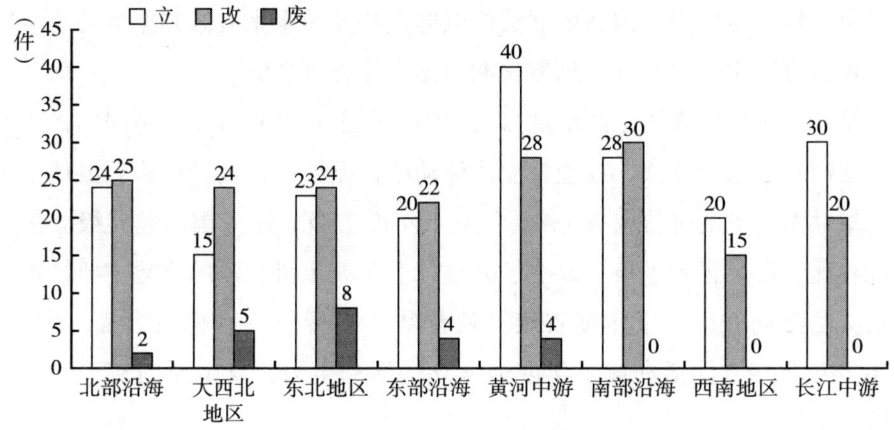

图 28　2020 年度资源环境类立法活动区域分布情况

四 结语

本报告通过对2020年度地方立法数据的梳理分析，发现本年度的地方立法活动呈现以下特点。

第一，本年度地方立法活跃度持续提升。本年度地方立法活动总量继续提升，相较于上年度数据，立法活动频次总量增幅为10.2%，其中，新增立法成果数量增幅为15.4%，修改法规数量增幅为8.8%，法规废止数量则同比下降8.5%。虽然从增幅上看，本年度地方立法活动频次增幅比2019年度数据有所下降，但上涨的新增立法和法规修改数据，亦能够反映出地方立法实践对制定法规和修改法规的持续高度关注。因此，整体而言，2020年度地方立法总数据继续走高，地方立法活跃度呈现持续提升态势。

第二，本年度地方立法继续维持立修并重格局。就数据而言，本年度地方新增立法在数量上略占优势，但新增立法和法规修改之间的数量和比重差异都很小，从而看出总体上地方实践对新增立法项目和法规修改项目的重视和推进程度差异不大，能够称得上是继续维持了上年度的立修并重局势。不过，考虑到上年度新增立法和法规修改的数量比基本达到1∶1，2020年度虽然呈立修并重格局，但新增立法的微弱优势使得未来立修并重格局的维持状况也具有一定不确定性，仍需长期数据支撑方可预测。

第三，本年度省级立法活动成为主力。同上年度具有较大不同的是，省级立法超越了市级立法，在地方立法活动中占据了一定数量优势。虽然本年度省级立法活动的优势仅有4%，但同上年度市级立法大幅超越省级立法的状况相比，已经得到了极大改变。并且，上年度市级立法的优势主要体现在新增立法活动方面，本年度省级立法优势主要源于法规修改方面。因此，2020年度省级立法活动成了年度地方立法活动主力，且主要归功于法规修改数据的增长。

第四，本年度地方立法事项选择呈现多元集中模式。随着地方立法活动整体数量的增长，本年度各事项类型的地方立法数量同样有了一定程度增长。同既往相比，上年度出现的地方立法事项的类型均衡发展特征，在本年度得到了印证，并且，本年度的地方立法偏好类型同上年度也保持了一致，资源环境、财政经济、社会事务类立法项目依旧得到了实践青睐。但三类偏好事项内部则由既往的资源环境类单独占优，逐步演变成了三类势均力敌，呈现较稳定的多元集中模式。当然，其他几类事项仍旧占据了一定的数量比重，但相较于资源环境类、财政经济类、社会事务类而言，的确优势不明显。由此可知，2020 年度地方立法事项类型呈现多元集中模式，体现出地方实践对资源环境类、财政经济类、社会事务类立法项目的青睐。

社会治理中的地方立法

Local Legislation in Social Governance

B.2

地方立法司法适用的现状与诠释

——以甘肃各级法院的1131份裁判文书为例

康建胜　吴　琼*

摘　要：从我国的立法体制来看，地方立法无疑是司法裁判的依据。本文通过对中国裁判文书网中甘肃省各级法院涉及地方立法的1131份裁判文书进行统计，表明地方立法在司法实践中的“存在感”极低，与地方立法庞大的数量并不匹配。对于这种现象，可以从三个方面诠释。一是地方立法的内容主要在争议不大的执法层面，而法律主要是靠遵守来实现；二是地方方立法的重复性影响司法适用的必要性；三是地方立法受其权限的限制，立法内容与司法的“相关性”不够。地方立法的司法适用率低并不能排斥和否定地方立法的价值与作用，但对地方立法的重复性、法院对地方立法在司法中的排斥等

* 康建胜，兰州大学法学院副教授，法学博士，主要研究方向为法律文化、地方立法等；吴琼，兰州大学2018级法律硕士研究生。

问题要予以重视。

关键词： 地方立法 司法适用 法律效力 立法权限

“法律的生命在于其实施”[①] 被认为是法学的一个基本论题。法律实施一般包括守法、执法和司法（狭义的法律适用）三个方面，[②] 其中司法对于“本本上的法律”在社会生活中的实现以及树立法律权威至为关键。基于这种认识，德沃金把司法上升到法治帝国的“王侯”。[③] 在激进的美国现实主义法学家眼中，法官对法律案件的所作所为，实质上就是法律本身，司法才是法学真正的“研究对象”。[④] 这种观点可能有点偏激，但从司法角度研究立法，以及以法律适用的情况为出发点评估立法的质量与实效是非常有必要的。

苏力认为中国理论法学研究的一个突出问题是“喜欢谈论一些抽象的观念或命题，而不是面对真实的生活世界”，法治是一种“体系”或者“事业”，对立法的研究断然不能脱离司法而“自娱自乐”。[⑤] 道理到此很清楚了，但是从司法适用的角度考察地方立法（特别是到了设区的市这一立法层级），可能我们的看法就会发生一些微妙的变化。有些学者主张司法权应“中央化”或“国家化”，从而排除地方立法的适用。[⑥] 在司法实践中，对

① 语出美国社会学家庞德的《社会学法学的范围和目的》。中国共产党十八届四中全会的《决定》亦有类似表述：“法律的生命力在于实施，法律的权威也在于实施。”2015 年 6 月 26 日，习近平在十八届中央政治局第二十四次集体学习时讲道：“法规制度的生命力在于执行，‘盖天下之事，不难于立法，而难于法之必行。’（语出《张居正奏疏集》）现在，我们有法规制度不够健全、不够完善的问题，但更值得注意的是已有的法规制度并没有得到严格执行。”

② 张文显：《法理学》（第三版），高等教育出版社，2007，第 239 ~ 257 页。

③ 德沃金在《法律帝国》中说：“法院是法治帝国的首都，法官是这个帝国的王侯。”参见〔美〕德沃金《法律帝国》，李常青译，中国大百科全书出版社，2002，第 361 页。

④ 沈宗灵：《现代化西方法理学》，北京大学出版社，1997，第 314 页。

⑤ 苏力：《是非与曲直——个案中的法理》，北京大学出版社，2019，第 1 页。

⑥ 陈文兴：《论司法权国家化——以治理司法权地方化为视角》，《河北法学》2007 年第 9 期，第 53 ~ 56 页。

于地方立法存在“自行判决、谨慎表述”的态度。[①] 很显然，地方立法作为广义的“法律”的组成部分，其法律适用在理论与实践中均存在争议与不确定性。

我国当前的一个基本事实是：地方立法是实现“依法治国”基本方略的重要途径，采取扩大立法主体的方式，实现用立法逐渐替代地方治理中的“红头文件”和“领导批示”。毫无疑问，稳定而权威的地方立法形成新的“规矩”，从而尽量降低行政官员的个人意志的随意性，限制其利用权力恣意妄为，这是社会主义法治建设的一个基本趋势。同时这表明我国逐渐抛弃了以政策、决议为中心治理国家的模式，转而确定了全面依法治国的基本方略。

现有对地方立法的研究，大多数立足于立法者的视角，从立法权限、立法技术、文本的宣传、立法效果评估等方面出发。而从司法角度（法官和原被告双方眼中的地方立法）探讨地方立法，可以从“他者”的角度看到地方立法的一些“隐含”的特征，通过对地方立法司法适用的客观描述与分析，扩大我们对地方立法的认识广度。因此，笔者的目标在于通过对甘肃地方立法在裁判文书中展示的事实与效果，来诠释存在这种现象的原因，并不在于评判甘肃地方立法的优劣。

一　地方立法的司法适用依据与方式

对于这个问题，笔者的基本认识是：不能以地方立法在司法适用中存在诸多问题，转而怀疑和否定地方立法在行政和民事案件中作为裁判依据的“法律”（广义）性质。排斥了地方立法的探索经验，司法所倡导的“经验理性”与“实践科学”的实现会受到影响；同时，缺少了司法适用的地方立法其“法律”（广义）属性也会不完整。

① 彭亚楠：《“自行判决”、“谨慎表述”——对某中级法院法官处理法规冲突案件的实证调查》，《法学》2007 年第 3 期，第 108～121 页。

（一）“依据”与“参照”

有人通过对法律条文和司法实践的分析，认为我国地方立法实际上是司法“参照”，其在司法实践中的地位很尴尬。[①] 按照笔者的理解，这种认识有以偏概全、将简单的问题复杂化的嫌疑。从立法层面来看，《立法法》规定得非常明确，地方立法是广义“法律”的组成部分，自然应当在司法中被适用。2009 年 11 月实施的《最高人民法院关于裁判文书引用法律、法规等规范性法律文件的规定》，对“地方性法规”的引用次序、适用的案件性质、冲突的处理等方面都作了明确的规定。[②] 对于《行政诉讼法》第 63 条中“人民法院审理行政案件，参照规章”的规定，有人将其解释为“人民法院审理行政案件可以参考并仿照规章有关规定的精神，但不能在法律文书中引用规章的有关条款。参照规章也包含着人民法院对规章的审查”[③]。这种理解是完全错误的，“参照”而不“引用”，实际上否定了规章的司法价值。[④] “参照”应该理解为在没有法律、法规对相应问题作明确、具体规定时，法院在认为相应的规章合法、具体、明确的情况下，可依据该规章对具体行政行为进行审查，确定其合法性、有效性。“参照”表明其效力低于“依据”，而非排除地方政府规章的司法适用。

---

① 谢晖：《从“可以适用习惯”论地方性法规的司法效力》，《法律科学（西北政法大学学报）》2018 年第 6 期，第 76 ~ 86 页。

② 《最高人民法院关于裁判文书引用法律、法规等规范性法律文件的规定》第 2 条：“并列引用多个规范性法律文件的，引用顺序如下：法律及法律解释、行政法规、地方性法规、自治条例或者单行条例、司法解释。”第 4 条：“民事裁判文书应当引用法律、法律解释或者司法解释。对于应当适用的行政法规、地方性法规或者自治条例和单行条例，可以直接引用。”第 5 条：“行政裁判文书应当引用法律、法律解释、行政法规或者司法解释。对于应当适用的地方性法规、自治条例和单行条例、国务院或者国务院授权的部门公布的行政法规解释或者行政规章，可以直接引用。”第 7 条：“人民法院制作裁判文书确需引用的规范性法律文件之间存在冲突，根据《立法法》等有关法律规定无法选择适用的，应当依法提请有决定权的机关做出裁决，不得自行在裁判文书中认定相关规范性法律文件的效力。”

③ 曾庆敏主编《法学大辞典》，中国政法大学出版社，1991，第 1116 页。

④ 当然，“参照”与“依据”之间还有很多理论问题需要探讨，可以参见沈荣华《地方政府规章的法律效力》，《政法论坛》1999 年第 6 期，第 75 ~ 79 页。

在实践中也存在这样的问题。在汤小朋诉中华联合财产保险股份有限公司民勤县支公司机动车交通事故责任纠纷一案的判决中［甘肃省民勤县人民法院（2018）甘0621民初71号民事判决书］，法官写道："根据《最高人民法院〈关于审理人身损害赔偿案件适用法律若干问题的解释〉》第九条、第十七条、第十九条、第二十条、第二十一条、第二十二条、第二十三条、第二十四条，《最高人民法院〈关于确定民事侵权精神损害赔偿责任若干问题的解释〉》第十条，参照《甘肃省道路交通安全条例》第七十条的规定，判决如下。"法官在判决中对上位法的适用采用"根据"一词，而对《甘肃省道路交通安全条例》使用"参照"一词。全国人大法工委出台的《立法技术规范》（一）和《立法技术规范》（二）中指出"参照"一般用于没有直接纳入法律调整范围，但是又属于该范围逻辑内涵自然延伸的事项。可见司法工作者对地方立法的效力及其地位仍持观望态度，并没有将其接纳为一般的法律，故在实践中存在排斥应用的现象。

我们不能因为制度在运用过程中存在一些共性和个性的问题，而简单否认制度，这与我们不能因为一些地方立法存在问题就否定全部地方立法是一样的道理。

（二）地方立法的司法适用范围

当然，地方立法的适用也是有界限的，这个界限在法律（狭义）中作了明确的规定。地方立法的性质决定它只能适用于行政诉讼和民事诉讼，而不能适用于刑事司法中。根据《立法法》的规定，关于刑事方面的立法根本就不是地方立法的权限。我国《刑事诉讼法》第3条第2款的规定，也是严格排除了地方性法规在刑事审判中被法官适用作为裁判依据的可能性。①

就行政诉讼而言，《行政诉讼法》第63条规定："人民法院审理行政案件，以法律和行政法规、地方性法规为依据。"这就确定了地方性法规在行

① 崔文俊：《人民法院审理案件适用地方性法规问题的探讨》，《天津商学院学报》2007年第4期，第63～67页。

政案件中的审判地位，即地方性法规具有作为案件依据的能力。据此，马怀德教授认为“对应当依据的地方性法规，法院完全没有合法与否的评判权以及适用与否的决定权”,① 这一观点毫无疑问是正确的。

地方性法规在民事案件中的适用相对复杂，原因在于《立法法》《民事诉讼法》等规则设置的不明确。《立法法》仅对涉及基本民事制度的事项作了严格的法律保留，并没有对地方性法规是否有权对除基本民事制度以外的其他民事进行立法作出规定。② 关于在民事审判中对地方性法规的适用，最高院在 1999 年的《全国民事案件审判质量工作座谈会纪要》（以下简称《纪要》）中提出对地方性法规应当有条件适用的原则，即在“不抵触”的前提下，实施性的立法应当适用，创制性的立法可以适用，“相抵触”的不得适用。

（三）地方立法司法适用的方法与风险

对地方立法的适用可不像适用法律那么简单，需要认真考量。现有的体制并没有赋予司法机关对地方立法的“审查权”，只赋予选择适用的权力。也就是说，如果地方立法和上位法不一致，适用上位法即可，并不需要对地方立法本身进行评断。③“河南种子案”和“甘肃酒泉案”表明司法机关对地方立法不适当的“审查”是不符合其职责范围的，对于司法人员来说，这种“审查”也是充满风险的。④ 两案中对地方立法的评断语言是极其不当

---

① 马怀德主编《行政诉讼原理》，法律出版社，2009，第 371 页。

② 孔维松：《地方性法规的司法适用问题研究——以消费者权益保护地方性法规为例》，吉林大学 2018 年硕士论文，第 5 页。

③ 王宏：《法院岂可非议地方性法规——甘肃高院撤销酒泉中院一起错误判决》，《山东人大工作》2000 年第 12 期。

④ 在“甘肃酒泉案”中，甘肃省酒泉地区中级人民法院在（1998）酒法行终字第 06 号行政判决书中认为，该案被诉具体行政行为所依据的《甘肃省产品质量监督管理条例》有悖于《行政处罚法》的相关规定，不能作为行政处罚的依据。甘肃省人民代表大会常务委员会认为：“这是一起全国罕见的审判机关在审判中严重违法事件”，“严重侵犯了宪法中地方组织法赋予地方人大及其常委会的立法权，超越了审判权限……”要求甘肃省高级人民法院提审此案，撤销该判决，并提出追究有关负责人违法责任的意见。甘肃省高级人民法院据此作出（1999）甘肃监字第 29 号行政判决书，认定（1998）酒法行终字第 06 号行政判决书直接对地方性法规的效力加以评判是错误的。

的，显示法官对地方立法性质的把握存在偏差。但是这种错误所产生的后果具有“示范”作用，会使人们对它进行扩大化的理解，以至于对地方立法“妖魔化”。于是在法官的心中，“地方立法”似乎是一道雷区，应该尽量少去触碰。

以甘肃省庄浪县东起建筑安装有限责任公司与甘肃安泰房地产开发有限公司建设工程施工合同纠纷一案的二审判决书［甘肃省平凉市中级人民法院（2013）平中民一初字第3号民事判决书］为例，安泰公司提出，依据《甘肃省招标投标条例》第29条规定：“依法必须进行招标的项目，自招标文件开始发出至投标人提交投标文件截止之日止，最短不少于二十个工作日”，证明其招标行为无效，但其主张并未被法院采纳，法院认为安泰公司公告发布日期不明，故认为其以“二十个工作日”限制为由的抗辩无实质意义。判决书直接引用《中华人民共和国招标投标法》第46条的规定：“招标人和中标人应当自中标通知书发出之日起三十日内，按照招标文件和中标人的投标文件订立书面合同。招标人和中标人不得再行订立背离合同实质性内容的其他协议。招标文件要求中标人提交履约保证金的，中标人应当提交。”此案中，《甘肃省招标投标条例》对上位法未做规定的招标时间作了“二十个工作日”的限制。此案的关键是地方立法这种限制是否能够否定招标合同的效力，但法官在处理此案时，没有对此问题进行更为详尽的解释，对于地方立法的重视程度不够。

为此，有人提出应当免除法官引用地方性法规的责任。[①] 笔者认为，任何判决书均可能因法律适用错误而被二审或者再审程序撤销或者改判，除非基于非法目的枉法裁判，原则上法官无须为此承担法律责任和政治责任。这是因为裁判依赖于人的有限理性，很难认为二审法官的裁判就比一审法官的裁判更为正确，基于判决书被撤销或者改判而追究法官个人责任缺乏法理的支持。同理，二审法院虽有权就一审判决书中引用地方性法规是否正确进行

① 李红军、徐瑶：《地方立法的司法态度——基于18个较大的市地方性法规判决书引用现状的实证分析》，《山东大学学报》（哲学社会科学版）2018年第2期，第59~68页。

审查，但即便判决书因适用地方性法规错误被撤销或者改判，一审法官也不应对此承担法律上或者政治上的责任。

二 甘肃省司法裁判文书中地方立法适用情况

在中国裁判文书网输入甘肃省各级地方立法的名称后进行搜索，发现甘肃省各级法院裁判文书中提及甘肃地方立法的共 1131 份，如表 1 所示。

表 1 甘肃省司法裁判文书中地方立法适用情况

立法类型	依据	案件数量	审级	受理法院	文书类型	案由	案件日期
2015 年之后新颁布和修订的省级立法	《甘肃省城乡规划条例》	4	一审 1 件 二审 3 件	基层法院 1 件 中级法院 3 件	4 件判决	民事 3 件 行政 1 件	2017. 3. 22 2015. 4. 20 2017. 3. 22 2017. 3. 22
	《甘肃省公路路政管理条例》	2	一审 1 件 非诉执行审查 1 件	基层法院 1 件 中级法院 1 件	1 份判决 1 份裁定	行政 2 件	2017. 4. 28 2016. 1. 29
	《甘肃省林木种苗管理条例》	1	一审 1 件	基层法院 1 件	1 份判决	民事 1 件	2015. 2. 7
	《甘肃省农村饮用水供水管理条例》	2	一审 1 件 再审 1 件	基层法院 1 件 高级法院 1 件	1 份判决 1 份裁定	民事 2 件	2018. 6. 28 2018. 8. 10
	《甘肃省农作物种子条例》	97	一审 94 件 二审 3 件	基层法院 94 件 中级法院 3 件	97 份判决	民事 97 件	2019. 4. 28 其他都在修订之前
	《甘肃省人口与计划生育条例》	7	一审 2 件 非诉执行审查 5 件	基层法院 7 件	7 份裁定	行政 7 件	2008. 1. 17 2009. 3. 18 2016. 5. 10（2 件） 2014. 4. 9 2015. 10. 9（2 件）

续表

立法类型	依据	案件数量	审级	受理法院	文书类型	案由	案件日期
2015年之后新颁布和修订的省级立法	《甘肃省消费者权益保护条例》	1	二审1件	中级法院1件	1份判决	行政1件	2014.12.10
	《甘肃省招标投标条例》	2	一审1件 重审1件	中级法院2件	2份判决	民事2件	2015.5.13 2013.7.15
2015年之前的省级立法	《甘肃省高速公路管理条例》（与《甘肃省公路路政管理条例》案例重合）	1	一审1件	基层法院1件	1份裁定	行政1件	2016.1.29
	《甘肃省农村公路条例》	1	一审1件	基层法院1件	1份判决	民事1件	2018.1.25
	《甘肃省水土保持条例》	1	一审1件	中级法院1件	1份判决	民事1件	2017.12.6
	《甘肃省烟草专卖若干规定》	1	一审1件	基层法院1件	1份判决	行政1件	2016.11.18
	《甘肃省道路交通安全条例》	1009	一审995件 二审12件 再审2件	基层法院993件 中级法院15件 高级法院1件	1008份判决 1份裁定	刑事27件 民事981件 行政1件	均在该法颁布后适用
设区的市的立法	《兰州市物业管理条例》	1	一审1件	基层法院1件	1份判决	民事1件	2016.11.28
	《甘肃省甘南藏族自治州草原管理办法》	2	一审2件	基层法院2件	2份判决	民事2件	2018.10.26 2018.4.13
	总计	1131	一审1102 二审19件 再审3件 重审1件 非诉执行审查6件	基层法院1103件 中级法院26件 高级法院2件	1121份判决 10份裁定	民事1091件 行政13件 刑事27件	

通过分析，甘肃省司法裁判文书中地方立法适用有以下三方面的现象。

（一）地方立法的司法适用比例非常低

甘肃省各级法院在中国裁判文书网上的判决中，只有15部地方立法在司法文书中得以援引，目前甘肃省的地方立法的数量是308件（包括自治条例和单行条例70件），[①] 其引用的比例仅为4.87%，也就是说，绝大多数的地方立法并没有进入司法领域。而且被援引的多数是省级地方立法，对设区的市的地方立法的援引更是少之又少。可见就甘肃省而言，自2015年扩大地方立法权后，设区的市的地方立法在司法实践中应用极少。在此1131份裁判文书中，民事裁判文书1091份，行政裁判文书13份，另有27份为涉及交通肇事罪的刑事附带民事裁判文书。截至2019年12月31日，在中国裁判文书网中，甘肃省民事裁判文书共666128份，该1091份涉及地方立法的民事裁判文书仅占0.16%；[②] 甘肃省行政裁判文书共17089件，该涉及地方立法的13份仅占0.08%。可见在裁判中适用地方立法的案件非常少，地方立法在审判实践中极少被作为裁判依据，甚至可以忽略不计。地方立法在司法领域仅有微弱的“存在感”是一个普遍的现象。

（二）地方立法基本上与上位法一同适用

在1131份涉及地方立法的裁判文书中有1129份采用地方立法为判决依据。在1129份适用地方立法的裁判文书中，有1123份在依据地方立法的同时适用了相关上位法，只有6份单独适用地方立法没有适用上位法。如车

---

① 根据甘肃省人大常委会的统计，截至2018年9月30日，甘肃省人大及其常委会共制定现行有效的省级地方性法规182件（其中，经济方面73件、农业方面17件、环境资源方面20件、教科文卫方面30件、民生方面22件、自身建设方面20件），对91件省级地方性法规进行了修正修订，对92件省级地方性法规予以废止（包括法规文中废止），作出法规性决议决定38件。省人大常委会批准设区市现行有效的地方性法规56件（其中，2015年《立法法》修改后新赋予地方立法权的全省14个市州的地方性法规占29件），批准民族自治地方现行有效的自治条例和单行条例70件。

② 司法适用集中在《甘肃省道路交通安全条例》，达到了1009份，此外庆阳市西峰区人民法院因为群体诉讼涉及《甘肃省农作物种子条例》91份判决，可以说地方立法在甘肃司法实践中的适用比例可以忽略不计。

表 2　甘肃省地方立法在裁判文书中的援引情况

地方立法类型	立法件数	援引件数	占比（%）
省级	182	13	7.14
设区的市（2015 年之前）	29	0	0
设区的市（2015 年之后）	27	1	3.70
自治条例和单行条例	70	1	1.43
总计	308	15	4.87

表 3　甘肃省地方立法在裁判文书中的适用占比

甘肃省民事裁判文书	涉及甘肃省地方立法的民事裁判文书	占比
666128 件	1091 件	0.16%

表 4　甘肃省地方立法在裁判文书中的适用占比

甘肃省行政裁判文书	涉及甘肃省地方立法的行政裁判文书	占比
17089 件	13 件	0.08%

某与被告某某饮水工程管理所财产损害赔偿纠纷一案判决书中［甘肃省平凉市崆峒区人民法院（2018）甘 0802 民初 809 号民事判决书］，适用了《甘肃省农村饮用水供水管理条例》第 21 条、第 26 条的规定，并援引了《中华人民共和国侵权责任法》第 6 条的规定，其原因是尚不存在此类地方立法的具体上位法。在崔云同与永靖县给排水公司其他特殊侵权纠纷再审审查与审判监督民事裁定书中［甘肃省高级人民法院（2018）甘民申 997 号民事裁定书］，再审法院也主动适用《甘肃省农村饮用水供水管理条例》，并未同时适用相关上位法，同样是因没有此类地方立法的具体上位法规定。其余单独适用地方立法而没有同时适用上位法的案件，分别涉及《甘肃省人口与计划生育条例》《甘肃省林木种苗管理条例》《兰州市物业管理条例》，虽然有相关的上位法，但是显然这几部法律涉及的领域均属于较细、较具体的领域，地方立法更能够反映地方实际，且均是审判中比较常见的涉案领域。法官对此类地方立法较熟悉，能够建立内心的“信任感”，敢于放心地直接适用这些地方立法，且地方立法更加具体、细致地贴近本地实情，

与案件具体情况更加契合。因此，地方立法应该多关注细小具体的领域，关注实践中本地常见的涉案领域，真正做到依据地方实情立法，成为上位法的补充而不是“附庸”。

在大量的同时适用上位法和地方立法的裁判文书中，地方立法和上位法被引用的条文往往具有很高的相似性。如甘肃高台农村合作银行与高台县工商行政管理局行政处罚二审判决书中［甘肃省张掖市中级人民法院（2014）张中行终字第18号行政判决书］适用了《甘肃省消费者权益保护条例》第11条，并同时适用了《中华人民共和国消费者权益保护法》第50条。《甘肃省消费者权益保护条例》第11条与《中华人民共和国消费者权益保护法》第50条在对侵害消费者合法权益的行为的处罚方式上基本一致，只是《甘肃省消费者权益保护条例》对法律、法规规定的对损害消费者权益应当予以处罚的其他情形作了具体限定，并在处罚方式上将《中华人民共和国消费者权益保护法》规定的“情节严重的，责令停业整顿、吊销营业执照”具体规定为“情节严重的，责令停业整顿，并在市场主体信用监管信息中予以记载”。《甘肃省消费者权益保护条例》基本上成了上位法的附属，很难说是因为地方立法的规定而影响判决结果，处于“可有可无”的尴尬地位。

（三）地方立法多为法官主动适用

在1131件适用地方立法的裁判文书中，有1126件为法官在裁判中主动适用地方立法，只有5件是因原被告双方提起而在裁判文书中适用地方立法。[①] 这一现象的原因是法官大多数集中审理某一类型案件，对相关的不同层级的法律法规非常熟悉。在1009件适用《甘肃省道路交通安全条例》的案件中，也存在集中适用的情况。在该条例97个条文中，大量反复被引用的条文只有第68条、第69条、第70条。可见面对数量日渐庞大的地方

① 这5件案件中有4件为行政案件，另一件提出适用地方立法的被告方也为某饮水工程管理所。

立法，司法工作者也难以及时、准确地了解每一部地方立法的动向和具体条文，只对那些经常适用的条文比较熟悉，因而这些条文的使用率就比较高。

在审理过程中，一方面，法院会考虑地方立法与上位法之间是否抵触。比如在刘正菊诉兰州市城关区城市管理行政执法局强制拆除行政行为违法一案的裁判文书中［甘肃省兰州市七里河区人民法院（2015）七行初字第6号行政判决书］，原告认为被告主张适用的《甘肃省城乡规划条例》中关于集体土地范围内建设三层以上建筑应取得行政许可的规定，与上位法《中华人民共和国城乡规划法》相抵触，适用法条不正确。法院认为《中华人民共和国城乡规划法》对此类建筑物是否应取得行政许可确未作出明确规定，但不能据此否认地方性法规《甘肃省城乡规划条例》对此设定行政许可的立法权限，《甘肃省城乡规划条例》与《中华人民共和国城乡规划法》并无抵触之处。另一方面，裁判文书也会因为地方立法的重复性而排斥适用。既然地方立法的内容与上位法完全相同，引用地方立法就只是一种重复与累赘。

此外，只有对某一领域的地方立法非常熟悉的单位作为当事人时或者是涉及行政机关根据地方立法作出行政行为的行政诉讼时，原被告双方才会提及地方立法。因此地方立法的普及程度存在极大欠缺，很多人甚至不知道相关立法的存在，普通百姓进行诉讼时也极少选用地方立法来支持其主张。地方立法缺乏公信力，律师在起草起诉状和答辩状时也很少运用地方立法。

三　对地方立法司法适用现状的诠释

（一）地方立法的目的实现与司法适用

哈特将人们对法律的态度分为内在观点与外在观点。持内在观点的人认可法律的规定，遵守法律是基于对法律的承认；而持外在观点的人并不认可法律，不去违反法律是因为惧怕消极后果。① 我们由此可以推断出：一部法律要产生法律效力，关键在于大多数人守法，而不是通过法律惩罚来强迫人们遵守。从这个角度来说，地方立法往往是根据当地的实际情况对上位法的细化，所作出的规定符合人们对社会秩序的期望，因此民众一般会自觉遵守，这实际上已经实现了地方立法的目的。此外，地方立法在执法上形成了实际的作用，地方立法基本上都是相关行政机关所起草，其着眼点在于执法的便利，是否进入司法适用并不是评估一个地方立法优劣的主要依据。

法国公法学者狄骥认为："法律规则没有实质性强制所形成的直接制裁，仍然可以存在。法律规则不是只用实质强制来作制裁，而且也是用一种纯粹心理的强制来取得保障的规则。"② 因此，不应因为司法适用中的少见而否定一部法律的价值。地方立法的作用更多体现在人们的遵守和行政执法中，现有的立法评估也是基于这样的标准。③ 地方立法的细化与上位法的一脉相承，以及其余"行政三法"之间的微妙关系，自然造成了地方立法在司法中的存在感极弱。④

这样的认识当然也不是为了排除地方立法的司法适用功能，地方立法在司法中"存在感"的低下是一个正常的现象，但是不能通过这种现象来否认地方立法的司法适用资格。其原因有二：一是执法的依据是纠纷评判的重要方面；二是对于有些民事纠纷存在地方立法的规定，但在裁判中并没有得到援引。这显然不是立法的问题，而是司法机关的认识问题。

① 〔美〕哈特：《法律的概念》，许家鑫、李冠宜译，法律出版社，2011，第 77 ~ 80 页。

② 〔法〕狄骥：《宪法论》（第一卷），钱克新译，商务印书馆，1959，第 508 页。

③ 周圣、张玙：《司法审判中地方性法规适用实证研究——基于上海市 176 件地方性法规裁判文书援引情况的分析》，《中国应用法学》2018 年第 3 期，第 88 ~ 107 页。

④ 特别是在罚则的设立上，有的省要求地方立法设置罚则必须要有上位法的依据。这种规定实际上剥夺了《行政处罚法》第 11 条"地方性法规可以设定除限制人身自由、吊销企业营业执照以外的行政处罚"所赋予地方性法规的罚则创设权。当然，这样的规定对于设区的市地方立法起步阶段存在的立法水平较低、经验不丰富等问题具有一定的正面效果。

（二）地方立法的重复性与司法适用

地方立法的重复性是一个“老生常谈”的问题，这是把“外部视野”转换到“自我视野”，反思地方立法司法适用现象的“自身”原因（或者说主观原因）。如果地方立法只是对上位法的复述，那么主张适用地方立法的理由就变得很牵强了。作为法官，断然不会放着“好”且“安全”的上位法不用，而“舍本逐末”适用充满“风险”的地方立法。如前文所述，在1131件适用地方立法的裁判文书中，有1123件在依据地方立法的同时适用了相关上位法，且其法律权利与义务均属上位法所设定。

以91件适用《甘肃省农作物种子条例》的种植回收合同纠纷为例，裁判文书中均援引了《中华人民共和国种子法》。上位法要求种子经营者必须取得种子经营许可证，并且种子经营许可证应当注明种子经营范围、经营方式及有效期限、有效区域等项目。《甘肃省农作物种子条例》要求经营非主要农作物品种应当通过省农牧业行政主管部门认定登记。两者均是对种子的品种进行登记和认证的要求。此外，梁某与被上诉人甘肃日报社合同纠纷二审判决、谭某与被上诉人甘肃日报社合同纠纷二审判决以及马某与被上诉人甘肃日报社合同纠纷二审判决中均依照了《甘肃省城乡规划条例》（2010年1月1日起施行）第25条，并同时援引其上位法《中华人民共和国城乡规划法》（2008年1月1日起施行）第40条。《甘肃省城乡规划条例》中关于申请建设工程规划许可证的要求与上位法一致，只是具体表述存在差异。另外兰州中海广告有限责任公司与被告甘肃省兰州公路路政执法管理处的行政诉讼判决中［兰州铁路运输中级法院（2016）甘71行初154号行政判决书］适用《甘肃省公路路政管理条例》第51条，同时引用其上位法《公路安全保护条例》第56条。《甘肃省公路路政管理条例》中关于未经批准设置公路标志以外的其他标志的处罚与其上位法规定一致。

另外，我们可以发现依据2015年之后最新修改和颁布的省级地方立法的案件仅有116件，1013件是依照2015年之前的省级地方立法或是未修改版本的地方立法。由此可见，司法人员了解、适用地方立法需要一定的时间，越是出台较早的地方立法越容易被使用。而现在随着地方立法权的扩大，设区的市纷纷争先恐后地出台自己的地方立法，如此大批量的地方立法势必让司法工作者应接不暇，难以在裁判中准确运用这些地方立法。因此他们往往会选择比较熟悉和已经十分成熟和稳定的上位法来直接适用。普通百姓和律师对这些法律的熟悉也需要一个过程，故在起诉状和答辩状中较少适用。另外地方立法权扩大后，一些设区的市立法能力不足、立法人才缺乏，导致立法质量不高，执行和实践存在障碍，这就易导致司法工作者适用地方立法存在风险，因此他们在适用地方立法时往往同时适用其上位法。

这些裁判文书虽然援引了地方立法，但是从“本院认为”后的裁判理由与依据来看，即使没有援引这些地方立法，裁判结果与直接引用上位法也不会有区别。只是说明了“某一些”法官在法律检索的时候并没有忽略地方立法，这与法官的个性相关，与裁判结果关系不大。

从立法角度而言，要使地方立法具有更强的实效性，则应做到根据需求实施立法供给、强化规范的确定性、有效平衡“安全立法”和“有用立法”的关系并降低立法的传播与学习成本。

（三）地方立法权限与司法“盲区”

按照《立法法》第73条的规定，地方立法主要有两大部分，一是关于法律、行政法规在本地区的执行的具体规定，二是就地方性事务作出的规定。这两部分在地方立法过程中的界限并不清晰，“具体规定”能够具体到什么程度？“地方性事务”究竟是什么？这两个问题学界到目前都没有确定的答案。在学理上，有从“重要程度”“影响程度”来区分中央立法与地方立法权限的观点，[①] 但是涉及具体问题的时候不好套用这些抽象的

① 封丽霞：《中央与地方立法权限的划分标准：“重要程度”还是“影响范围”?》，《法制与社会发展》2008年第5期，第37~49页。

概念。比如宠物的管理是一个全国性的普遍问题，关乎环境健康和人身安全，不可谓不重要，但中央似乎没有必要为此立法，因此各地纷纷出台养犬条例。

一个不争的事实是，这种不清晰并没有鼓励地方立法，反而导致地方立法出现了“求稳不求实”的现象，相互模仿，惧怕越权，对于本地区的实际情况考虑不足，不能解决实际问题，只是增加了人们了解制度的负担。

因此，地方立法司法适用率低的现象与地方立法自身限制相关。尽管有人认为地方立法的权限是非常大的，① 但我国地方事权和地方立法权都来自中央的“委托、授权和安排”，不是地方所固有的，中央有权下放或是上收这些权力。② 立法上的“行政发包制”具有浓厚的中央集权色彩，③ 仅留给地方性法规极其有限的处罚和行政强制措施种类的设定权。《行政处罚法》第 11 条第 1 款规定，地方性法规只能“设定除限制人身自由、吊销企业营业执照以外的行政处罚”；《行政许可法》第 15 条第 1 款规定，“尚未制定法律、行政法规的”，地方性法规才可以设定行政许可；《行政强制法》第 10 条第 3 款规定，“尚未制定法律、行政法规，且属于地方性事务的”，地方性法规才允许设定查封、扣押的行政强制措施。

因此，由于“法律保留”或“权限限制”，关于司法所涉及的权利义务关系的立法空间并不是很大，也就是说，地方立法所确定的权利义务并不容易引起争议。地方立法主要作为“执行法”，其创新性与地方特色的不足也是容易被为人们诟病的。④ 司法“盲区”的说法旨在表明司法的局限性，

---

① 易有禄：《设区市立法权行使的实证分析——以立法权限的遵循为中心》，《政治与法律》2017 年第 6 期，第 33 ~41 页。

② 葛洪义：《关于我国地方立法的若干认识问题》，《地方立法研究》2017 年第 1 期，第 101 ~103 页。

③ 余凌云：《地方立法能力的适度释放——兼论“行政三法”的相关修改》，《清华法学》2019 年第 2 期，第 150 页。

④ 刘志刚：《地方性法规在司法审判中所处的地位及适用》，《法治研究》2017 年第 2 期，第 113 页。

一方面，绝大多数的纠纷并不是依靠司法解决的，另一方面，一些纠纷根本无法进入司法的领域。地方立法设定权利与义务的能力有限，在这样的情况下，地方立法涉及司法所要解决的纠纷的确权规定很少，很难进入司法的视野。

B.3

地方网络立法的问题与完善*

宋维志**

摘　要： 我国的网络立法经过近30年的发展已经取得一定成就。现有研究对中央层级的立法实践关注较多，对地方网络立法关注不足。通过对中国大陆31个省、自治区、直辖市的网络立法进行梳理、分析，发现地方网络立法尚存在立法位阶不高、“管理”思维过重、创新性不强等问题。完善地方网络立法，应当充分利用地方立法“先试先行”的特点，充分发挥地方权力机关的立法主导作用，充分发挥行业、民众对立法的建议作用，使地方网络立法成为互联网健康发展的有力保障。

关键词： 地方立法　互联网立法　网络法治　互联网发展

一　网络立法发展回顾

自 1994 年中国全面接入国际互联网以来，不到 30 年，中国已发展成为全世界网民数量规模最大的国家。如今，“互联网”已从最初的“计算机网络”溢出到“无线网络”，包括计算机、移动智能手机等在内的网络终端设

---

* 本文系重庆市地方立法研究协同创新中心2020年度地方立法研究规划重点项目“设区的市地方立法角色与优化路径研究”（DFLF2020Z01）的成果。

** 宋维志，西南政法大学立法科学研究院助理研究员，研究方向为法社会学。

备，已成为人们工作、生活不可或缺的一部分，每个人都是“网”上的一个节点。

伴随着互联网社会的迅猛发展，相关法律问题大量涌现，立法必须对此作出回应。1994 年，国务院发布《计算机信息系统安全保护条例》，首次为互联网立法。随后的几年时间里，互联网发展由产业部门主管，在“先发展、后管理”的思路下，立法并未对互联网发展做过多限制。2000 年以前，计算机病毒防治是网络立法的重点，相关的规范性文件包括《计算机信息网络国际联网管理暂行规定》（1996）、《计算机信息网络国际联网安全保护管理办法》（1997）等。

进入 2000 年后，互联网发展提速，网络逐渐从办公局域网向百姓日常生活扩展。人们不仅可以通过网络实时通信、获取新闻信息，还实现了网上消费、在线金融等功能。2000 年，全国人大常委会作出《关于维护互联网安全的决定》，重点关注利用互联网进行违法犯罪活动的行为；同年，国务院制定《互联网信息服务管理办法》，对互联网信息服务、信息传播的基本问题作出规定。在新千年的前 10 年，“网络”已初步发展成“互联网社会”，回应这一虚拟社会中出现的新问题成为立法的主要工作。这一阶段，《互联网上网服务营业场所管理条例》（2002）、《电子签名法》（2004）、《信息网络传播权保护条例》（2006）等法律法规相继出台，《互联网出版管理暂行规定》（2001）、《互联网等信息网络传播视听节目管理办法》（2003）、《互联网新闻信息服务管理规定》（2005）、《互联网电子邮件服务管理办法》（2006）等规范性文件陆续发布，规范互联网信息传播、维护互联网安全成为现实中的紧迫问题。

2010 年以来，互联网发展更加迅猛。“移动互联网”时代的到来将互联网从计算机转换到人们手中的移动智能手机，网络信息传播效率大幅提高；“线上经济”的出现打破了传统的消费习惯，收发、退换、支付、结算、电子合同效力等问题成为法律纠纷热点；“大数据”的发展更是将互联网社会的发展提速到令人惊叹的程度，网络安全从个人信息安全、线上消费安全等个人领域扩展到国家安全领域，网络成为国家间进行政治、经济、外交博弈的新战场。2010年以来，出台（修订）的法律法规包括《全国人民代表大会常务委员会关于加强网络信息保护的决定》（2012）、《计算机软件保护条例》（2013）、《网络安全法》（2016）等。由于互联网社会发展过快，很多问题是立法无法预见的，只能在问题出现后由各部门出台相应的规范性文件解决，比如《网络交易管理办法》《网络购买商品七日无理由退货暂行办法》《网络游戏管理暂行办法》《网络食品安全违法行为查处办法》《网络发票管理办法》《网络预约出租汽车经营服务管理暂行办法》等。除上述专门针对网络进行的立法外，当前的法律法规、规范性文件中，几乎每一部都包含“网络元素”，网络已成为立法无法绕开的一个领域。

自20世纪90年代至今，中国的互联网法律数量不断增加，多层次的互联网法律制度体系基本形成，在网络安全保护、网络信息服务、互联网社会管理等领域取得了卓越的立法成就①。但正如诸多学者所指出的，中国互联网立法实践中法律法规少，截至目前，全国人大及其常委会制定发布的法律仅有4部；而与之形成对比的是，由中央各部门、各地方政府制定发布的规范性文件多达千余部。在中央立法层面，互联网法律体系立法位阶整体不高②。

二　地方网络立法现状

现有的研究重点关注中央层级的立法，分析对象多为法律、行政法规、部门规章、中央及各部委规范性文件，但对地方立法关注不足。在法理意义上，“法律法规”不仅包括法律、行政法规，也包括地方性法规、地方政府规章。就法律体系而言，地方立法是其中不可或缺、同样重要的一部分。因此，考察各地方在互联网立法领域的立法实践、分析其中的逻辑关系，对于

① 段传龙：《中国互联网立法的成就、问题与完善》，《河北大学学报》（哲学社会科学版）2019年第2期。

② 参见郭少青、陈家喜《中国互联网立法发展二十年：回顾、成就与反思》，《社会科学战线》2017年第6期。

系统地观察中国网络立法有补充意义。基于此，本文选取中国大陆31个省、自治区、直辖市，收集地方性法规（省级人大及其常委会制定、发布）、地方政府规章（省级人民政府制定、发布）并进行分析。文章使用“北大法宝”数据库，在“地方法规规章”中限定各省级人大及其常委会、省级人民政府为“发布部门”，以“互联网”“网络”“计算机”为检索关键词，共整理出39部地方性法规和政府规章。

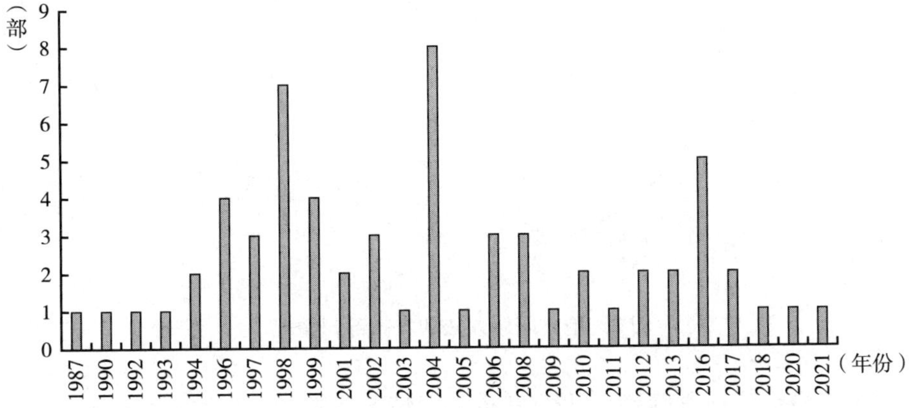

图1　地方网络立法的时间分布情况

图1显示了地方网络立法的时间分布状况。① 最早的地方网络立法是1987年贵州省人民政府发布的《贵州省计算机软件登记工作暂行办法》，这一政府规章甚至要早于国务院1994年出台的《计算机信息系统安全保护条例》，是最早的网络立法实践。《计算机信息系统安全保护条例》出台后，各地纷纷跟进，在1996～1999年相继出台了一批配套政府规章。2004年，伴随着《电子签名法》的出台，各地出台或修订了“计算机信息系统安全保护”相关规章，形成了又一次立法实践高峰。第三次网络立法高峰出现在2016年。该年度关于网约车的省级立法有2部，体现了网约车行业的发

① 图1中将地方性法规、政府规章的修订分别计次，视为该年的立法实践，本文数据检索日期截至2021年8月1日。本文图表数据系作者通过北大法宝等数据库搜索整理而成。

展进入规范阶段；新疆出台了2部有关网络信息安全的地方性法规，反映出边疆地区安全稳定工作得到加强。

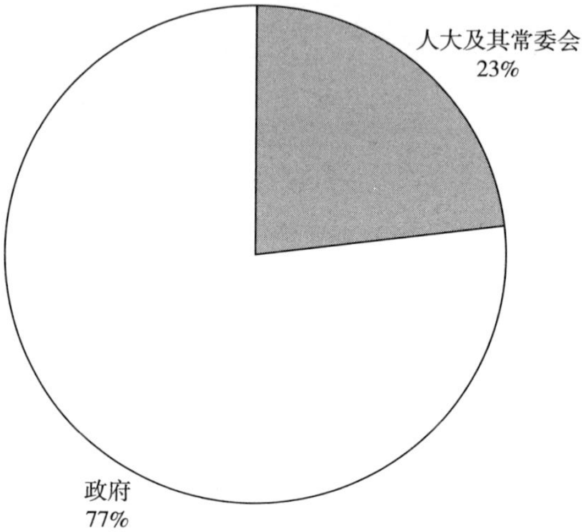

图2　地方网络立法的发布部门情况

图2显示了地方网络立法的发布部门情况。在39部地方性法规、政府规章中，由人大及其常委会制定的地方性法规仅有9部，其余30部都是政府规章。这一方面反映了地方政府在网络立法上的活跃姿态，另一方面却也反映出地方网络立法位阶不高的问题。

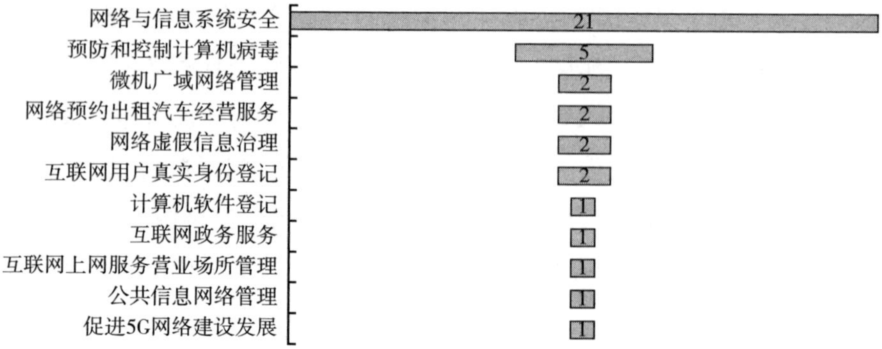

图3　地方网络立法内容的分布情况

图3显示了地方网络立法内容的分布状况。“网络与信息系统安全”是地方网络立法中的多数，如果将“预防和控制计算机病毒”也算作广义的“网络和信息系统安全”，则此部分内容占到了地方网络立法的绝对多数。毫无疑问，这是《计算机信息系统安全保护条例》等行政法规出台带来的影响，同时也可以看出各地方政府对网络信息安全的高度重视。但是，如“互联网政务服务”“促进5G网络建设发展”等相关立法都仅有1部，反映出地方网络立法在互联网社会规范需求方面尚未能完全匹配，主动服务互联网社会发展的意识还有待加强。

三　地方网络立法存在的问题

虽然互联网立法已经取得了一定的成就，但由于互联网发展迅速、立法本身具有滞后性等，地方网络立法仍存在立法位阶不高、“管理”思维过重、创新性不强等问题。

（一）立法位阶不高

由图2可以清晰看到，在39部地方性法规、政府规章中，由人大及其常委会制定的地方性法规仅有9部，占比仅为23%；约八成的地方立法活动是由地方政府作出的。这并不是说政府规章的质量就低于地方性法规，而是根据《立法法》的规定，地方性法规效力位阶要高于地方政府规章。易言之，立法位阶的分布情况显示了各地方权力机关对网络立法的重视程度。约77%的地方网络立法由行政机关主导，这一方面反映了地方政府对网络立法的关注，但另一方面也为立法的“管理”思维埋下了伏笔（此问题将在下文中重点论述）。

事实上，本文在统计省级地方的立法数据时仅选取了地方性法规和地方政府规章，大量的地方规范性文件尚未统计。以重庆市为例，重庆市网络立法仅有《重庆市计算机信息系统安全保护条例》（2010）、《重庆市网络预约出租汽车经营服务管理暂行办法》（2016）、《重庆市计算机病毒预防和控制管理规定》（1994，现已失效）3部，但相关的规范性文件多达14件。如

《关于实施“网络扶贫”工程有关问题的通知》（2003）、《关于进一步推动互联网产业发展若干政策的意见》（2013）、《关于加快发展工业互联网平台企业赋能制造业转型升级的指导意见》（2019）等规范性文件所关注的问题不可谓不重要，但均仅以“通知”“意见”的形式发布，其位阶、效力远低于地方立法。由此可见，地方网络立法整体位阶不高。

（二）立法“管理”思维过重，“治理”思维欠缺

综观现有地方网络立法，“管理”是其中的主基调。图 4 清晰地显示出，“网络与信息系统安全”是地方网络立法的主要内容，以此为主题的立法有 21 部，占地方网络立法文本的一半以上。各地方对于该法的立法动力显然是 1994 年国务院发布的《计算机信息系统安全保护条例》（2011 年修订），但各地方对于《计算机信息系统安全保护条例》的细化，并没有在立法中注意衡量“权利 - 义务”结构，而基本上是在行政法规的基础上细化管理、处罚相关内容。以《广东省计算机信息系统安全保护条例》（2007）为例，“计算机信息系统的运营、使用单位应当……”是全文反复出现的内容，对企业、公民权益的保障性条款却少之又少。这并不是说所有的地方立法都应当写满“权利”，而是整体性地考察地方立法的立法思路后可以明确发现，“目前大部分互联网立法的思路仍以政府单方面的管理为出发点，给企业过多的监管责任，但是对网络平台和用户的权利保障，存在立法结构上‘权利 - 义务’结构失衡的问题”①。

再以新疆为例，新疆共出台了 3 部地方性法规、1 部政府规章，分别是《新疆维吾尔自治区防范和惩治网络传播虚假信息条例》（2016）、《新疆维吾尔自治区电话和互联网用户真实身份信息登记管理条例》（2016）、《新疆维吾尔自治区网络安全管理条例》（2017）和《新疆维吾尔自治区促进 5G 网络建设发展规定》（2021）。其中，3 部地方性法规都是管理、管制型的地

---

① 北京市互联网信息办公室：《国内外互联网立法研究》，中国社会科学出版社，2014，第 175 ~ 176 页。

方立法。诚然，新疆的立法与该地区特殊的反恐形势有关，但这种管理型立法的规模表明，立法者的关注点是在“管”，是希望通过“管”强硬地理顺社会秩序。

“管理”思维过重则必然导致“治理”思维缺乏。互联网领域本是一个开放、多元的社会领域，应当是较有利于“治理”开展的空间，但地方立法在互联网领域表现出的更多是“管”而非“治”。[①] 如重庆市出台的《重庆市网络预约出租汽车经营服务管理暂行办法》（2016），参考了由交通运输部、工信部等7部委联合发布的《网络预约出租汽车经营服务管理暂行办法》（2016），注重监管、忽视互联网“分享经济”的新变化，在现实运行中未能对网约车行业的发展起到较好的促进效果。地方网络立法在立法思路上的“管理”思维，一方面是因为行政主导的政府规章过多、行政管理思路惯性难以撇清；另一方面是因为立法者对互联网空间的多元化、无边界等特点尚未完全适应，在立法上过于谨慎、保守。

（三）立法创新性不强

一般而言，法作为社会规范，具有一定的滞后性。但这种“滞后”是相对于社会的高速发展而言的，即立法不可能准确地预测未来发生的每一件事并提前做好规划。易言之，立法的“滞后性”并不能成为法及时调整社会现象的阻碍——相反，立法应当在回应社会新问题的同时，适当地对未来可能发生的事情作出预判，此即法的创新性。综观现有的地方网络立法，在创新性上，地方立法明显不足。这种不足主要表现在两个方面：第一，法的时效性；第二，立法内容的新颖性。

法的时效问题非常明显地反映在法律文本发布的时间上。一方面，在39部地方性法规、政府规章中，修订过的文本为14部——有2/3的文本自发布以来未做过任何修订。而在这25部从未修订过的文本中，有6部是20

① 参见谢永江、纪凡凯《论我国互联网管理立法的完善》，《国家行政学院学报》2010年第5期。

世纪八九十年代的文本，有9部是2010年以前的文本。亦即，这25部从未修订过的法律文本中，有一半以上距今已超过10年。另一方面，如果以2000年、2010年为时间节点来看，在39部法律文本中，2000年以前的共9部、2000～2010年的共16部，2010年以后的共14部。这意味着，立法10年内的地方性法规、政府规章仅占全部法律文本的约1/3，近2/3的法律文本距今已超过10年。法具有一定的稳定性，这体现为法不应被频繁修改。但互联网发展日新月异，按照摩尔定律，技术每两年就会变革一代。对于互联网立法来说，距今超过10年的法律文本很可能已无法应对互联网社会出现的新问题。立法的时效性不强导致过时的法律文本无法解决新出现的社会问题，地方政府只能通过不断发布规范性文件的方式应对，这进一步推动了前文所说的立法位阶不高问题的固化。

立法内容的新颖性问题更为突出。前文已提及，在39部地方性法规、政府规章中，有21部是国务院《计算机信息系统安全保护条例》的细化规定，且考察其内容，既没有在国务院行政法规的基础上有所创新，也没有体现出各省级地方区域特色。另外18部法律文本中，仅《安徽省互联网政务服务办法》（2018）、《天津市网络虚假信息治理若干规定》（2020）等几部在内容上有所创新，主动对互联网领域相关内容作出规范，其他诸如《天津市预防和控制计算机病毒办法》（2004）、《上海市网络预约出租汽车经营服务管理若干规定》（2016）等仅是对上位行政法规的重复或补充。立法重复、创新性不强等问题是地方立法中普遍、长期存在的难题，但这并不能成为地方立法放弃创新的理由。本文特意选取了省级地方立法进行研究，希望观察省级地方在地方立法中是否能更加注重凸显地方特色①。但事实证明，在强调创新、充满可能性的互联网领域，省级地方几乎没有较有特色的立法。立法内容上的保守与现实世界中层出不穷的法律问题之间存在巨大张力，地方政府不得不在出现问题后“头痛医头、脚痛医脚”②。

---

① 依照《立法法》规定，设区的市仅能在城乡建设与管理、环境保护、历史文化保护三个方面行使地方立法权。

② 参见王晓君《论我国互联网法律的立法完善》，《学理论》2017年第1期。

四　地方网络立法的完善

互联网发展日新月异，新的社会问题不断出现。面对网络社会，立法应当有所作为。针对当前地方立法中存在的立法位阶不高、“管理”思维过重、创新性不强等问题，应当从以下几方面着手加以完善。

（一）充分发挥地方立法“先试先行”的特点

地方立法适用于特定区域，其规范区域、对象都不及法律、行政法规。也正是因为地方立法的这一特点，其可以在许多问题上率先立法，探索法律的空白领域，为法律、行政法规的制定积累经验。

地方网络立法需面对的首个理论难题是，互联网具有“无界性”，地方是否可以在特定区域内对其进行立法。换言之，除了中央层面的立法，地方立法是否有能力规范互联网？对于这一问题，应当从两方面解答。其一，地方网络立法并不能取代中央立法，更不能突破中央立法。《立法法》明确规定，“省、自治区、直辖市的人民代表大会及其常务委员会根据本行政区域的具体情况和实际需要，在不同宪法、法律、行政法规相抵触的前提下，可以制定地方性法规”。（第 72 条第 1 款）“不抵触”是地方立法的基本前提。互联网确实是“无界”的，但是社会问题是必然有属地的。因此，只要不与上位法冲突，地方完全可以对本区域内的网络问题进行立法。其二，中央立法无法涵盖所有地区的各类情况，必须要有地方立法对其进行补充。互联网社会虽是虚拟的，但其在不同的现实地区映射的社会状态是不同的，如浙江、上海等沿海省份，互联网经济发展较早，在中西部地区尚未接触这一概念时，其线上交易就已经颇具规模。在这样的情况下，中央层面可能认为制定全国性法律法规的时机尚不成熟，或仅制定出较为宽泛的制度框架，但省级地方完全可以依据本省实际情况进行详细补充。德国的网络立法经验也展现出同样的思路，其各州网络立法对联邦立法作了有力的补充，形成了完备的联邦－

州立法体系[①]。

在解决了地方网络立法“能不能”的问题后，需要进一步思考“怎么做”。即地方应如何进行网络立法？其一，对于法律、法规已进行规范的互联网领域，地方应结合本地区特点，有针对性地进行细化、补充。地方立法不是中央立法的复制版，要结合地方实际，避免“重复立法”。其二，对于法律、法规尚未作出规范的互联网问题，问题较为集中、突出的地方应尽快启动立法调研程序，及时出台相关地方性法规、政府规章规范互联网社会。其三，对于可预见但尚未集中出现的互联网社会问题，地方可以适度超前立法，及早为未来制定行为规范，为中央层级的立法积累丰富的立法经验。

（二）充分发挥地方权力机关的立法主导作用

网络立法时效性、专业性、技术性强，相对于人大及其常委会，政府及其各部门工作在执法一线，的确更了解社会问题的内容，也更有实践经验基础以开展立法活动。这是现阶段地方网络立法中政府规章、规范性文件大量存在的一个原因。地方政府依法享有立法权，这是毫无疑问的；但如果长期以来是行政机关主导网络立法、权力机关隐退其后，则可能引发规范合理性问题。执法者立法，可能引发的便是其为执法工作之方便，在法律文本中设置过多的管理内容。前文所述的地方网络立法“管理”思维过重即典型例证。有研究者就指出，行政机关立法往往从方便其管理的角度出发，重行政管制，在管理方式上主要以市场准入和行政处罚为主，思路方法陈旧、机械而生硬。[②]

在未来的地方网络立法工作中，人大及其常委会应更加积极主动作为，一方面根据网络立法的特点，优化网络立法程序，使网络立法能够尽快起草、发布；另一方面，应当积极与主管互联网工作的政府部门对接，对互联

① 参见黄志雄、刘碧琦《德国互联网监管：立法、机构设置及启示》，《德国研究》2015 年第 3 期。

② 参见段传龙《中国互联网立法的成就、问题与完善》，《河北大学学报》（哲学社会科学版）2019 年第 2 期。

网社会新发展、新动向主动组织调研，充分掌握经验材料。政府规范性文件出台后，人大应加强审查，对其中与上位法冲突的部分及时纠正，对其中合理且应当以地方性法规形式丰富、完善的部分尽快启动立法程序，以地方性法规的形式形成立法成果。同时，作为地方权力机关，人大及其常委会在制定地方性法规时应注重平衡“权利－义务”，对互联网社会涌现的新兴权利及时加以确认、保护，有效提升立法的社会治理功效，避免出现一刀切、管到底的机械式立法。

（三）充分发挥行业、民众对立法的建议作用

互联网社会不同于传统社会，其无实体边界、相对匿名化、信息载量大、传播速度快。在互联网社会中，多元共治的“治理”理念尤为突出。当然，这并不是说互联网社会就不需要监督、不需要管理，而是网络立法需要更加注重来自互联网行业和广大网民的治理意见，要真正实现“共治共享”。现有的部分成效并不突出的网络立法在立法过程中，都共性地表现出立法部门对互联网社会的声音听取不充分。因此，地方网络立法应在立法的调研、起草、修改阶段广泛听取互联网社会的意见，对互联网行业提出的专业性建议应尤其重视，对民众集中反映的问题应特别注意，努力使出台的法律规范成为能使用、好上手的法律文本[①]。

同时，对于新兴的互联网领域，立法经验不充分或立法时机不成熟时，人大、政府应当积极鼓励行业协会制定行业自治规范，探索新问题的治理方式，避免政府部门对待新问题一刀切式地执法。互联网产业的兴起需要一定的发展空间，只要在法律允许的范围内，只要是行业能够有效自我规范的，都应该适度给予空间。地方网络立法应当把“促进发展”的立法理念贯穿立法全过程，充分发挥市场配置资源的决定性作用，真正实现法治为社会经济文化发展保驾护航、提供便利的立法初衷。

---

① 参见王益民《网络强国背景下互联网治理策略研究》，《电子政务》2018 年第 7 期。

附录

中国省级地方网络立法一览

名称	实施(修订)年份	发布单位
安徽省互联网上网服务营业场所管理办法	2004	政府
安徽省互联网政务服务办法	2018	政府
安徽省计算机信息系统安全保护办法	1999/2004/2017	政府
安徽省预防和控制计算机病毒管理暂行办法	1993/1997/2010	政府
北京市公共服务网络与信息系统安全管理规定	2006	政府
北京市计算机信息系统病毒预防和控制管理办法	1998/2001	政府
福建省计算机信息系统安全管理办法	1996/1998	政府
广东省计算机信息系统安全保护管理规定	2003	政府
广东省计算机信息系统安全保护条例	2008	人大及其常委会
贵州省计算机软件登记工作暂行办法	1987	政府
海南经济特区公共信息网络管理规定	1998/2004	政府
河北省预防和控制计算机病毒暂行规定	1994/1998	政府
河南省计算机信息系统安全保护暂行办法	1999/2011	政府
河南省政府系统数据通信网络远程工作站管理办法(试行)	1996	政府
黑龙江省计算机信息系统安全管理规定	1990/1997/2006/2013/2016	政府
江苏省计算机信息系统安全保护管理办法	2002	政府
江西省计算机信息系统安全保护办法	2004	政府
辽宁省计算机信息保密管理规定	1999	政府
辽宁省计算机信息系统安全管理条例	1998/2004/2013	人大及其常委会
内蒙古自治区计算机信息系统安全保护办法	2012	政府
宁夏回族自治区计算机信息系统安全保护条例	2009	人大及其常委会
宁夏回族自治区政府系统微机广域网络远程工作站管理暂行办法	1999	政府
山东省计算机信息系统安全管理办法	1998/2004	政府
山西省计算机安全管理规定	1996/2008	政府
山西省计算机信息系统安全保护条例	2008	人大及其常委会
上海市网络预约出租汽车经营服务管理若干规定	2016	政府
四川省计算机信息系统安全保护管理办法	1996	政府
天津市公共计算机信息网络安全保护规定	2002/2004	政府
天津市网络虚假信息治理若干规定	2020	人大及其常委会

续表

名称	实施(修订)年份	发布单位
天津市预防和控制计算机病毒办法	1992/1997/2002/2004	政府
西藏自治区互联网用户真实身份登记管理暂行办法	2012	政府
新疆维吾尔自治区促进5G网络建设发展规定	2021	政府
新疆维吾尔自治区电话和互联网用户真实身份信息登记管理条例	2016	人大及其常委会
新疆维吾尔自治区防范和惩治网络传播虚假信息条例	2016	人大及其常委会
新疆维吾尔自治区网络安全管理条例	2017	人大及其常委会
云南省网络与信息系统安全监察管理规定	2005	政府
重庆市计算机病毒预防和控制管理规定	1994	政府
重庆市计算机信息系统安全保护条例	1998/2001/2006/2010	人大及其常委会
重庆市网络预约出租汽车经营服务管理暂行办法	2016	政府

B.4

大众法治观念的样态呈现与增强路径*

——基于地方立法的视角

肖　武**

摘　要：民众的法治观念由国家法治的客观现状和民众对法治的主观感受等因素共同塑造，是全民法治观念的重要组成部分，包含了民众对法治的主观认知和客观认知、感性认知和理性认知。民众法治观念的强弱程度是衡量国家法治建设状况的试金石，增强民众法治观念是法治社会建设的重要目标。实证研究表明，民众在立法观念上存在一定的模糊认知、在司法观念上与法律人之间存有较大分歧、在执法观念上存在较低的认可和评价度、在守法边界上存有不同程度的认知误区。增强全民法治观念既是国家性事务，又是地方性任务，归口全国，但要分散到地方。基于民众法治观念的差异性样态和地方立法的整合性功能等因素，从地方法治，尤其是地方立法的视角着手增强民众法治观念，具有较强的可行性和操作性。未来可从地方立法切入，矫正大众对法治的认知误区，弥合大众和法律人对法治的认知差异，推进全民法治观念的增强，进而为全面推进依法治国提供观念动力、凝聚社会共识。

* 本文系作者主持的中国人权研究会2020年度部级研究一般课题“中国共产党人权思想的发展历程研究”（项目号：CSHRS2020—07YB）的阶段性成果。

** 肖武，法学博士，西南政法大学人权研究院讲师、硕士生导师，研究方向为法社会学、人权法学。

关键词： 法治观念　认知差异　地方立法

党的十八届四中全会通过的《中共中央关于全面推进依法治国若干重大问题的决定》提出要增强全民的法治观念，推进法治社会建设，指出“法律的权威源自人民的内心拥护和真诚信仰。人民权益要靠法律保障，法律权威要靠人民维护。必须弘扬社会主义法治精神，建设社会主义法治文化，增强全社会厉行法治的积极性和主动性，形成守法光荣、违法可耻的社会氛围，使全体人民都成为社会主义法治的忠实崇尚者、自觉遵守者、坚定捍卫者”。2020 年 12 月，中共中央印发了《法治社会建设实施纲要（2020～2025)》（以下简称《纲要》)，《纲要》指出，法治社会建设的总体目标是，到 2025 年，“八五”普法规划实施完成，法治观念深入人心，社会领域制度规范更加健全，社会主义核心价值观要求融入法治建设和社会治理成效显著，公民、法人和其他组织合法权益得到切实保障，社会治理法治化水平显著提高，形成符合国情、体现时代特征、人民群众满意的法治社会建设生动局面，为 2035 年基本建成法治社会奠定坚实基础。《纲要》还将“推动全社会增强法治观念”单列一部分进行阐述。

增强法治观念中的“全民”应包括全国各族人民、一切国家机关和武装力量、各政党和各社会团体以及各企业事业组织，其中人民群众是全民中数量最多的主体，并且人民群众法治观念的强弱程度是验证国家法治建设成效的重要试金石，考察民众的现实法治观念对梳理我国民众对法治的真实看法和增强民众的法治观念具有重要意义。我们曾实施过中国大众法治观念问卷调查项目，该项目在全国 31 个省、市、自治区（港澳台除外）通过概率抽样对大众进行了有关法治观念的问卷调查，不仅涉及民众对法治的总体性看法，还从立法、司法、执法等层面对大众的法治观念进行了具体考察。本文拟从中国大众法治观念的调查问卷结果切入，对大众法治观念的呈现样态进行具体分析，并从地方立法的视角对增强大众法治观念提出建议。

一　法治观念及其阐释视角

关于法治观念，学界在理论上有过不少阐释，有学者认为，“法治观念是指人们内心对法治的认识、信念和情绪，是以意识形态表现出来的法治目标以及人们对此目标的信仰和情绪。法治观念包括人们对法治的本质、作用、特征的认识，也包括人们对将来建立的法治社会的蓝图设想，还包括人们对这种理想的信念和向往的情绪”①。部分研究者从现代法治观念的角度切入，对法治观念进行了分析，例如，有学者主张现代法治观念或者现代语境中的法治观念的基本要义在于提示所有社会主体尤其是权力主体遵守已经制定出来的法律准则。② 有学者将中国现代法治的观念史划分为清朝末年、民国时期以及二十一世纪以后的中华人民共和国时期三个段落，认为中国现代法治观念的兴起，既表达了一种关于“法”的新观念，更表达了一种关于“治”的新观念。③ 还有学者认为法治观念涉及统治阶级意志论问题，在对法是统治阶级意志的体现进行批判和反思的基础上主张当代中国法治的一切原则都须从契约论中进行推导。④

学界对法治观念的研究，更多的是对法治的观念或法治观念史的研究，着眼点在于作为应然状态或理想范畴的“法治”是什么。与现有对法治观念的阐释不同的是，本文以大众为主体、以经验研究为依据而分析的“法治观念”既包括对作为理想范畴的“法治”的认知，也涵盖了对现实操作范畴的“法制”的认识和评价，大众法治观念调查问卷的内容包含了民众对法治的认识以及对法律的现实地位、作用及存在的问题等的看法和认识。就观念层面而言，作为应然状态的法治和实然状况的法制不可分割，如果把

---

① 严存生：《法治的观念与体制——法治国家与政党政治》，商务印书馆，2013，第267页。

② 刘星：《中国“法”概念与现代法治观念的关系》，载《清华法治论衡》（第一辑），清华大学出版社，2000，第63页。

③ 喻中：《中国法治观念》，中国政法大学出版社，2011，第2页。

④ 张恒山：《当代中国的法治观念》，《理论视野》2014年第11期。

观念视为“用固定的关键词表达的思想”[①]，则作为法治观念关键词的法律至上、人人平等、人权保障、权力制约等现代法治观念的诸多要素已深入人心，人们正是以这些法治观念关键词为基准对法制的真实运作状况作出自己感性或理性的评判，这一评判过程和结果又形塑了大众对法治的基本看法和观念图景。

从不同的视角出发，可以对法治观念作出多样性的类型分析，如以主体为视角可将其分为法律人的法治观念和大众的法治观念，以实现形态和现实状况为标准可分为应有法治观念和实有法治观念，以内容为标准可分为整体性法治观念和具体性法治观念。学界对法治观念的阐释是基于思想史、学说史和制度史的研究，融合了历时性和共时性的理解，但本文对大众法治观念的考察主要集中于当下或者历时性问题的共时性反映，是在当前这一特定的语境和时空中基于经验研究而对大众法治观念作出的语境化和时空性阐释。

本文对大众法治观念的考察既包含了应有法治观念和实有法治观念，也囊括了整体性法治观念和具体性法治观念，并且以实有法治观念和具体性法治观念为主，按照具体性法治观念中的立法观念、司法观念、执法观念和守法观念渐次展开。

二　问卷抽样与执行

本次调查的时间是2018年7月至2019年3月，采用建立在科学概率抽样基础上的问卷调查方法，通过问卷面访的方式，获取全国样本范围内公民个体的数据，受访人员为18～70周岁、具有中华人民共和国国籍、拥有固定住所的公民。

本次调查采用异比分层、多阶段、等概率的方式抽取样本，覆盖了全国东中西部及东北地区共31个省、市、自治区（港、澳、台除外）。初级抽样单位（PSU，Primary sampling units）为县级行政单位（四个直辖市以区为

---

① 金观涛、刘青峰：《观念史研究：中国现代重要政治术语的形成》，法律出版社，2009，第4页。

初级抽样单位），抽样框采用《全国分县市人口统计资料（2010）》中的县级行政单位名单及户数资料；次级抽样单位（SSU，Secondary sampling units）为乡镇/街道，抽样框采用行政区划网站及《2010 中国建制镇基本情况统计资料》相关数据。

此次调查，按照误差率小于5%的精度要求，设计抽选出5000个样本，实际抽到4794个样本，有效率为95.9%。各省问卷回收情况如表1所示。

表1　问卷发放地点及回收数量

西　部					
四川省	重庆市	贵州省	云南省	陕西省	甘肃省
260 份	260 份	133 份	175 份	140 份	76 份
青海省	内蒙古自治区	广西壮族自治区	新疆维吾尔自治区	宁夏回族自治区	西藏自治区
82 份	78 份	193 份	51 份	81 份	51 份
中　部					
湖南省	湖北省	山西省	安徽省	江西省	河南省
186 份	166 份	230 份	115 份	154 份	290 份
东部及东北地区					
北京市	天津市	上海市	江苏省	浙江省	山东省
102 份	70 份	81 份	260 份	165 份	308 份
福建省	广东省	黑龙江省	吉林省	辽宁省	河北省
197 份	300 份	93 份	100 份	128 份	213 份
海南省					
64					

三　大众立法观念考察

我国的法制现代化进程在很大程度上是西法东渐的过程。改革开放以来，随着对法制的迫切需求，“如何移植西方成熟的法律制度、加快立法的步伐，开始成为建设社会主义法治的关键所在”①。在重视法律移植，走自

① 强世功：《迈向立法者的法理学——法律移植背景下对当代法理学的反思》，《中国社会科学》2005 年第 1 期。

上而下的政府推进型法治建设的过程中，学界也从“孟德斯鸠式的巧合论”①“本土资源论”“国情论”“中国特色论”等角度对法律移植中出现的各类问题进行了检讨和反思。法律移植是否符合我国的实际状况和需求、如何缓解立法中精英话语与大众话语的二元对立等问题成为学界持续关注的焦点。

（一）立法主体认知

在我国，国家的一切权力属于人民，根据《宪法》和《立法法》的规定，全国人民代表大会及其常委会行使国家立法权，我国的国家立法机关是全国人大及其常委会。但调查发现，民众对我国宪法关于立法权规定的认知存在一定的模糊性。

表 2　您认为谁有权制定法律？

选项	频率	百分比(%)
国家领导人	935	11.7
法院	1303	16.3
检察院	908	11.4
公安	355	4.5
律师	293	3.7
法学院教授	494	6.2
全国人大及其常委会	3686	46.2
总计	7974	100.0

以“您认为谁有权制定法律”为问题的调查结果显示，选择全国人大及其常委会的比例为46.2%，排在第二位和第三位的是法院和国家领导人，分别有16.3%和11.7%的受访者认为法院和国家领导人有权制定法律。通过数据可以看出，民众对我国立法权行使主体这一问题的认知存在明显的不

① 孟德斯鸠指出，为某一国人民而制定的法律，应该是非常适合于该国人民的，如果一个国家的法律竟然能适合另一个国家，那只是非常凑巧的事。参见〔法〕孟德斯鸠《论法的精神》，张雁深译，商务印书馆，1976，第5页。

足和偏差，认为全国人大及其常委会有权制定法律的比例不到五成，而认为国家领导人、法院、检察院等有权制定法律的比例合计超过了五成，在民众看来，除全国人大及其常委会外，政党领袖、司法机关以及谙熟法律的专家学者也具有制定法律的权力。

国家在制定法律时应当多听取哪些主体的意见？在民众的选择中排在第一位的是人民群众，其次是人大代表，选择最少的是公安一项。如果将人民群众与人大代表两项的选择比例进行累加，可以看出受访者认为国家在制定法律时应当直接或间接听取人民群众意见的比例超过了五成，民众的这一看法与立法中所强调的民主立法的理念存在较高的契合性。

表3　您认为国家在制定法律时应当多听取谁的意见？

选项	频率	百分比(%)
党政官员	635	5.8
人大代表	2360	21.5
人民群众	3636	33.2
法官	1112	10.1
检察官	876	8.0
公安	465	4.2
专家学者	1883	17.2
总计	10967	100.0

（二）立法意志认知

改革开放初期，法制建设的重心是通过制定法律改变“无法可依”的局面，立法的指导基准是“法律条文开始可以粗一点，逐步完善……有比没有好，快搞比慢搞好”①，因而在立法上更注重法律的有无问题。经过40多年的法制建设，国家在各方面做到了有法可依，中国特色社会主义法律体

① 《邓小平文选》第2卷，人民出版社，1994，第146~147页。

系已经形成，我们正在构建中国特色社会主义法治体系的大道上阔步前行。在法律制度从无到有、不断完善的同时，国家也逐渐从“创法时代”迈向“修法时代”,[①] 从“有法可依”走向“科学立法”，更加注重通过立法体现人民意志、适应社会需求、引领和指导改革发展。

民主立法是立法的基本理念之一。《立法法》第5条明确规定，立法应当体现人民的意志，要发扬社会主义民主，坚持立法公开，保障人民通过多种途径参与立法活动。十八届四中全会决定也指出，要恪守以民为本、立法为民理念，使每一项立法都符合宪法精神、反映人民意志、得到人民拥护。近年来国家立法机关及相关机构也从立法调研、立法听证以及法律草案意见征集等层面不断推动民主立法理念的落实。

民众是否认为所立之法体现了自身意志？调查结果显示，47.1%的受访者认为目前的法律体现了民众的意志，对此持否定看法的民众占14.0%，还有38.9%的人对现有法律是否体现了民众意志态度模糊，表示“不好说”。通过数据可以看出，在现有法律是否体现民众意志这一问题上持明确肯定态度的民众不到五成。

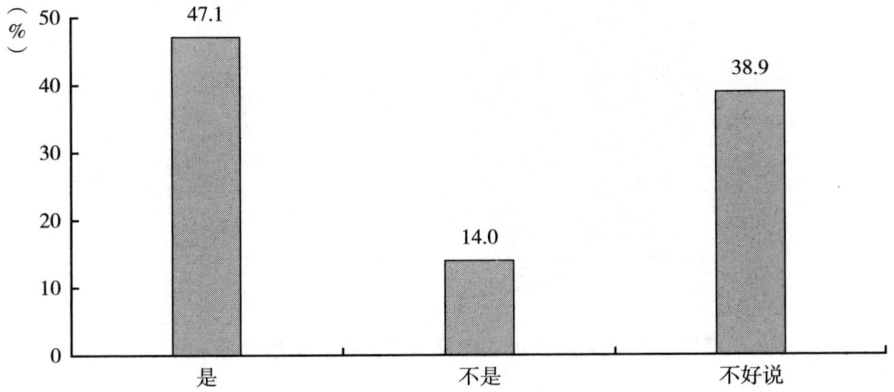

图1　您认为目前的法律是否体现了民众的意志？

---

① 付子堂、胡夏枫：《立法与改革：以法律修改为重心的考察》，《法学研究》2014年第6期。

马克思曾指出："社会不是以法律为基础的，那是法学家们的幻想。相反的，法律应该以社会为基础。"① 法律是社会的一种制度，以国家法为首的各类规则的构建均应积极和理性地回应社会成员和社会整体的需求。对社会而言，法应当具有"回应性"②，法律的立改废应同社会发展相适应。尤其是在社会结构复杂多变、利益格局深刻调整、社会矛盾日益凸显的当下，我们更加需要用法律来化解社会矛盾、调整社会关系和指引社会发展。

以"您认为目前的法律是否适应社会发展的需求？"为题的调查结果显示，51.5%的受访人员认为现有法律适应社会发展的需求，选择不适应的比例为21.5%，另有27.0%的民众对此表示不清楚。通过数据反馈来看，五成多的人在这一问题上给出了明确肯定的回答，另有近五成的民众对此持否定或不明确态度。

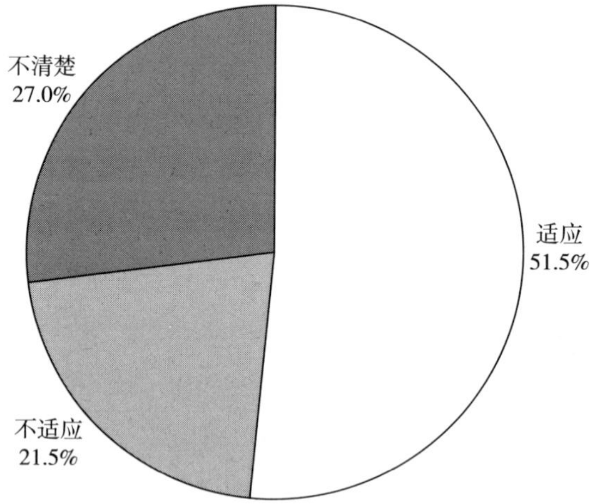

图2　您认为目前的法律是否适应社会发展的需求？

① 《马克思恩格斯选集》（第6卷），人民出版社，1961，第291～292页。

② 江必新、王红霞：《法治社会建设论纲》，《中国社会科学》2014年第1期。

四　大众司法观念考察

司法是维护社会公平正义的最后一道防线，也是大众获取对法律经验感知的最直接和最重要的场域。许多民众可能并未亲身涉入诉讼之中，但他们是“不在场的在场”，通过网络、报刊、电视、自媒体以及他人述说等途径形成对司法的感知和理解。对民众来说，司法最重要的性能是公正。在社会转型期，矛盾纠纷繁多，人们也更倾向于通过诉讼解决纠纷，法院面临案多人少的困局，但社会大众对司法公正的正向感知度并未与逐年增加的诉讼率同步提升，法院的案件量在增加，民众“信法不如信访”的观念也在增长。笔者等进行中国大众人权观念调查时曾就法院的审判是否公正的问题进行过调查，结果显示只有39.3%的受访者认为“公正”。[①] 党的十八届三中全会提出要加快建设公正高效权威的社会主义司法制度，让人民群众在每一个司法案件中都感受到公平正义。党的十八届四中全会进一步指出公正是法治的生命线，司法公正对社会公正具有重要引领作用，司法不公对社会公正具有致命破坏作用。本次调查中我们从公正审判认知、程序公正与实体公正认知、司法腐败认知以及司法公信力认知四个层面对大众的司法观念进行了研究。

（一）公正审判认知

公正审判权是诉讼当事人所享有的重要法定权利。《世界人权宣言》第10条明确规定：“人人完全平等地有权由一个独立而无偏倚的法庭进行公正的和公开的审讯，以确定他的权利和义务并判定对他的任何刑事指控。”《公民权利和政治权利国际公约》第14条也指出：“在判定对任何人提出的任何刑事指控或确定他在一件诉讼案中的权利和义务时，人人有资格由一个依法设立的合格的、独立的和无偏倚的法庭进行公正的和公开的审讯。”法

① 张永和等：《中国大众人权观念调查》，中国人民大学出版社，2016，第207页。

院应对当事人进行公正审判并作出公正判决，但何为公正判决，民众与法官之间存在较大的认知差异。

司法判决是法官在逻辑分析和价值抉择的基础上将法律规则运用于案件事实并得出裁判结果的过程，判决的得出需要法官具有严谨的职业理性和法律思维。大众对案件判决结果的关注往往基于普通人的朴素道德情感和平民思维。基于不同的思维方式和价值考量，二者对裁判公正的认知虽具有一致性，但也存在较大张力，此种张力突出表现为对公正判决的不同认知。

基于专业技能和法律思维的法官作出裁判的首要考量是以事实为依据、以法律为准绳，力争做到法律效果与社会效果相统一，但在考量社会后果时遵循的是法律人思维的“二元论”①，在实定规范和社会事实之间进行结合、协调和平衡，遵循规则和超越法律。与之不同的是，大众更关注判决结果是否符合民众所理解的道德和常情。在公众看来，公正的判决首要的是须符合法律规定，38.7%的受访者持此观点，但紧随其后的是“社会公众赞同”，36.3%的人认为公正的判决应当满足“社会公众赞同”的要件，二者仅相差2.4个百分点。“社会公众赞同”在一定程度上意味着司法应当符合民意，固然，民意在任何时代都不容忽视，“在一定意义上说，人类自觉活动构成的文明史，就是‘民意’地位不断被认识和提高的历史。民意之所向，可以建设一切，也可以毁灭一切”②。但司法与民意之间的紧张与错位关系在今天越来越成为司法难题，不符合民意的判决被大众视为司法不公，过多考虑民意又被法律人视为舆论左右司法。“司法活动正确与否从来不取决于它是否得到公众的欢迎或是符合大多数人的想法与做法”③，这一理念在当下难以适用。

① 孙笑侠：《法律人思维的二元论》，《中外法学》2013年第6期。

② 喻国明：《解构民意：一个舆论学者的实证研究》，华夏出版社，2001，第9页。

③ 〔美〕沃塞曼：《美国政治基础》，陆震纶译，中国社会科学出版社，1994，第149页。

表 4　您认为公正的判决应该是?

选项	频率	有效百分比(%)
完全符合法律规定	1769	38.7
当事人接受	974	21.3
政府领导满意	164	3.7
社会公众赞同	1659	36.3
合计	4566	100.0

同时，值得注意的是，“当事人接受”这一要件并未在大众对法院公正判决的考量要素中占据突出位置，只有 21.3% 的人认为公正的判决应当是当事人接受的判决。作为诉讼的启动者和判决结果的承受者，判决是否公正直接影响到当事人的权利能否得到保障，当事人对其也有切身的感受。法院在解纷中通常优先考虑的调解和所追求的“案结事了”的逻辑基点也在于寻求双方当事人都能接受的结果，但对于大众而言，与当事人接受相比，符合法律规定和社会公众赞同更契合他们对公正判决的认知。

（二）程序公正与实体公正认知

程序公正和实体公正是司法公正的重要内容。中国的司法传统和现代法制建设的起步期被认为存有较为浓厚的重实体轻程序色彩，随着法治建设的逐步推进，程序公正的价值日益得到重视，公正的程序被视为“促进现代化的社会变革的基本杠杆之一”① 和“法治乃至有效社会整合的构成性要素”②。在追求司法公正的进程中需坚持程序公正与实体公正并重，但当二者存在冲突和不可兼得时，程序公正被置于优先地位。

通常认为大众与法律人对程序公正和实体公正存在不同的观念认知，社会大众更倾向于实体公正，而法律人则将程序公正作为追求公正的第一要

① 季卫东：《法律程序的意义——对中国法制建设的另一种思考》，《中国社会科学》1993 年第 1 期。

② 雷磊：《法律程序为什么重要？反思现代社会中程序与法治的关系》，《中外法学》2014 年第 2 期。

义。民众的司法不公观念也在一定程度上源于其与法官之间在程序公正与实体公正的价值位阶上的认知差异。民众对程序公正和实体公正究竟作何价值抉择，我们以三个情境假设为例进行了考察。

假设一：孙某杀人，但拒不认罪，公安为了让他认罪不给他饭吃。

假设二：几个初一的学生无故欺负一小学生，将小学生打成重伤，由于这几个初中生没有达到承担刑事责任的年龄，公安机关没有对他们进行立案追究。

假设三：王某等十几人组成的犯罪团伙到处抢劫杀人，警察抓住了其中一人，为了让他供出同伙，对他进行殴打。

鉴于一般社会大众对何为法律上的程序公正可能缺乏明确的了解和判断，我们特选择了为法律所禁止并且为一般社会大众所知晓的刑讯逼供为切入点进行考察。刑讯逼供严重侵犯犯罪嫌疑人和被告人的基本人权，并且极易酿成冤假错案。我国刑事诉讼法明确规定采用刑讯逼供等非法方法收集的证据应予以排除，党的十八届四中全会决定进一步指出要健全落实非法证据排除制度，加强对刑讯逼供和非法取证的源头预防。刑讯逼供违反程序公正的基本要求，但有可能达至所要追求的目标，有研究者认为，社会民众对刑讯逼供的反对是以道德基础为前提和以“结果正确”为基本标准的，如果刑讯逼供的对象确属犯罪分子，人们对刑讯逼供的反感和谴责并不明显，但如果被询问者是无辜者，人们则会对刑讯逼供表现出明显和强烈的反感。[①]从这一观点可以解读出的另一含义是，与程序公正相比，民众更关注实体公正。前述假设一和假设三均是通过刑讯逼供考察民众对程序公正的认知，二者的差异在于刑讯逼供的方式和程度。调查结果显示，对于假设一，认为合适的比例占 13.8%，85.1% 的人认为公安机关的做法不合适；对于假设三，选择合适和不合适的比例分别为 15.7% 和 82.7%。通过假设一和假设三的结果可以看出，超过八成的受访民众对程序公正存在明确的观念认知。

① 吴丹红：《角色、情境与社会容忍——法社会学视野中的刑讯逼供》，《中外法学》2006 年第 2 期。

对于假设二，认为公安机关的做法合适和不合适的比例分别占 28.4%和 71.1%。若从现有法律规定进行分析，公安机关的做法并无不妥，完全符合程序公正的要求，但超过七成的受访民众认为公安的做法不合适，于此处可看出，民众在程序公正外有自身对公正的理解，愤怒、道德情感或其他因素在此超越了对程序公正的认知。

若将民众对上述三个假设情境的选择结果进行综合分析，可以看出，民众对程序公正有明确认知，但该认知也存在不确定性，会因不同情形而有所转变。

（三）司法腐败认知

如果将司法视为维护社会公平正义的最后一道防线，司法腐败无疑会造成极为严重的后果，可能会使公平正义的最后防线坍塌。司法腐败几乎必然导向司法不公，而对此的危害性，培根有过最经典的论述："一次不公正的审判，其恶果甚至超过十次犯罪，因为犯罪虽是无视法律——好比污染了水流，而不公正的审判则是毁坏了法律——好比污染了水源。"[①] 也有观点认为，司法的被动性和消极性决定了司法腐败不会污染水流的源头，只是因为司法腐败导致人们对法官应当是正义化身的期望落空，人们才在心理上觉得它是最为严重的腐败。[②]

从司法所应当承担的使命来看，司法腐败确比其他类型腐败更为恶劣，将司法腐败视为最严重的腐败并无不妥。民众是否认为司法腐败比其他腐败为祸尤烈？我们以"某法官在审判某政府领导贪污案件时收受钱财，然后枉法裁判，您觉得谁的行为更恶劣？"为题进行了考察。53.4%的民众认为该法官和政府领导的行为一样恶劣，25.3%的人认为法官枉法裁判的行为更为恶劣，认为政府领导贪污腐败行为更为恶劣的比例占 16.4%。

① 〔英〕培根：《培根论说文集》，水同天译，商务印书馆，1983，第 193 页。

② 何远琼：《站在天平的两端——司法腐败的博弈分析》，《中外法学》2007 年第 5 期。

表5　某法官在审判某政府领导贪污案件时收受钱财，然后枉法裁判，您觉得谁的行为更恶劣？

选项	频率	有效百分比(%)
政府领导贪污腐败	779	16.4
法官枉法裁判	1202	25.3
一样恶劣	2539	53.4
不好说	231	4.9
合计	4751	100.0

通过数据可以看出，超过五成的民众认为法官枉法裁判的行为与政府官员贪污腐败的行为一样恶劣，二者并无高下之分。另有四成多的民众认为二者之间存在差异，其中对法官的选择要高出政府官员约一成。综合而言，民众存在司法腐败比其他腐败更为严重的认知，但并不突出。

（四）司法公信力认知

提升司法公信力是我国法治建设的重点任务之一。司法公信力方面存在的问题是历时性的，并非现今才形成，传统民谚中就有“八字衙门朝南开，有理无钱莫进来”“赢得猫来输去牛”等说法。习近平总书记强调：“如果人民群众通过司法程序不能保证自己的合法权利，那司法就没有公信力，人民群众也不会相信司法。法律本来应该具有定分止争的功能，司法审判本来应该具有终局性的作用，如果司法不公、人心不服，这些功能就难以实现。”[①] 党的十八大以来，以习近平同志为核心的党中央将有效提升司法公信力、推进公正司法摆在全面推进依法治国的突出位置，通过深化司法体制改革，努力让人民群众在每一个司法案件中感受到公平正义。2015年3月24日，习近平总书记在主持中央政治局第二十一次集体学习时强调，要以提高司法公信力为根本尺度，坚定不移深化司法体制改革。近年来，旨在提高司法公信力的改革举措包括全面落实司法责任制，明确法官、检察官办案

① 习近平：《论坚持全面依法治国》，中央文献出版社2020年版，第22页。

的权力和责任，完善惩戒机制，强化制约监督；深化司法公开，建立健全阳光司法机制，不断加强审判流程、庭审活动、裁判文书、执行信息司法公开建设；深入推进以审判为中心的诉讼制度改革，保障当事人获得公正审判的权利等。从实践效果看，这一系列靶向性司法体制改革举措取得了显著成效，大大提高了司法公信力。

对司法作出高信任度评价的基本要素是相信法官会居中公平裁判。“那些准备对司法予以信任和信赖的人们，必须能够相信法官具有公允地对争议事实作出认定的理性判断能力，具有公允地将抽象的法律适用于具体的涉诉事实的理性判断能力。”① 从观念层面考察民众对司法信任度的另一个便捷方式是引入政府这一主体。在一些民众的观念中，政府与法院属同一战线群体，如托克维尔所言：“尽管法律家往往与人民联合起来打击行政权，但法律家与行政权之间的自然亲和力，却远远大于法律家与人民之间的这种亲和力。”② 我们以是否相信法院会公正处理因政府侵权所致的行政诉讼为题对大众进行了调查。结果显示，完全相信法院会公正处理的比例为14.5%，49.9%的民众表示比较相信，不太相信和不相信的比例分别占29.7%和5.9%。

表6　当政府的行为侵害了您的权利时，如果到法院去告状，您相信法院会公正处理吗？

选项	频率	有效百分比(%)
完全相信	696	14.5
比较相信	2390	49.9
不太相信	1424	29.7
不相信	284	5.9
合计	4794	100.0

① 郑成良、张英霞：《论司法公信力》，《上海交通大学学报》（哲学社会科学版）2005年第5期。

② 〔法〕托克维尔：《论美国的民主》（上卷），董果良译，商务印书馆，1997，第305页。

以行政诉讼为假设所反映出的低司法公信力与我国行政诉讼的现状有关，有研究者曾指出我国行政诉讼法在实施中面临“三少三多三难”① 的问题，即一审案件少、判决结案少、原告胜诉案件少，撤诉案件多、上诉案件多、非诉执行案件多，告状难、审判难、执行难。行政诉讼的困境导致了民众对法院处理行政诉讼纠纷时的疑惑心理和低司法信任度。

五　大众执法观念考察

法治政府建设是依法治国的重要内容，依法行政能力是法治政府建设的内在要求和重要基准，而检测依法行政能力最为有效的指标是行政执法的质量，因为“行政执法处在法律规则与行政管理事态的结合点上，处在行政机构体系与公众的结合点上，处在行政权与公民权的结合点上”②。随着法治政府建设的不断推进，我国的行政执法能力和水平有了大幅提升，但近年来发生的钓鱼执法、暴力执法、逐利执法以及选择性执法等事件将执法部门推向了风口浪尖，政府公信力严重受损，尤其是在自媒体时代和矛盾多发的社会转型期，执法问题繁多并极易被放大，执法困境使得制度、执法主体与执法对象在执法中都成为输家。理顺执法体制、提升执法能力成为推进依法行政的重要环节和法治政府建设水平的重要衡量标准，党的十八届四中全会决定明确指出要坚持严格规范公正文明执法。

（一）执法问题认知

合法、合理、正当程序、及时高效、诚实信用等原则是行政执法主体在执法中所应遵循的基本原则，也是对执法主体的基本要求，行政执法问题多并为人诟病的主要原因也是违反执法的基本原则。在民众看来，政府自身不守法、执法行为不合理、效率低下、不诚信、不公平以

① 包万超：《行政诉讼法的实施状况与改革思考——基于〈中国法律年鉴〉（1991～2012）的分析》，《中国行政管理》2013 年第 4 期。

② 关保英：《行政执法中法服从之探讨》，《法治论丛》2004 年第 1 期。

及缺乏监督等问题在执法部门的执法中都一定程度存在，其中较为突出的是缺乏监督（19.9%）、执法行为不合理（19.9%）以及效率低下（18.6%）。

表7　执法部门的执法存在哪些问题?

选项	频率	百分比(%)
政府自身不守法	2299	17.2
执法行为不合理	2653	19.9
效率低下	2489	18.6
不诚信	1377	10.3
不公平	1884	14.1
缺乏监督	2661	19.9
总计	13363	100.0

（二）执法监督认知

党的十九大报告指出，要加强对权力运行的制约和监督，让人民监督权力，让权力在阳光下运行，把权力关进制度的笼子。对权力的监督尤以监督行政权力为重，“行政权力具有管理事务领域宽、自由裁量权大等特点，法治监督的重点之一就是规范和约束行政权力”①。党的十八届四中全会决定提出要强化对行政权力的制约和监督，加强监督制度建设，努力形成科学有效的权力运行制约和监督体系，增强监督合力和实效，并在总目标中指出要形成严密的法治监督体系。对行政权力的监督包括党内监督、人大监督、司法监督、社会监督以及舆论监督等。面对行政执法中出现的各类问题，从权力监督的层面切入，谁应当发挥更大的作用？受访民众的选择中排在第一位的是民众自身，占33.0%，比其他监督主体均高出10%左右，人大、司法以及舆论等监督主体所占比例较为相近。

① 曹建明：《形成严密的法治监督体系　保证宪法法律有效实施》，《求是》2014年第24期。

表8　为了让政府更好地执法，您认为谁更应当发挥制约和监督作用？

选项	频率	百分比(%)
人大	2212	23.5
司法	2083	22.1
舆论	2004	21.3
民众	3109	33.0
总计	9408	100.0

公民对行政权力的监督源于我国宪法的规定，宪法第41条规定中华人民共和国公民对任何国家机关和国家工作人员，有提出批评和建议的权利。从调查结果来看，民众对发挥自身的监督和制约作用有较为明确的意愿和认知，因而未来的执法监督中应注重更多地发挥民众的作用，加强相应制度保障，落实民众监督。

六　大众守法观念考察

全民守法是法治社会的基础工程。守法是法治的重要内容，亚里士多德对法治的经典表述的含义之一便是“已成立的法律获得普遍的服从”[①]，不守法将使法律成为具文，权利得不到保障，社会陷入无序。国家的法治状况在很大程度上取决于各守法主体的守法状况。

（一）守法义务来源认知

公民应当遵守法律，但在守法义务来源问题上，存在不同的学说，并一度成为法学的经典问题。西方关于守法的义务来源存在契约论、功利论、暴力威慑论、法律正当论以及公平论等不同观点。[②] 契约论的基本逻辑是守法

① 亚里士多德：《政治学》，吴寿彭译，商务印书馆，1965，第217页。

② 参见丁以升、李清春《公民为什么遵守法律？——评析西方学者关于公民守法理由的理论》（上），《法学评论》2003年第6期；丁以升、李清春《公民为什么遵守法律？——评析西方学者关于公民守法理由的理论》（下），《法学评论》2004年第1期。

的义务是从公民参加社会契约的事实中派生而出的，守法源于公民的同意和承诺；功利论认为公民是否守法是由守法与不守法的比较结果决定的，之所以选择守法，是因为守法带来的收益大于造成的损失，能够带来最大多数人的最大幸福；暴力威慑论主张公民守法是源于国家强制力的威慑和惩戒，由于惧怕违反法律所招致的暴力性后果，所以选择遵守法律；法律正当论认为法律从形式到内容都满足合法性要件，因此公民有服从的义务；公平论认为，当所有社会成员都遵守法律时，公民能够从守法状态中获取好处，此时如果某一社会成员不守法，将会使其他守法者遭受损失，这对其他守法者不公平，因此人人守法方显公平。

对大众而言，究竟为何需遵守法律？我们以守法义务来源的功利论、公平论、威慑论以及契约论为基础进行了考察，民众的选择频率从高到低分别为“法律是我们共同制定和认可的”、“如果不遵守法律，对那些守法的人不公平”、“遵守法律对我有好处”以及“不遵守法律将会受到惩罚”。从选择结果来看，大众对守法义务来源的认知排序依次为契约论、公平论、功利论和威慑论。

表9　您觉得为什么要遵守法律？

选项	频率	百分比(%)
遵守法律对我有好处	2163	23.9
如果不遵守法律,对那些守法的人不公平	2174	24.0
不遵守法律将会受到惩罚	1950	21.5
法律是我们共同制定和认可的	2770	30.6
总计	9057	100.0

（二）守法限度认知

除了守法义务来源之外，还有一个关涉守法的经典命题——何种情形之下可以不遵守法律，即公民守法限度问题，西方法学界曾对此有过极为精彩的争鸣，我们以三种情形切入就大众对守法限度的认知进行了考察。

守法限度的最经典争论围绕法律的良善与否而进行，早在面对苏格拉底审判和索福克勒斯的悲剧《安提戈涅》时这一问题就已然展开，分析法学派与自然法学派就“恶法非法”与“恶法亦法”的问题曾展开旷日持久的争论，公民不服从理论也与此紧密相关，德沃金将公民不服从称为“良善违法”①，罗尔斯将公民不服从概括为非暴力反抗和良心拒绝两种形式②。

法律应当与道德有内在关联，符合“常识、常理、常情”③，但当法律不合情合理时，我们是否仍应当遵守？30.8%的民众主张如果法律不合情合理，就可以不遵守，69.2%的民众认为即使法律不合情合理也仍需遵守，二者所占比例分别为约三成和七成。从选择结果来看，将近七成的民众认为已经制定的法律应获得普遍服从，即便该法律并非良好的法律。

表 10　如果法律不合情合理，就可以不遵守

选项	频率	有效百分比(%)
同意	1460	30.8
不同意	3287	69.2
合计	4747	100.0

法国著名社会心理学家古斯塔夫·勒庞曾指出，构成群体的个人不管是谁，“他们变成了一个群体这个事实，便使他们获得了一种集体心理，这使他们的感情、思想和行为变得与他们单独一人时的感情、思想和行为颇为不同”，“单单是他变成一个有机群体的成员这个事实，就能使他在文明的阶梯上倒退好几步”④。从个体到群体的消极或负向行为在法律上体现得极为明显的是“法不责众”的观念以及由此而引发的相关行为。近年来“中国

① 〔美〕德沃金：《认真对待权利》，信春鹰、吴玉章译，中国大百科全书出版社，1998，第271～294页。

② 〔美〕罗尔斯：《正义论》，何怀宏等译，中国社会科学出版社，1988，第353～360页。

③ 陈忠林：《“常识、常理、常情”：一种法治观与法学教育观》，《太平洋学报》2007年第6期。

④ 〔法〕古斯塔夫·勒庞：《乌合之众——大众心理研究》，冯克利译，中央编译出版社，2005，第14、18页。

式过马路”“中国式哄抢”等以“法不责众”为理念的行为屡屡发生，拷问着国人的道德底线和法治意识。“法不责众”的观念及由此而生的行为并非无关紧要，它对公民道德意识和法治观念的提升是一个不小的挑战。“‘法不责众’是对行为规则规范的一种损害，民众关于规则规范的社会态度将被引入歧途，甚至法治的威信也难免由于规范意识的损害而渐趋式微。”①

以“法不责众”为切入点对大众的调查结果表明，民众确实在一定程度上存在“法不责众”的观念认知。关于“如果很多人都不遵守某项法律，我也可以不遵守”，16.2%的人对此表示同意，另有83.8%的民众对此持反对意见。

表11　如果很多人都不遵守某项法律，我也可以不遵守

选项	频率	有效百分比(%)
同意	768	16.2
不同意	3987	83.8
合计	4755	100.0

民间谚语中有“不知者无罪”的说法，但此处之“罪”显然并非法律意义上的“罪”，面对法律，无知并非理由，古罗马法彦中讲“不知法不赦”，虽然在法律上尤其是刑法中存在违法性认识阻却事由，致使“不知法律不免责并不是一项绝对的原则”②，但不知法不免责仍是法律上的一项基本原则，即使不知道某项法律的规定，违反时仍需承担法律责任。

民众是否认为不知道法律的规定就可以不守法？调查结果显示，14.3%的人认同如果不知道某项法律的规定就可以不遵守法律的说法，85.7%的民众不同意这一观点，认为即使不知道也应当遵守。

① 王立峰、潘博：《“法不责众”的博弈心理与法治对策》，《国家检察官学院学报》2016年第3期。

② 张明楷：《刑法格言的展开》，北京大学出版社，2013，第392页。

表 12　如果我不知道某项法律，就可以不遵守

选项	频率	有效百分比(%)
同意	678	14.3
不同意	4076	85.7
合计	4754	100.0

（三）守法状况评价

自 1986 年以来，国家以五年为一阶段先后在全国范围内实施了七次大规模普法活动，普法的对象为一切有接受教育能力的公民，普法的重要目标之一是在全社会营造守法氛围和养成守法习惯。党的十八大报告首次提出了“全民守法”的概念，“全民守法”与“科学立法”、“严格执法”、“公正司法”一道构成了法治建设的新十六字方针。“全民守法”中的“全民”所指向的对象不是狭义的人民大众，它指向的是全国各族人民、一切国家机关和武装力量、各政党和各社会团体以及各企业事业组织，即《宪法》序言和《宪法》第 5 条第 4 款关于守法主体的规定。

全民守法中尤以政府守法为首要，“国无常强，无常弱。奉法者强，则国强；奉法者弱，则国弱”①。作为公权力行使主体，政府是否守法直接影响公民权利的多寡，并且会对社会大众产生相应的示范效应。“在一个法治国家里，老百姓当然要守法，但根本的问题是政府要依法办事，因为直接治理国家的不是‘民’而是‘官’。”② 历次普法规划中各级领导干部均为重点普法对象，党的十八届四中全会决定也指出要坚持把领导干部带头守法、模范守法作为树立法治意识的关键。

习近平总书记高度重视领导干部遵法守法问题，他强调，“一个干部能力有高低，但在遵纪守法上必须过硬，这个不能有差别。一个人纵有天大的本事，如果没有很强的法治意识、不守规矩，也不能当领导干部，这个关首

① 《韩非子·有度》。

② 李步云：《李步云选集》，高等教育出版社，2013，第 375 页。

先要把住。”[①] 习近平法治思想的核心要义的“十一个坚持”中就包括“坚持抓住领导干部这个‘关键少数’”，强调领导干部是全面依法治国的关键，要提高运用法治思维和法治方法的能力，做遵法学法守法用法的模范。近年来，从中央到地方，各级各部门都非常重视通过教育培训、考试考核等手段提升领导干部运用法治思维和法治方式的能力，取得了积极效果。

七 结论与建议

通过从立法、司法、执法以及守法四个层面对大众法治观念进行实证研究，可初步得出以下结论。

其一，民众在立法认知上存在一定的模糊性。超过五成的受访民众对立法权的行使主体存在认知不足的问题，对现有法律是否体现了民众意志没有明确的认知，但民众也希望自身能够在立法中发挥主体作用，有更多的参与权和话语权。

其二，民众与法律人在司法观念上存在较大差异。与法律人将符合法律规定及尊重正当程序作为公正判决的标准、程序正义优先于实体正义以及司法腐败比其他腐败更为严重等观念不同的是，大众将社会公众认同作为公正判决的重要参考指标，对程序正义有明确的认知但也存在较大的不确定性，多数民众并不认为司法腐败比其他类型腐败更为恶劣，同时，民众对司法公信力的评价较低。

其三，在民众看来，行政执法中存在的最大问题是执法行为不合理以及缺乏监督，民众希望自身能够在对行政执法权的监督和制约中发挥更大的作用。

其四，守法层面，受访民众认为在履行守法义务上做得较差的是政府官员而非百姓，同时，大众对守法限度存在多样性认知，超过三成的人认为如果法律不合情合理就可以不遵守，超过一成的民众认为当很多人都不遵守某

① 习近平：《论坚持全面依法治国》，中央文献出版社，2020，第137页。

项法律或者自己不知道某项法律的规定时，可以不遵守该法律。

民众对法治的观念认知包含了主观认知和客观认知、感性认知和理性认知，这些认知均构成了民众法治观念的现实样态。民众对法治的主观认知和感性认识并非纯然主观和感性，它既受制于民众对法治的既存观念和法律素养，也源自对法治现状的所见、所闻和所感，即主客观因素共同形塑了民众的现有法治观念。增强全民法治观念须充分考虑影响法治观念的主客观因素，避免因观念的差异而简单地进行法律人与“法盲”的划分，更不可贬低或无视大众法治观念的差异性和多样性。

增强全民法治观念既是国家性事务，又是地方性任务，归口全国，但要分散到地方，从地方法治，尤其是地方立法的视角着手增强民众法治观念，具有较强的可行性和操作性。

首先，法治观念的差异性决定了通过地方立法增强法治观念的优先选择性。法治观念的差异性体现在诸多层面，如职业、年龄、政治面貌等因素可能对法治观念的强弱产生影响，不同省份，以及同一省份的城乡等地域差异也可能影响人们的法治观念，面对国家的立法修法和政策改革等举措，有的地方还处于“春风不度玉门关”的状态，有的地方已经“春江水暖鸭先知”。法治观念的差异性使得在推动法治观念的进步上难以寻求“一体化”路径，更多的是要根据不同地域之间的差异采取行之有效的举措。近年来，不少省市所推动的具有先行先试特征，并且带有价值治理目标的地方立法在推动法治观念进步上应当可以起到重要作用。

其次，地方立法的整合性决定了其在推动法治观念进步和社会治理良善发展中的积极作用。在推动法治观念进步上，地方立法可以起到至少两个层面的整合作用，一是整合人民群众、地方政府、社会团体以及企业事业组织等在内的各方主体，推动其依法行事，增强法治观念，尤其是推动地方政府在权力范围内严格依法行事，这也是地方法治的初衷所在。二是以地方立法推动解决立法、执法、司法、普法中存在的问题和民众认识误区。例如在立法层面，加强地方人大对地方立法的协调，建立健全基层立法联系点制度，开展立法协商以及健全法律草案公开征求意见制度等，使人民群众更多地参与立法和在立法中更多地反映人民群众意见的开门立法理念得到切实体现。司法层面，在司法调解、司法听证以及涉诉信访中保障人民群众对司法活动的参与，通过完善人民陪审员制度保障民众对司法审判的参与，使民众与司法机关工作人员在对话和交流中逐步达成认知共识，消除对司法的认知误区、培育和提升法治精神及公民品格。执法层面，构建内外协同机制，对内要不断提升执法人员的法治思维和法治方法，使其严格执法，对外要加强人民群众对行政执法权的监督和制约，完善监督制度，使人民群众对行政执法权的监督权既能充分行使，又能理性表达。普法层面，以地方立法为抓手，构建贯穿立法、执法和司法，并充分发挥社会各界力量，重视人民主体地位的大普法格局，通过因地制宜的全民普法促使领导干部带头守法，消除民众对守法限度的认知误区。

再次，将社会主义核心价值观有机融入通过地方立法提升民众法治观念的路径选择中。社会主义核心价值观是社会主义法治建设的灵魂，习近平总书记曾强调，要将社会主义核心价值观融入法治国家、法治政府、法治社会建设全过程，融入科学立法、严格执法、公正司法、全民守法各环节，以法治体现道德理念、强化法律对道德建设的促进作用。社会主义核心价值观明确了法治建设的基本价值取向，并且为法治建设确立了评价标准，增强民众法治观念，离不开社会主义核心价值观的指引。

最后，在通过地方立法增强民众法治观念的效果呈现上，要注重可视性。具体而言，目前在地方法治建设进程中，不少地方引入了第三方评估。通过系列评估标准和评价体系的运用，为地方法治进行赋分，使地方法治建设状况呈现一种“可量化的正义”。这些评价体系虽然有多级指标，并且也加入了人民群众的评估意见，但法治观念尤其是民众自身的法治观念状况在评估体系占比较小。未来宜就民众的法治观念状况建立体系化的评价标准，通过量化的方式对民众的法治观念进行系统化评估。

B.5

我国地方养老立法的问题及对策研究*

李春兰**

摘　要：　国家统计局历年来的人口普查结果表明我国人口老龄化程度越发严峻，现阶段如何妥善解决养老问题成为中央以及地方立法机关立法工作的重中之重。本文通过对现行有效的144部有关养老问题的地方法规和规章进行整理分析，梳理出了现有法规规章的形式和内容特征，分析了地方养老立法目前存在的立法技术不规范、法律更新不及时，内容缺乏操作性、重复度高、与顶层设计衔接不足等问题。严峻的老龄化形势要求地方立法机关必须改善现存问题，具体就是要地方立法机关提高养老立法技术并及时进行更新、明确养老立法的必要性、注重体现地方养老特色、时刻关注上位法和养老政策变化并注意与养老立法顶层设计的衔接，不断完善地方养老立法。

关键词：　地方养老立法　立法技术　地方立法特色

国家统计局2021年5月11日发布了《第七次全国人口普查公报》，公

* 本文为重庆市地方立法研究协同创新中心2020年度地方立法研究规划重点项目“设区的市地方立法角色与优化路径研究”（DFLF2020Z01）的成果。本文所涉及的法律文本均收集于北大法宝法律法规数据库。本文得以完成要感谢杨冰、刘婷婷、赵金曦等同侪的帮助。

** 李春兰，重庆市地方立法研究协同创新中心、西南政法大学立法科学研究院研究人员，研究方向为立法学。

布了截至2020年11月1日的全国人口统计结果。结果显示：全国60周岁及以上老年人口数为264018766人，占总人口的18.7%，其中65周岁及以上老年人口数为190635280人，占总人口的13.5%。[①] 中国正在逐步走向深度老龄化，如何解决养老难题，满足中国两亿多老年人口的养老需求成为国家和各级机关亟待解决的难题。在顶层设计方面，近几年中央针对养老问题出台了许多规范性法律文件，例如《国务院办公厅关于推进养老服务发展的意见》《国务院关于印发“十三五”国家老龄事业发展和养老体系建设规划的通知》《国务院办公厅关于建立健全养老服务综合监管制度促进养老服务高质量发展的意见》等，企图从养老服务、老龄事业、综合监管等多个方面来满足老龄人口的养老需求。地方立法机关在国家大政方针的领导下也十分重视养老问题，纷纷出台法律文件规范辖区内的养老市场发展。随着各地有关养老问题的规范性文件的颁布，地方养老立法规范性文件在数量上形成了一定的优势，但是经过考察，多数立法文件在质量上还需要进一步改善。本文就如何解决这些问题，进一步完善地方养老法律体系进行探索，首先对144部法律的整体特征进行分析，其次对其内容进行分析，再次总结现行地方养老法律的不足之处，最后提出优化路径。

一　我国地方养老立法概况

本文分别以“老年人”“养老”两个关键词在北大法宝法律法规数据库[②]中进行标题查询，截至2020年12月30日，我国已经发布的关于养老问题的地方法规规章共144部，主要包括老年人权益保障、养老服务、养老保险、养老机构四个主要的方面。具体法律文件见表1至表4。

① 数据来源于国家统计局，http://www.stats.gov.cn/tjsj/zxfb/202105/t20210510_1817181.html，最后访问时间：2021年5月20日。

② 本文所有地方性法规、规章的文本以及统计对象均来源于北大法宝法律法规数据库。

表1　老年人权益保障类地方立法

类型	文件名称
地方性法规	《北京市老年人权益保障条例》 《河北省老年人权益保障条例》 《内蒙古自治区老年人权益保障条例》 《辽宁省老年人权益保障条例》 《黑龙江省老年人权益保障条例》 《吉林省老年人权益保障条例》 《上海市老年人权益保障条例》 《江苏省老年人权益保障条例》 《福建省老年人权益保障条例》 《山东省老年人权益保障条例》 《河南省老年人权益保障条例》 《广东省老年人权益保障条例》 《四川省老年人权益保障条例》 《重庆市老年人权益保障条例》 《云南省老年人权益保障条例》 《贵州省老年人权益保障条例》 《甘肃省老年人权益保障条例》 《新疆维吾尔自治区保护老年人合法权益条例》 《宁夏回族自治区老年人权益保障条例》 《太原市老年人权益保障办法》 《包头市老年人权益保障条例》 《抚顺市老年人权益保障条例》 《长春市老年人权益保障条例》 《延边朝鲜族自治州老年人权益保障条例》 《济南市保障老年人合法权益若干规定》 《汕头经济特区老年人权益保障条例》 《昆明市老年人权益保障条例》 《长阳土家族自治县老年人权益保障条例》 《乌鲁木齐市保护老年人合法权益的规定》 《天津市实施〈中华人民共和国老年人权益保障法〉办法》 《山西省实施〈中华人民共和国老年人权益保障法〉办法》 《浙江省实施〈中华人民共和国老年人权益保障法〉办法》 《安徽省实施〈中华人民共和国老年人权益保障法〉办法》 《江西省实施〈中华人民共和国老年人权益保障法〉办法》 《湖北省实施〈中华人民共和国老年人权益保障法〉办法》 《湖南省实施〈中华人民共和国老年人权益保障法〉办法》 《陕西省实施〈中华人民共和国老年人权益保障法〉办法》 《广西壮族自治区实施〈中华人民共和国老年人权益保障法〉办法》 《西藏自治区实施〈中华人民共和国老年人权益保障法〉办法》 《海南省实施〈中华人民共和国老年人权益保障法〉若干规定》 《青岛市实施〈中华人民共和国老年人权益保障法〉若干规定》

续表

类型	文件名称
地方政府规章	《沈阳市老年人权益保障办法》

表2　养老服务类地方立法

类型	文件名称
地方性法规	《北京市居家养老服务条例》 《河北省居家养老服务条例》 《浙江省社会养老服务促进条例》 《天津市养老服务促进条例》 《宁夏回族自治区养老服务促进条例》 《上海市养老服务条例》 《江苏省养老服务条例》 《山东省养老服务条例》 《广东省养老服务条例》 《甘肃省养老服务条例》 《沈阳市居家养老服务条例》 《苏州市居家养老服务条例》 《杭州市居家养老服务条例》 《宁波市居家养老服务条例》 《芜湖市居家养老服务条例》 《合肥市居家养老服务条例》 《南昌市居家养老服务条例》 《乌鲁木齐市居家养老服务条例》 《威海市居民养老服务保障条例》 《铜陵市居家养老服务促进条例》 《连云港市养老服务促进条例》 《青岛市养老服务促进条例》 《西安市养老服务促进条例》 《成都市养老服务促进条例》 《晋城市养老服务条例》 《鄂尔多斯市养老服务条例》 《南京市养老服务条例》 《深圳经济特区养老服务条例》 《云南省楚雄彝族自治州养老服务条例》 《德州市养老服务条例》

表 3　养老保险类地方立法

类型	文件名称
地方性法规	《天津市城镇企业职工养老保险条例》 《山西省城乡居民补充养老保险条例》 《内蒙古自治区城镇职工基本养老保险条例》 《浙江省职工基本养老保险条例》 《福建省城镇企业职工基本养老保险条例》 《广东省社会养老保险条例》 《陕西省城镇企业职工基本养老保险条例》 《海南省城镇从业人员基本养老保险条例》 《济南市城镇企业职工基本养老保险条例》 《深圳经济特区社会养老保险条例》 《深圳市基本养老保险暂行规定》 《厦门经济特区职工基本养老保险条例》
地方政府规章	《北京市基本养老保险规定》 《天津市城镇企业职工养老保险条例实施细则》 《黑龙江省农村社会养老保险规定》 《唐山市直属机关事业单位工作人员养老保险暂行办法》 《太原市临时工社会养老保险暂行规定》 《太原市外商投资企业中方职工养老保险暂行办法》 《呼和浩特市社会养老保险基金征缴办法》 《上海市机关事业单位基本养老保险费统筹暂行办法》 《上海市城镇职工养老保险办法》 《上海市城镇个体工商户及其帮工养老保险办法》 《上海市农村社会养老保险办法》 《江苏省企业职工基本养老保险规定》 《山东省农村社会养老保险试行办法》 《河南省企业职工基本养老保险基金实行收支两条线管理暂行规定》 《广东省社会养老保险实施细则》 《广东省职工社会养老保险暂行规定》 《重庆市职工养老保险暂行规定》 《云南省实施统一的企业职工基本养老保险制度的规定》 《海南省城镇从业人员基本养老保险条例实施细则》 《浙江省农村社会养老保险暂行办法》 《新疆维吾尔自治区城镇私营企业和个体工商户从业人员基本养老保险办法》 《湖北省农村社会养老保险暂行办法》 《沈阳市人民政府关于调整企业养老保险缴费比例的决定》 《抚顺市城镇私营企业及个体工商户基本养老保险办法》 《哈尔滨市被征地农民养老保险和就业服务暂行办法》

续表

类型	文件名称
地方政府规章	《合肥市机关事业单位工作人员社会养老保险暂行规定》 《合肥市企业临时工社会养老保险暂行办法》 《厦门市农村社会养老保险暂行规定》 《福州市外商投资企业中方职工社会养老保险和待业保险办法》 《淄博市农村社会养老保险暂行办法》 《青岛市城镇个体业主及其从业人员和自由职业者社会养老保险暂行办法》 《郑州市企业职工基本养老金计发办法》 《〈深圳经济特区社会养老保险条例〉实施细则》 《珠海市机关单位工作人员社会养老保险实施办法》 《广州市企业职工基本养老金计发办法》 《汕头经济特区社会养老保险共济基金征收试行办法》 《昆明市职工个人缴纳基本养老保险费暂行办法》 《长沙市从业人员基本养老保险办法》 《成都市企业职工基本养老保险社会统筹与个人账户相结合实施办法》

表 4　养老机构及其他类地方立法

类型	文件名称
地方性法规	《天津市老年人教育条例》 《太原市养老机构条例》 《无锡市养老机构条例》 《海南省养老机构管理条例》
地方政府规章	《重庆市养老机构管理办法》 《吉林省优待老年人规定》 《广东省老年人优待办法》 《湖北省关于老年人享受优待服务的规定》 《新疆维吾尔自治区优待老年人规定》 《陕西省老年人优待服务办法》 《河北省老年人优待办法》 《武汉市社会办养老福利机构管理办法》 《贵阳市养老服务机构管理办法》 《韶关市民办养老服务机构扶持资助办法》 《苏州市民办养老机构管理办法》 《银川市老年人活动场所管理办法》 《乌鲁木齐市优待老年人规定》 《广州市老年人优待办法》 《韶关市老年人优待办法》 《朝阳市优待老年人办法》 《哈尔滨市优待老年人规定》

本文通过对以上 144 部地方性法规规章的实证分析，发现我国有关地方养老立法具有以下特征。

（一）立法时间：起步较早

地方养老立法目前可追溯的最早的法律文件是天津市于 1987 年率先颁布的《天津市保护老年人合法权益的若干规定》，这份法律文件早于全国人大常委会 1996 年发布的《中华人民共和国老年人权益保障法》。除此以外 1990 年以前有多部命名为“老年人保护”或者“保护老年人合法权益”的地方性法规公布，[①] 多地开始依据《宪法》以及相关法律制定保护老年人合法权益的条例，[②] 足可见当时在未有具体的上位法的情况下，地方机关已经开始重视老年人权益保护的问题了。1990 年前的中国虽然老龄人口在逐渐增加，但仍然处于成年型社会，老年人口比重仅占 5.56%，[③] 离老年型社会仍然有一定的距离。由此可见，我国地方养老立法相较于当时的国情来说立法起步时间是较早的，且通过简单法条内容分析发现 1990 年之前的立法主要关注的是老年人权益保护，主要包括老年人的人身权利、受赡养和扶助的权利、婚姻自由的权利、合法财产权、居住权、生活保障权、获得物质帮助权等，同时还简单提到相关部门要发展相关老年事业。总的来说是将《宪法》中关于公民、老年人的基本权利的规定在地方立法中进行了一些细化，仍停留在较原则性的层面，且内容少。

（二）立法数量：逐年递增

地方养老法律文件的文本数量不仅可以反映各地立法机关对养老问题的关注和重视程度，还可以从数量的变化上展现各地对养老问题的关注程

① 包括《天津市保护老年人合法权益的若干规定》《江苏省保护老年人合法权益条例》《山西省保护老年人合法权益的规定》《上海市老年人保护条例》《山东省保护老年人合法权益的若干规定》等。

② 1990 年以前颁布的老年人权益保护条例均已废止，本文统计的是现行有效的地方养老性法律，因此 1990 年之前的没有显示在图表中。

③ 参见孙兢新主编《跨世纪的中国人口》，中国统计出版社，1990。

度总体上是呈上升态势的，尤其是近几年，立法文件较之前的年份是呈倍数增长的。如图 1 所示，地方养老立法的文本数量整体呈上升趋势。现行有效的地方养老性法律中立法最早的是 1990 年 9 月 8 日乌鲁木齐市人大常务委员会通过并发布的《乌鲁木齐市保护老年人合法权益的规定》。1990 年后开始缓慢增长，其间 2001 年和 2009 年没有相关立法，从 2013 年开始呈现快速增长，2017 年回落了一部分，直到 2020 年全年出台了 24 部地方养老性法规，达到峰值。且通过对国务院颁布的有关养老问题规范性文件的时间来看，地方养老立法文本数量变化的时间节点与中央政府的规范性文件颁布的时间是基本吻合的，这表明了中央通过规范性文件推动了地方养老立法的发展。

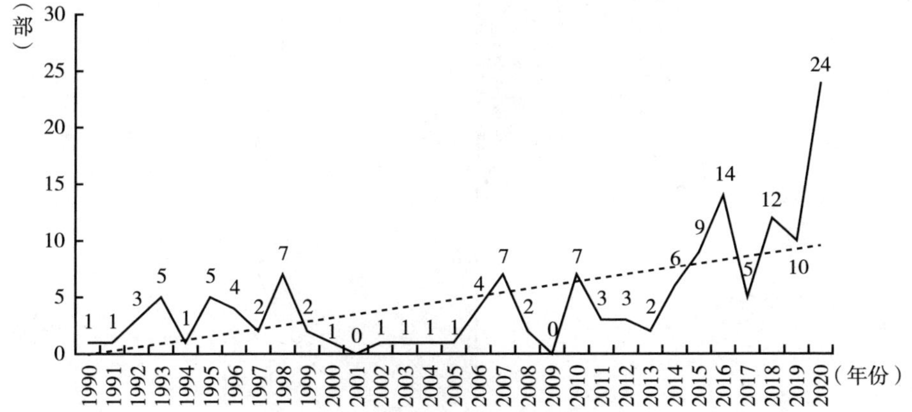

图 1　1990～2020 年地方养老立法数量分布

（三）立法模式：集中与分散

通过考察可知，地方养老法律文件主要有以下四种：老年人权益保障条例、（居家）养老服务条例、养老保险条例和其他相关条例。其中前三种条例的数量最多，占所有养老地方性法律文件的 85%（如图 2）。老年人权益保障条例涵盖范围较广，是地方养老法律体系中的总括性法律，主要包括家庭赡养、社会保障、社会服务、社会优待、宜居环境、参与社会发展、监督管理、法律责任等几个章节。仔细考察四种地方立法的内容可知，（居家）养老服务、养老保险、养老机构均是从养老保障条例中分散出来的，对应社会服务和社会保障两个方面。所以可以将有关养老问题的地方立法分为两类，一是对当前我国的养老问题进行规范的综合性法律，即各省市制定的老年人权益保障条例，此类型的立法最为普遍，42 个省市均有老年人权益保障条例；二是针对养老问题的不同方面进行的专门的立法规制，如各省市制定的养老服务条例、养老机构条例和养老保险条例，对养老服务、养老机构和养老保险进行了详细的规定，立法的针对性更强。

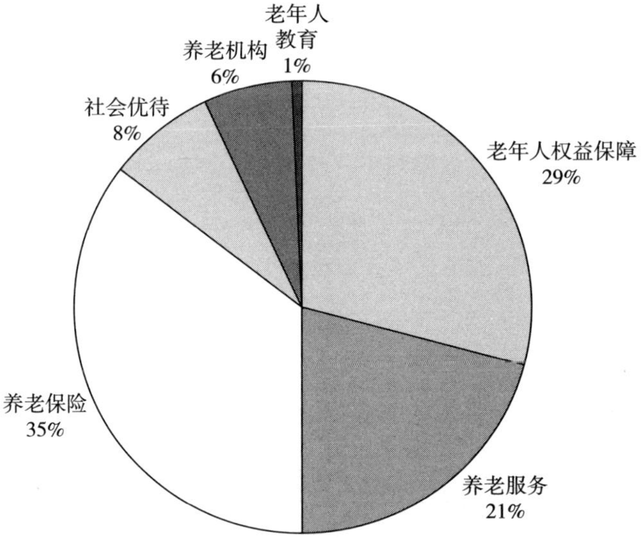

图 2　各类型条例占比分布

二　我国地方养老立法的内容考察

目前，我国已形成以《宪法》为统领，以《老年人权益保障法》为综合性法律，以中国特色社会主义法律体系各法律部门中的相关法律为基干，包括相关的国务院行政法规、地方性法规、规章等在内的多层次的老年人权益保障法律制度体系。[①] 在《老年人权益保障法》的基础上，各省、自治区、直辖市普遍制定了地方性法规对其进行细化规定。除此之外，多地还制定了专门的养老服务、养老保险、养老机构、老年人优待等地方性法规和规章。地方有关养老立法的法规规章大致可分为四种，分别是基础性的老年人权益保障条例、新兴的养老服务立法、传统的养老保险立法以及其他少量的养老机构、老年人优待立法。

（一）老年人权益保障条例

经过统计，现行有效的老年人权益保障条例[②]共 42 部，其中包括 30 部省级地方性法规，8 部市级地方性法规，2 部自治条例，1 部经济特区法规和 1 部地方政府规章，选取其中有目录的法规形成表 5。老年人权益保障条例是地方实施性法律，是地方为了实施上位法《老年人权益保障法》而制定的，但其对于地方的整个养老法律体系来说又是地方养老立法的综合性法律，统筹规定老年人权益保障的各个方面。各省市的立法章节基本与上位法章节[③]一致，存在些许不同是由于某些省市对章节进行了合并或者删减，例如《陕西省老年人权益保障条例》就将“社会优待”和“宜居环境”合并为一章，《太原市老年人权益保障条例》删去了“社会服务”“宜居环境”“参与社会发展”三个章节。还有一些地方在上位法章节划分的基础上，对章节标题的表述做了一些修改，例如《黑龙江省老年人权益保障条例》将上位法中章节标题的“社会服务”改为“养老服务”，将“参与社会发展”改为“精神文化生活”。此外该条例还增加了一章“监督检查”，比其他条例有一定的创新并且更加全面，规定了对老年人权益保障职责和义务履行情况承担监督检查职责的主体。还有一些地方养老保障条例条文数量超过了

---

① 李连宁：《完善老年人权益保障立法的当务之急》，《人民论坛》2020 年第 33 期。

② 有的地方以“实施《中华人民共和国老年人权益保障法》办法”或者“若干规定”的形式命名，主要有湖南、湖北、山西、天津等地，如《天津市实施〈中华人民共和国老年人权益保障法〉办法》《山西省实施〈中华人民共和国老年人权益保障法〉办法》等。

③ 《中华人民共和国老年人权益保障法》的章节包括：总则、家庭赡养与扶养、社会保障、社会服务、社会优待、宜居环境、参与社会发展、法律责任、附则。

25条但未进行章节划分，例如《内蒙古自治区老年人权益保障条例》，大部分条例进行了章节划分但并未编制目录。

表5　老年人权益保障条例内容

省(自治区、市、经济特区)	法规内容
辽宁省	家庭赡养与扶养、社会保障、社会服务、社会优待、宜居环境、参与社会发展、法律责任
广东省	家庭赡养与扶养、社会保障、社会服务、社会优待、宜居环境、参与社会发展、法律责任
湖北省	家庭赡养与扶养、社会保障与优待、养老环境与服务、参与社会发展、法律责任
陕西省	家庭赡养与扶养、社会保障、社会服务、社会优待和宜居环境、参与社会发展、法律责任
广西壮族自治区	家庭赡养、社会保障、社会服务、社会优待、宜居环境、参与社会发展、法律责任
宁夏回族自治区	家庭赡养与扶养、社会保障、社会服务、社会优待、宜居环境、参与社会发展、法律责任
重庆市	家庭赡养与扶养、社会保障、社会服务、社会优待、宜居环境、参与社会发展、法律责任
昆明市	家庭保障、社会保障与优待、社会服务与宜居环境、监督管理、法律责任
太原市	家庭保障、社会保障、社会优待、法律责任
汕头经济特区	家庭保障、社会保障与社会优待、社会服务、法律责任

（二）养老服务条例

虽然有学者呼吁以《老年人权益保障法》为依据制定养老服务促进法作为老年人权益保障法的单行法①，但是该建议目前没有得到采纳，全国人大常委会也没有相关的立法规划，因此我国养老服务立法目前并没有相同的上位立法，有的仅是中央的政策文件。但养老服务在当下又存在很大的市场需求，已经成为地方立法必须关注的问题，因此现行的地方养老服务立法多依据《老年人权益保障法》或本省的老年人权益保障条例制定养老服务法，所以实践中地方养老服务立法呈现不同的样态。并且在我国有关养老服务的

① 李连宁：《对养老服务立法的若干思考》，《中国社会工作》2020年第23期。

研究中，对养老服务的界定依然存在分歧。地方立法也存在较大不同，这体现在各地对养老服务条例的名称规范上。条例主要有以下几种命名方式：第一种是《XX 居家养老服务条例》，将规范内容限定在为居家的老年人提供养老服务，主要包括服务设施、服务供给、服务保障、监督管理、法律责任几个方面的内容，其中杭州市创新性地将医养结合作为一章，真正从法律上落实了国务院办公厅印发的《关于推进医疗卫生与养老服务相结合的指导意见》，此类法规共 10 部[①]；第二种命名方式是《XX 养老服务条例》，涉及的养老服务内容更加全面，详细规定了养老服务的各个方面，除了居家养老服务，还规定了机构和社区养老服务、养老服务机构、养老服务人员、养老服务产业，其中《上海市养老服务条例》的内容最细致全面，率先规定了长期护理保障和养老产业促进，此类法规有 11 部[②]；第三种命名方式是《XX 养老服务促进条例》，此种条例的立法者在制定之初就将养老服务条例定位于促进型法，并且在名称中进行了明确，在内容上与前述两种条例并无较大差别，只是在名称上稍作区分，此种命名方式的法规有 9 部[③]。这三类法规的主要内容见表 6。

表 6　养老服务条例内容

命名方式	立法地区	法条内容
《XX 居家养老服务条例》	北京市	无章节划分
	河北省	无章节划分
	沈阳市	服务设施规划与建设、服务供给与保障、监督管理、法律责任
	苏州市	无章节划分

① 例如《北京市居家养老服务条例》《河北省居家养老服务条例》《宁波市居家养老服务条例》等。

② 例如《江苏省养老服务条例》《上海市养老服务条例》《甘肃省养老服务条例》等。

③ 例如《天津市养老服务促进条例》《宁夏回族自治区养老服务促进条例》等，其中威海市的法规命名为《威海市居民养老服务保障条例》，由于保障与促进对于促进型法来说同义，因此笔者仍将其归为第三种。

续表

命名方式	立法地区	法条内容
《XX 居家养老服务条例》	杭州市	服务设施、服务供给、医养结合、激励保障、监督管理、法律责任
	宁波市	服务设施规划与建设、服务供给与保障、监督管理、法律责任
	芜湖市	服务设施、服务供给、服务保障、监督管理、法律责任
	合肥市	无章节划分
	南昌市	规划建设、服务保障、监督管理、法律责任
	乌鲁木齐市	无章节划分
《XX 养老服务条例》	上海市	设施规划与建设、居家养老服务、社区养老服务、机构养老服务、服务协调发展、医养康养结合、长期照护保障、养老服务机构、养老服务人员、养老产业促进、扶持与保障、监督管理、法律责任
	江苏省	规划和建设、居家养老服务和社区养老服务、机构养老服务、人才培养和激励、扶持和优惠措施、监督和管理、法律责任
	山东省	养老服务设施规划和建设、居家社区养老服务、机构养老服务、医养康养结合服务、扶持保障措施、监督管理、法律责任
	广东省	规划和建设、居家社区养老服务、机构养老服务、医养结合、养老服务人才、扶持保障、监督管理、法律责任
	甘肃省	规划与建设、居家社区养老服务、机构养老服务、医养结合、养老服务人才、扶持保障、监管服务、法律责任
	晋城市	规划与建设、养老服务模式、居家和社区养老服务、机构养老服务、医养结合、其他模式、扶持保障、监督管理、法律责任
	南京市	规划和建设、居家和社区养老服务、机构养老服务、医养结合、扶持保障、监督管理、法律责任
	鄂尔多斯市	规划和建设、居家社区养老服务、机构养老服务、医养康养服务、扶持保障、监督管理、法律责任
	深圳经济特区	规划和建设、居家和社区养老服务、机构养老服务、医养康养结合、保障措施、监督管理、法律责任
	德州市	养老服务设施规划和建设、养老服务体系、社区居家养老服务、机构养老服务、农村养老服务、医养结合服务、人才培养和激励、扶持政策和措施、监督和管理、法律责任
	楚雄彝族自治州	无章节
《XX 养老服务促进条例》	天津市	规划与建设、社区居家养老服务、机构养老服务、医养结合服务、养老服务人员、鼓励与优惠、法律责任

续表

命名方式	立法地区	法条内容
《XX养老服务促进条例》	宁夏	规划与建设、养老服务、养老扶持、养老监管、法律责任
	铜陵市	无章节划分
	连云港市	规划与建设、养老服务、居家和社区养老服务、机构养老服务、农村养老服务、医养结合、扶持保障、法律责任
	青岛市	规划与设施建设、养老服务体系、服务规范与监督、扶持保障、法律责任
	西安市	服务设施规划与建设、居家社区养老服务、机构养老服务、医养结合服务、保障与激励、管理与监督、法律责任
	成都市	规划与建设、居家养老服务、机构养老服务、服务人员、扶持措施、监督管理、法律责任
	浙江省	居家养老服务、机构养老服务、养老服务人员、养老服务激励保障、养老服务监督管理、法律责任
	威海市	养老服务设施的规划和建设、养老服务保障、居家和社区养老服务保障、机构养老服务保障、医养结合服务保障、其他规定、法律责任

（三）养老保险条例

与养老服务立法类似，我国目前也没有出台养老保险基本法，因此各地养老保险立法多以《社会保险法》作为基本法律依据，该法第3条①明确了在我国建立与经济发展水平相适应的社会保险制度，第64条②则提出最终目标是建立全国统一的养老保险制度，虽然规定都比较原则性，但是以法律的形式确认了我国养老保险制度的发展。我国2010年出台社会保险法，该法第二章规定了基本养老保险，但许多地方养老保险立法发布在2000年之前，说明在没有上位法的时候，各地就已经积极探索养老保险制度。我国地方养老保险立法较养老服务立法更早引起地方立法机关的注意，养老保险法律发展了几十年，已经相对成熟了，大部分养老保险都由政府规章规定，主

① 《中华人民共和国社会保险法》第3条规定："社会保险制度坚持广覆盖、保基本、多层次、可持续的方针，社会保险水平应当与经济社会发展水平相适应。"

② 《中华人民共和国社会保险法》第64条规定："基本养老保险基金逐步实行全国统筹，其他社会保险基金逐步实行省级统筹，具体时间、步骤由国务院规定。"

要包括养老保险的筹集、养老保险个人账户、养老保险待遇、养老保险监督和管理、法律责任等方面。[①] 虽然全国统一的养老保险制度仍未建成，但早就在路上了。也正是因为养老保险发展时间长，地方立法机关积累了一定经验，人民手中也拥有了养老金，而此时市场养老产品和服务显得相对不足，所以地方立法机关就将大部分注意力转移到了养老服务以及养老产业的发展之上，忽视了养老保险法规的更新。比如《淄博市农村社会养老保险暂行办法（1993 年）》《昆明市职工个人缴纳基本养老保险费暂行办法（1995 年）》等地的规章仍是暂行办法且立法时间早，社会发展如此之快，养老保险的征集与待遇应当随社会快速发展而变化，而多地仍是 90 年代的立法，足可见地方政府并未对养老保险规章进行及时更新。

（四）其他相关条例

除了老年人权益保障条例、养老服务、养老保险三个大类之外，地方养老立法还包括少量的养老机构、老年人社会优待以及老年人教育和活动场所相关的立法，其中养老机构与老年人优待占多数。地方养老机构立法既有法规又有规章规定，主要内容包括规划建设、机构的设立变更终止、扶持发展、服务规范、运营管理、监督检查、法律责任。老年人社会优待以政府规章的形式规定，主要包括老年人进入公共场所、乘坐公共交通工具、就医等方面的优惠待遇，条文数量较少。老年人教育地方立法目前只有天津市人大常委会于 2002 年发布的《天津市老年人教育条例》，其立法依据是《教育法》和《老年人权益保障法》，规定了老年人教育的内涵、老年人教育工作的重点以及老年人学校享有的权利，是对终身教育体系的完善。

---

① 地方养老保险立法时间大多在 2000 年前，且法条结构简单，内容少，因此本文有关养老保险立法的内容不做表格进行展示。

三 我国地方养老立法的问题分析

（一）形式层面

1. 立法技术不规范

地方养老立法的法条结构根据有无章节划分，可分为两种类型，即系统规定型和分散规定型①。系统规定型是指在地方养老立法当中，明确将其组成内容划分成较为细致的几个部分并以章节进行区分，便于阅读者快速定位到需要查找的部分。这在最近出台的立法文件中表现得尤为明显，例如河北、太原、上海、江苏、重庆等地的老年人权益保障立法中，一般都将主要制度归纳为家庭赡养和扶养、社会保障、社会服务、社会优待、宜居环境、参与社会发展、法律责任等几个章节。分散规定型是指在地方养老立法中并没有在形式上对主要内容进行具体分类，而是直接采用条文罗列的形式对具体内容作出直接规定。在统计的144部地方性法规中有49部没有分章节，占比为34%，经分析采用这种规定形式的大部分属于较早时期出台的养老立法，例如《天津市实施〈中华人民共和国老年人权益保障法〉办法》(1998)，也有一部分是近几年出台的立法，如《合肥市居家养老服务条例》(2016)、《浙江省实施〈中华人民共和国老年人权益保障法〉办法》(2020)。地方立法在我国已经有一定经验积累和研究成果，各地在近几年的养老立法中仍然采取直接罗列的形式是立法者对立法的不重视，无视此前积累的丰富的立法经验和技术。

2. 法条更新不及时

法律必须与时俱进，紧跟时代发展，地方立法需要时刻关注党中央、国务院的政策导向，积极回应社会热点问题，及时更新法律。而通过对当前我

① 参见苏炜杰《我国地方居家养老服务条例评析与完善——基于22件法律文本的分析》，《老龄科学研究》2020年第5期。

国144部地方养老立法的考察分析，超过二十年未修订的地方养老立法共32部，占比为22%，超过十年未修订的共24部，占比为16%。部分长期未变动的地方立法难以满足当前养老发展的需求，无法有效解决当前养老发展过程中的难题。例如《新疆维吾尔自治区老年人合法权益条例》制定于1992年，第一次修订在1999年，自1999年之后再未进行修订，其条文内容仅有总则、老年人的基本权益和义务、老年人合法权益的保护、法律责任、附则五章，规定的内容较为宽泛，鼓励性条款居多，缺乏实际的可操作性。

（二）内容层面

1. 法条内容缺乏可操作性

我国作为一个成文法国家，一切法律活动必须以成文法为依据，这就要求我国的立法必须具有可操作性，尤其是地方立法，本就是对上位法的进一步细化，若仍是原则性规定，不具备实操的可能，则丧失了地方立法应有的功能。体现在地方养老立法上亦是一样的道理，地方养老立法本就是对上位的老年人权益保障法的细化或者根据本行政区域内老年事务的发展需要进行的立法，若立法笼统、宽泛，司法者、执法者以及公民在学法用法的过程中都会不知所措，加之地方立法又不存在立法与司法解释，各地用法的机关只能就疑难问题频繁地向上一级机关请示，这既降低了用法的效率也把地方养老立法置于虚设的境地。以《宁夏回族自治区养老服务促进条例》为例，其“养老服务”一章多为鼓励性条款，例如第19条规定，鼓励有条件的单位和其他社会组织开放所属场所，为居家老年人提供文化、健身、娱乐等服务，类似的鼓励性条款还有很多，其虽然体现了立法者的意志，但对于法律实践中的司法者和执法者来说却缺乏一定的可操作性，是没有牙齿的法律。

2. 法条内容重复性高

我国现行《立法法》第73条第4款规定，制定地方性法规，对上位法已经明确规定的内容，一般不作重复性规定。但是实践中地方性法规重复上位法的现象屡见不鲜，地方养老立法也没能避免这个问题。例如《上海市老年人权益保障条例》第11条[①]就是《老年人权益保障法》第14条[②]和第19条[③]的结合，《昆明老年人权益保障条例》第22条与《云南省老年人权益保障条例》第18条[④]基本一致，此种杂糅后照搬和直接照搬的重复立法模式都是地方立法极其缺乏地方特色的一种表现[⑤]。

3. 部分省市对养老立法关注不足

我国大陆地区共有31个省级行政区划，目前有29个省份制定了有关养老问题的地方性法规，仅有江西和青海两个省份没有省级立法。各个省级立法都集中在老年人权益保障条例这样总括性的立法，虽专章规定了有关养老问题的各个方面，但寥寥数语，条文的可操作性较低。经过梳理，近五年仅有鄂尔多斯市、连云港市、宁波市、芜湖市、铜陵市、德州市6个新增的有地方立法权的地级市进行了养老服务设施相关问题的立法，绝大多数地级市仍未有养老问题的地方性法规颁布。当然，并不是说每一个市都应该制定一部有关养老问题的地方性法规，但从目前的立法现状来看，养老问题的立法工作在某些地方仍没有得到足够的重视，一部分地区仍然依靠政策行事。

4. 与顶层立法设计衔接不足

通过对《老年人权益保障法》的内容进行梳理分析后得出结论：现

---

① 《上海市老年人权益保障条例》第11条规定："赡养人应当履行对老年人经济上供养、生活上照料和精神上慰藉的义务，保证老年人的基本生活需求，照顾老年人的特殊需要。赡养人的配偶应当协助赡养人履行赡养义务。赡养人不得以放弃继承权、老年人离婚或者再婚等理由，拒绝履行赡养义务。赡养人不得要求老年人承担力不能及的劳动。赡养人不履行赡养义务的，老年人有要求赡养人给付赡养费的权利。"

② 《老年人权益保障法》第14条规定："赡养人应当履行对老年人经济上供养、生活上照料和精神上慰藉的义务，照顾老年人的特殊需要。赡养人是指老年人的子女以及其他依法负有赡养义务的人。赡养人的配偶应当协助赡养人履行赡养义务。"

③ 《老年人权益保障法》第19条规定："赡养人不得以放弃继承权或者其他理由，拒绝履行赡养义务。赡养人不履行赡养义务，老年人有要求赡养人付给赡养费等权利。赡养人不得要求老年人承担力不能及的劳动。"

④ 《云南省老年人权益保障条例》第18条规定："县级以上人民政府应当建立独生子女家庭老年人辅助制度，对失独老年人、独生子女伤残的老年人发放特别扶助金。"《昆明市老年人权益保障条例》第22条规定，"市、县（市、区）人民政府应当建立独生子女家庭老年人扶助制度，对失独老年人、独生子女伤残的老年人发放特别扶助金"。

⑤ 参见赵静波《地方立法特色的缺失及其规制——以地方立法"抄袭"为视角》，《地方立法研究》2017年第6期。

行中央的养老立法已经规定了较为丰富的养老内容，涉及家庭、社会、国家对于老年人权益保障以及满足老年人的养老需求应当履行的义务，促进了我国养老事业的发展。但是地方在对《老年人权益保障法》细化的过程中忽视了其中一些重要的规定，不能与上层立法进行有效的衔接。例如《老年人权益保障法》第 47 条和第 51 条[①]都规定了养老专业人才的培养，第 52 条[②]规定了发展老龄产业，并且将其列为国家扶持行业目录，这些规定具有较强的原则性，有待各地从当地实际情况出发制定地方性规则，将这些原则性的规定细化从而得以贯彻实施。从现实情况来看，多数地方规则没有重视养老专业人才的培养和老龄产业的发展，其中一些地方规则并未提及这两方面，一些只是与《老年人权益保障法》重复的原则性规定。

四　我国地方养老立法的优化路径

（一）提高地方养老立法技术

地方性法规不仅要求内容具有可操作性，在立法结构上也要求遵循一般的法条结构。地方性法规文本的形式结构一般分为总则、分则、附则三大部分，总则一般规定的是总括性的内容，例如立法宗旨、立法依据和原则等。分则是具体的行为规则，对总则或上位法确立的基本制度予以细化。附则是有关的附带性内容，在设章的地方性法规中，最末一章为附

① 《老年人权益保障法》第 47 条规定：“国家建立健全养老服务人才培养、使用、评价和激励制度，依法规范用工，促进从业人员劳动报酬合理增长，发展专职、兼职和志愿者相结合的养老服务队伍。国家鼓励高等学校、中等职业学校和职业培训机构设置相关专业或者培训项目，培养养老服务专业人才。”第 51 条规定：“国家采取措施，加强老年医学的研究和人才培养，提高老年病的预防、治疗、科研水平，促进老年病的早期发现、诊断和治疗。”

② 《老年人权益保障法》第 52 条规定：“国家采取措施，发展老龄产业，将老龄产业列入国家扶持行业目录。扶持和引导企业开发、生产、经营适应老年人需要的用品和提供相关的服务”。

则。但是在实践中地方养老立法多不设章节，更不要提符合结构的三部分了，其直接以条文形式罗列出来，以此种形式立法的有《海南省实施〈中华人民共和国老年人权益保障法〉若干规定》《铜陵市居家养老服务条例》等，也有立法设章节并有符合结构的三部分但未编制目录的，如《江苏省养老服务条例》《沈阳市居家养老服务条例》等，这些地方性法规文本违反全国人大常委会法制工作委员会印发的《立法技术规范（试行）一》的规定。[①] 地方立法机关在立法过程中应当合理选择法规文本的体例结构，对内容较多的法规文本应当选用章节式的结构，设章节的还应该在正文前列明目录，方便查阅相关条文[②]，如此才能保证地方立法的科学性、严谨性、规范性，提高地方性法规立法质量。

（二）建立养老地方性法规适时更新制度

法律为了保持预测作用需要维持一定的稳定性，但并不是说要一成不变，而是要与时俱进，时刻关注现实问题，适时作出调整，建立健全法律适时更新制度。因此地方立法机关应密切关注本地老年人的养老需求以及出现的新问题、新情况，法规制定出来以后仍要始终跟进法规的实施情况，进行立法后实施效果的评估，对于其中已经不适合社会现实养老情况的法规或者没有实际效果的法规应及时修改，对于社会新出现的需要规制的情况及时新增立法，使其紧跟现实养老情况的变化。不仅如此，还要时刻注意上位法、行政法规以及政策的变化，对其中涉及地方养老问题的条款及时进行相对应的更新。

（三）增强地方养老立法的可操作性

“可操作性”一词至今也没有明确的定义，但是从理论上来说“可操

① 全国人大常委会法制工作委员会印发的《立法技术规范（试行）（一）》规定：“法律设章、节的，在正文前须列‘目录’将各章、节的名称按序排列表述，各章下的节单独排序。条、款、项、目不列入目录中，附则单列为一章。”

② 参见李高协《浅议地方立法技术及其规范》，载《人大研究》2015 年第 3 期。

作”就是要求地方立法要重视实施效果，要设计适应本地区实际情况并且使效益尽量最大化而成本尽量最小化的制度，简单地说就是地方立法应当制定有针对性和执行性、能解决实际问题的规则。[①] 例如各地制定的养老服务促进法，其中提倡性、号召性的条款居多，从内容上来看与政策无异，并不利于解决现实中复杂的问题，到解决问题的时候就出现条文规定界限不清、职责不明的情况。解决这样的问题需要地方立法机关在立法过程中始终坚持地方立法的可操作性原则，有意识地追求条文的操作性，使所立条文具有可执行性，能切实为本地区养老事业的发展提供指导，并为后续立法提供有益经验，切实实现“老有所养、老有所医、老有所爱、老有所乐”的制度要求。

（四）增强地方养老立法的特色

地方养老特色是地方养老立法拥有良好实施效果的重要保障和核心所在，是确保地方养老立法质量和立法科学性的重要因素。不同地方的经济发展水平不同，养老需求也体现不同的层级，只有充分体现地方特色的地方养老立法才能更好地服务于地方养老法律体系的建设以及满足老年人的养老需求。立法内容是地方立法特色的直接载体。地方立法机关在立法内容上要杜绝抄袭，考虑民意，要聚焦、利用本土资源，立足于地方实际并突出立法针对性，才能让地方养老立法更接地气，从而焕发本土的特色性。

（五）明确地方养老立法的必要性

养老服务的永续发展必须要在法治的轨道上运行，完善地方养老法律制度、进行地方养老立法是对地方养老问题进行总结，下好全国一盘棋的重要一步。促进我国养老服务的发展必须有法可依，完善我国地方

---

① 参见李高协《再议地方立法的不抵触、有特色、可操作性原则》，载《人大研究》2015 年第 9 期。

养老法律制度也必须有一定数量的地方养老立法。有法可依既是我国养老服务社会化、市场化的必要前提，也是重要保障。随着我国逐步走向深度老龄化社会，老龄人口不断增加，对各种养老服务、养老产品的需求也不断增加，市场的供需平衡以及养老市场的监管都需要立法来规制。国家层面的养老规范比较缺乏，急需地方立法机关在不同基本法律、行政法规相抵触的情况下，发挥自身的能动性制定地方性养老法规来规制养老问题，维护老年人合法权益、完善地方养老法律体系、促进养老事业的蓬勃发展。

（六）关注上位法与政策的变化

截至目前，各地立法机关与地方政府依据《老年人权益保障法》就养老问题发布了多种形式的法律与政策文件。2018 年全国人大常委会对该法律又进行了修订，添加了符合养老事业发展的新规定，删除了不具备指导性的旧规定，国务院亦针对养老问题新颁发了指导意见。地方立法若未紧跟上位法的变化就会与中央养老法律政策脱节，因此上位法与政策的更新与变化需要地方立法机关时刻关注。在养老立法的上位法已经变化或者新的有关养老问题的国务院文件已经出台的情况下，地方立法机关应及时审视自己之前的立法，时刻保持与上位法确立的方向一致，并仔细落实上位法与政策的规定。

五　结语

在人口老龄化日趋严峻的社会背景下，日益增长的养老需求与法律制度不完善的矛盾已严重阻碍了养老的社会化和产业化进程，因而对我国养老专门立法提出了迫切需求。养老法律体系的构建不仅关系到养老的法律适用和产业发展，还关系到老年人能否健康、安全养老，并对我国社会的和谐稳定有重要影响。纵观国外发达国家养老服务的产业化进程，无不建立在完善的法律制度之上。正因如此，本文通过对我国地方养老立法的形式与内容进行分析，总结了我国养老立法存在的不足，并有针对性地提出了对策和建议。但本文对地方养老立法的讨论仍然不够深入，大多停留在表面，并未就现有的养老法律制度进行细致的分析，这是本文值得进一步探索的内容。

地方立法调研与评估

Local Legislation Research and Evaluation

B.6

《重庆市食盐管理条例》立法调研报告*

杨文明**

摘　要：重庆市盐资源富集，食盐生产、批发及零售企业众多，食盐管理面临困境。就法律规范而言，食盐定点批发概念模糊，食盐专营管理和食盐质量管理存在交叉和漏洞。就实践而言，利用电子商务、第三方物流企业实施违法批发的行为不在少数，非食用盐、非加碘盐流入餐桌风险增大。为此，以加强专营管理、保护食盐质量安全为目标，《重庆市食盐管理条例》应着力加强食盐专业化监管，完善食盐定点企业资质管理，规范食盐定点企业生产经营行为，保证合格加碘食盐供应，落实食盐储备和应急管理，规范食盐电子商务，加

* 本文系重庆市经济和信息化委员会《〈重庆市盐业管理条例〉修订》委托项目、西南政法大学校级科研项目（2017XZQN－29）以及西南政法大学党的十九届四中全会精神研究阐释专项课题（2020XZYB－06）的阶段性成果。

** 杨文明，法学博士，西南政法大学经济法学院讲师、西南政法大学地方立法研究院研究人员，主要研究方向为经济法学。

大食盐相关政策宣传力度。

关键词： 食盐管理 定点生产 定点批发 食盐安全 重庆市

民以食为天，食以安为先。为此，国家实行食盐专营管理制度。国务院《关于印发盐业体制改革方案的通知》明确“坚持依法治盐，按程序提出立改废建议，推动健全法律法规体系，实施依法治理，促进盐业健康发展”。2017 年，新的《食盐专营办法》出台，但该办法也存在不少立法模糊之处。重庆市专营执法工作也面临诸多实际问题。围绕“加强对食盐的管理，保障食盐科学加碘工作有效实施，确保食盐质量安全和供应安全，保护公民的身体健康”的立法目的，结合食盐生产、批发、零售、储备、应急管理、监督检查和执法的实际，重庆市经济和信息化委员会启动了《重庆市食盐管理条例》（以下简称《条例》）草案起草工作，并委托西南政法大学地方立法研究院进行调研。

一 重庆市食盐管理现状

（一）盐资源分布及市场供求情况

重庆市盐资源为岩盐，主要分布在云阳、万州、忠县、长寿、垫江和合川 6 个区县，保有储量 51 亿吨，是重庆市少数位于全国前列的矿产资源。重庆市常住人口约 3200 万人，2016 年重庆市居民食盐（小包装）消费约为 12.4 万吨，食品加工用食盐（大包装）约为 18.2 万吨，累计年消费总量共约 31 万吨，食盐安全保障责任重大。[①]

① 参见重庆市经济和信息化委员会《关于修订〈重庆市盐业管理条例（2011 修正）〉立法调研报告》，2018 年 9 月。

（二）食盐专营及市场监管情况

2017年1月1日之前，重庆市盐业主管机构是重庆市盐务管理局，与重庆市盐业总公司（2006年由市国资委划入化医集团，2008年改制为重庆市盐业集团有限公司）实行局司合一，两块牌子一套班子，归口原重庆市经委管理。盐业体制改革实施以后，按照国家“政企分离”的要求及市政府工作部署，从2017年1月1日起至2017年12月31日止为重庆市盐业监管体制改革过渡期，市盐务局按照现有体制继续履行食盐监管职责。过渡期现已结束，由市经济信息委承接食盐行业管理职能，由市场监管局承接食盐质量安全监管职能，市政府其他有关部门根据法律法规和市政府规定的职责负责有关工作。

（三）定点生产企业、定点批发企业情况

重庆市现有食盐定点生产企业3家（合川盐化、云阳盐化、万州索特盐化）；食盐定点批发企业14家，其中省级定点批发企业4家，分别是重庆市盐业集团有限公司（简称“重盐集团”）、合川盐化、云阳盐化、万州索特盐化，省级以下定点批发企业10家（重盐晶心物流配送公司、中盐重庆物流配送公司、重盐万州公司、重盐主城公司、重盐渝东公司、重盐渝东北公司、重盐渝东南公司、重盐渝西公司、重盐渝西南公司、重盐渝南公司）。盐改方案实施之后，重庆市严格执行国家跨区经营有关要求，坚持“普查慎处”的原则，慎用行政处罚手段，以“开放包容”的态度，规范市外企业入渝开展食盐经营业务，截至2019年，入渝的市外食盐定点批发企业已达79家。①

---

① 参见重庆市经济和信息化委员会《关于公布入渝经营食盐批发业务企业信息（第一批）的通知》（渝经信食盐〔2019〕5号）、《关于公布入渝经营食盐批发业务企业信息（第二批）的通知》（渝经信消费〔2019〕14号）。

（四）立法及政策情况

重庆市食盐管理的主要法律依据是国务院颁布的《食盐专营办法》《食盐加碘消除碘缺乏危害管理条例》两部行政法规和重庆市人大常委会颁布的《重庆市盐业管理条例》，该条例于1999年3月26日发布，之后于2000年、2006年、2010年、2011年分别进行了修订和修正，对促进重庆市盐业发展起到了重要作用。但是，诸多规定不符合盐改精神，因此该条例在2019年11月29日已被废止，同时，重庆市人大常委会启动了制定《重庆市食盐管理条例》的程序。自2016年盐业体制启动改革以来，党中央、国务院也相继发布了一系列改革文件。除此之外，《食品安全法》《消费者权益保护法》《产品质量法》《侵权责任法》等法律对食盐管理条例的修改也有指导意义。上述立法及政策文件见表1。

表1 食盐管理相关法律文件

文件类型	文件名称
法律法规、规章	《食品安全法》
	《消费者权益保护法》
	《产品质量法》
	《侵权责任法》
	《食盐专营办法》
	《食盐加碘消除碘缺乏危害管理条例》
	《食盐质量安全监督管理办法》
政策文件	国务院《关于印发盐业体制改革方案的通知》
	国家发改委、工信部《关于加强改革过渡期食盐监管有关工作的通知》
	工业和信息化部办公厅、国家发展和改革委员会办公厅《关于做好改革过渡期间食盐定点生产企业进入食盐流通销售领域和食盐批发企业开展跨区经营有关工作的通知》
	工业和信息化部办公厅、国家发展改革委办公厅《关于加强改革过渡期间食盐专营管理有关工作的通知》
	国家发展改革委办公厅、工业和信息化部办公厅《关于进一步落实盐业体制改革有关工作的通知》
	国家发改委等27部委《关于对盐行业生产经营严重失信者开展联合惩戒的合作备忘录》
	工业和信息化部公告（2018年第19号）

续表

文件类型	文件名称
重庆市立法、政策文件	《重庆市食盐储备管理暂行办法》
	《关于印发重庆市盐业体制改革实施方案的通知》(渝府发〔2016〕65 号)
	《关于延长盐业监管体制改革过渡期的通知》(渝府发〔2017〕723 号)
	《关于做好盐业体制改革近期重点工作的通知》(重庆市政府办公厅)
	《关于做好食盐储备工作的通知》(渝经信消费〔2016〕18 号)
	《关于做好 2018 年企业食盐储备工作的通知》(渝经信食盐〔2018〕3 号)
	《关于进一步做好企业食盐储备工作的通知》(市经信委)
	《关于进一步规范工业盐管理工作的通知》(渝经信发〔2017〕48 号)
	《关于印发重庆市 2017 年边远贫困地区平价碘盐供应工作方案的通知》(渝经信食盐〔2017〕1 号)
	《关于印发重庆市食盐市场供应突发事件应急预案(试行)的通知》(渝经信食盐〔2017〕3 号)
	《关于做好食盐管理近期重点工作的通知》(渝经信食盐〔2018〕1 号)
	《关于公布食盐定点生产企业、食盐定点批发企业名单的通知》(市经信委)
	《关于公布入渝经营食盐批发业务企业信息(第一批)的通知》(渝经信食盐〔2019〕5 号)
	《关于公布入渝经营食盐批发业务企业信息(第二批)的通知》(渝经信消费〔2019〕14 号)
	《关于做好食盐定点批发企业销售情况告知工作的通知》(渝经信消费〔2020〕14 号)
标准	食用盐(GB/T 5461 - 2016)
	食盐定点生产企业质量管理技术规范(GB/T 19828 - 2018)
	食品安全国家标准　食用碘含量(GB 26878 - 2011)
	食品安全国家标准　食品生产通用卫生规范(GB 14881 - 2013)
	食品安全国家标准　食用盐(GB 2721 - 2015)
	食盐安全信息追溯体系规范(QB/T 5279 - 2018)

(五)执法情况

食盐体制改革实施以前，重庆市盐政执法工作由市盐务局下设的盐政执法支队承担。直辖以来，累计查处食盐违法案件 7000 余件，查获违法盐产品 1.7 万余吨，先后移送司法机关刑事打击涉盐犯罪分子 64 人。盐业监管体制改革过渡期内，市盐务局继续承担盐政市场管理和执法工作，累计查处违法案件347件。从2018年1月1日起，市经济信息委承接全市盐行业管理和食盐专营管理职能，已查处食盐专营案件十余件。①

二 《条例》立法的必要性

（一）符合国家及地方政府盐业体制改革方案的精神

国务院《关于印发盐业体制改革方案的通知》（国发〔2016〕25号）明确，“坚持依法治盐，按程序提出立改废建议，推动健全法律法规体系，实施依法治理，促进盐业健康发展”。《重庆市盐业体制改革实施方案》（渝府发〔2016〕65号）加以确定，“完善盐业法规体系。按照国家有关法律法规和盐业体制改革方案，抓紧清理不符合《方案》要求的地方性法规、规章和政策，按程序启动《重庆市盐业管理条例》修订工作，确保食盐专业化监管有法可依、有章可循”。

（二）加强食盐专营执法法律法规的可操作性

一是“食盐批发”需要定义。《食盐专营办法》虽然规定了食盐定点批发制度，但是实践中批发和零售的界限仍然模糊不清，违法批发的现象非常突出。二是填补《食盐专营办法》的漏洞。国务院《盐业体制改革方案》明确提出了食盐产品电子追溯体系建设的要求，明确“加快建设食盐电子追溯体系，实现食盐来源可追溯、流向可查询、风险可防范、责任可追究”。《工信部食盐定点生产企业和食盐定点批发企业规范条件》规定了获准食盐定点生产和批发资质的必要条件，但这一工作尚缺乏有效的工作机制和办法。三是规范零售和工业、商业用户食盐采购渠道与票据管理非常有必要。四是零售食盐、餐饮用盐的包装规格缺乏规定。

---

① 参见重庆市经济和信息化委员会《关于修订〈重庆市盐业管理条例（2011修正）〉立法调研报告》，2018年9月。

（三）堵塞市场监管漏洞

盐改以来，由于国家上位法规定比较原则，而相关具体监管要求散见于部委文件规定（如工信部第211号文件、第604号文件规定）且缺乏对应的罚则，不能作为监管部门执法办案的法定依据，一些不法企业、个人肆意违反国家盐改政策法规规定，重庆市食盐市场秩序和食盐安全形势遭遇严峻挑战，涉盐违法犯罪行为呈现上升趋势，亟待结合重庆市盐业市场状况和执法监管实际，通过《条例》立法，堵塞监管漏洞，实现依法行政、依法治盐，为重庆市食盐市场安全监管提供有力的法律保障。盐改以来，违反国家盐改政策的情形时有发生，盐业市场安全形势严峻，仅仅依靠《食盐专营办法》难以有效规制当前错综复杂的市场乱象，单纯的事后惩治又面临社会危害难以及时遏制、执法取证难度大、社会治理成本高等困境，迫切需要通过《条例》立法，强化源头、渠道监管，使重庆市盐业管理有法可依、执法有据，从而对涉盐违法行为形成强有力的震慑。

三 《条例》立法需要解决的问题

（一）食盐管理体制亟待调整

1. 食盐专营执法与市场监管的分工与协调

调研中，重庆市经信委执法工作人员普遍反映其食盐专营执法工作面临以下难题。（1）缺少执法队伍。从重庆市各县（区）看，经信委部门执法力量少则三人，多则十几人，执法力量相当匮乏。（2）缺乏执法经验。按照盐务局政企分开的精神，原有的食盐专营执法人员全部市场化，转为地方食盐公司销售人员。这部分有经验的工作人员并未进入食盐专营执法队伍，而现有的执法队伍则从未从事过该工作，缺乏执法经验。（3）缺乏执法保障。调研发现，食盐专营执法缺乏装备、设备等执法保障措施，比如执法车辆、执法记录仪、寻呼装备、执法着装等。（4）缺乏与市场监管的沟通与协调。食盐专营执法和市场监督管理虽然属于不同的职能，但是在执法流程、违法线索发现等步骤上高度一致。但实际上，两部门缺乏违法线索共享等协调沟通机制，结果造成执法资源分散、浪费。

2. 市场监管部门面临的问题

包括食盐在内的盐产品监管主要有质量监管、标准监管、消费者保护与市场竞争监管等。同时，盐产品监管又包括食用盐市场监管和工业盐市场监管。目前重庆市机构改革正在进行，上述市场监管职能已统一于新成立的市场监督管理局。因而，上述市场监管职能如何统一地适用法律、如何有效地有机衔接，正成为市场监管工作的重要课题。

3. 卫生健康行政部门面临的困境

我国通过食盐加碘的方式消除由于环境缺碘、公民摄碘不足所引起的地方性甲状腺肿、地方性克汀病和影响儿童智力发育的潜在性损伤。我国大部分地区自然环境缺碘，食盐加碘是一项重要的公共卫生政策，需要长期保持贯彻。卫生行政部门面临的突出问题是如何保障和落实食盐加碘政策。一方面，食盐加碘是一项重要的公共卫生政策；另一方面，市场中非加碘盐数量、品种日益增加。从近年来国家对重庆市居民人体内碘含量水平监测来看，结果呈现下降的趋势。而重庆市作为碘缺乏地区，贯彻落实食盐加碘工作任重而道远。

4. 重庆市盐业协会的定位和职能

重庆市盐业协会是由重庆盐行业各单位及相关企事业单位组成的全市性行业组织。该组织推动行业健康持续协调发展，提供行业政策、业务咨询，充分发挥行业中介组织作用，在政府与企业之间发挥桥梁纽带作用。但目前立法中缺乏对该组织的定位和职能界定、划分。

（二）食盐资源开发与生产需要保障

1. 盐矿资源与食盐文化资源

重庆市盐矿产资源丰富，是其少数位于全国前列的优势矿种。同时，重庆作为传统的井盐产地，自古巴国时期就出产食盐。中文“盐巴”中的

“巴”就与古巴国密切相关。重庆市食盐历史悠久，食盐文化发达。因而，如何利用好、发展好重庆食盐的自然和人文资源，做好盐矿资源开发，讲好食盐发展故事，也应当成为本次《条例》立法的重要工作。

2. 盐生产环节的问题

从调研实际情况来看，盐生产环节主要存在三大问题。（1）食盐供应问题。目前来讲，食盐生产供应充足，甚至出现供大于求的问题。这一方面保证了消费者需求，另一方面却在一定程度上降低了生产企业的积极性。生产企业进行投资、扩大再生产以及改进技术设备的积极性不高。（2）食盐生产标准问题，包括加碘盐的碘含量问题。除国家标准外，食盐生产一般遵循地方标准。但各地关于碘含量的要求并不相同。在放开外地企业进入本地市场的情况下，立法应当将食盐生产符合本地要求作为一项法定义务。（3）电子追溯问题。实践调研中，电子追溯码对保证食盐安全和质量具有重要意义，但是，在推进过程中也存在一些问题。包括，生产企业基于成本的考虑，对建立电子追溯制度不太积极；电子追溯码本身也存在造假、粗制滥造等问题。

（三）食盐定点批发需要进一步规范

国家实行食盐定点批发制度。《食盐专营办法》第14条规定，“食盐定点批发企业应当从食盐定点生产企业或者其他食盐定点批发企业购进食盐”。第16条规定，“食盐零售单位应当从食盐定点批发企业购进食盐”。由此可见，我国食盐经销采用两级销售的法定商业模式（食盐批发企业→食盐零售企业→食盐消费者），即食盐中间经销商（零售企业）只能向终端消费者经销，不允许多级经销。而实践中的违法案件主要集中于食盐零售企业的“转批发”行为，即食盐零售企业从定点批发企业购进食盐，并未将其销往终端消费市场，而是批发给其他零售单位。按照《食盐专营办法》，该行为涉嫌违反食盐定点批发制度。

从调研来看，“批发”的界定是法律实施中的一大疑难问题。由于对立法目的以及批发的概念存在不同理解，各地食盐专营执法部门尺度宽严有别、执法不一，食盐定点批发企业、食盐零售企业等普遍存在抵触情绪，法律的实施效果大打折扣。由此也产生了对《食盐专营办法》第16条存废的争议。

1. 如果继续保留该条款，法律实施将面临的困境

（1）普遍性违规。从调研来看，定点批发企业根本无法覆盖所有的食盐零售企业。以重盐集团渝东北公司为例，该公司长期在指定销售区域批发食盐，建立了较为完善的配送体系，向2000余家食盐零售单位批发、配送，批发网络覆盖了镇、街道层面。但其所在销售区域有食盐零售单位2500余家。[①] 这也就意味着有接近20%的零售单位无法直接从批发企业进货。而进入重庆市的外省市定点批发企业则几乎没有经销体系和网络。实践中，大量的零售单位从其他零售单位购进食盐的情况比比皆是，形成普遍性违规现象。比如，有的定点批发企业与零售企业签订“假物流协议”，名为物流配送，实为批发；有的定点批发企业建立虚假的营业部，建立虚假的台账。

（2）选择性执法。面对普遍性违规，执法部门的角色和行为就显得尤为重要。一方面，人员、经费、设备等条件的缺乏使执法部门不可能对所有的违规行为进行调查、处罚。另一方面，为保证法律的权威性、统一性，执法部门又不得不实施执法行动。因而在实践中就出现了选择性执法的现象。有的省市专门针对外地品牌食盐进行查处；有的地区专门针对兼营定点批发的食盐生产企业进行查处；有的执法部门完全依赖当事人举报，而不主动进行市场调查；有的执法部门查处自由裁量权过大，未能遵循违法与责任相适应的原则。如此一来，市场主体虽然存在普遍性违规行为，但是否处罚，处罚的程度完全有别，造成法律实施的不公平现象。

（3）资源配置不合理，经济效率低下。为了保证批发行为合法合规，定点批发企业必须自建经销网络，保证对所有零售企业供应的全覆盖。但这势必产生巨大的企业成本，使企业无法集中精力专注于食盐质量安全的管理。在改革实践之初，重盐集团也曾探索向湖北、上海、北京等地批发食

① 该数据由重盐集团渝东北公司负责人提供。

盐，但鉴于巨大的合规成本（包括建立分公司、招聘人员、自建配送体系等），现在已基本退出外地市场。并且不同批发企业之间重复建设，造成资源浪费。从根本上讲，这种两级经销模式与市场自发形成的多级经销模式存在根本冲突，使批发企业既无法充分利用成熟的市场经销体系，又无法自行建立完善的经销网络。

（4）在市场化改革以前，原《食盐专营办法》是允许“转代批”的，该办法第 14 条规定，“食盐零售单位和受委托代销食盐的个体工商户、代购代销店以及食品加工用盐的单位，应当从当地取得食盐批发许可证的企业购进食盐”。按照该规定，食盐公司委托代理批发的代购代销店从事食盐批发业务属于合法行为。这种商业模式与市场成熟的多级分销模式相符，并未产生有关食盐质量安全等方面的问题。

2. 如果废除《食盐专营办法》第16条，也面临诸多争议和困难

（1）对定点批发制度形成事实上的突破。国家实行定点批发制度，具有一定的积极意义，尤其是对批发企业的生产经营能力、技术和设备设施条件、质量管理、信用和储备管理等都有相当高的要求。而如果允许零售企业从事批发业务，上述管制手段将失效，食盐定点批发制度也将被打破。

（2）对食盐质量安全存在担忧。保证食盐的质量安全不仅需要加强生产管理，更需要加强流通环节的把控。目前来看，定点批发企业（本地）的仓储、物流、管理体系等符合标准化要求，为食盐安全提供了保障条件。但是，非本地定点批发企业，尤其是零售企业在质量管理方面存在较大差距。因而有观点认为，废除《食盐专营办法》第 16 条可能会产生食盐安全隐患。

（3）公平竞争问题。食盐批发环节的竞争集中在本地批发企业和外地批发企业之间、批发企业与兼营批发业务的生产企业之间。如果废除零售企业不得从事批发业务的禁止性规定，那么外地定点批发企业和兼营批发业务的生产企业就不需要自建经销网络和体系，成本大为降低。与之相反，本地定点批发企业多为食盐公司，这些公司在市场化改革以前建立的完善的经销体系反而成为负担。

（4）低价竞争问题。兼营批发业务的定点生产企业具有天然的价格优势，其他批发企业难以与其竞争。而目前之所以竞争仍处于均势，是因为生产企业缺乏自销网络，流通成本较高。一旦允许零售企业转批发，那么生产企业的成本优势即刻体现，低价竞争在所难免。而长期的低价竞争可能会降低企业改进技术、提高管理的积极性，形成食盐质量安全隐患。

（四）市场监管难度加大

在目前的改革背景之下，食盐市场监管面临一些突出矛盾，给监管工作带来困难。

（1）市场竞争日益激烈。从市场供求看，目前我国食盐的年消费量近1000万吨，但食盐定点生产企业年产能4800多万吨，供大于求的矛盾较突出。取消食盐产销区域限制后，有食盐定点生产企业（含多品种食盐定点生产企业）共计139家可以进入流通领域，还有31个省（区、市）的食盐批发企业。[①] 就重庆市情况而言，共有市内定点批发企业14家，进入重庆市开展跨区经营的报备批发企业105家。多主体进入同一市场竞争，食盐品牌、品种增多，加大了监管难度。

（2）外地跨区域经营的企业监管存在信息盲区。目前，监管部门实施报备制度，允许外地批发企业进入重庆市场，但事前报备与事后监管缺乏有效衔接。实践中，外地企业是否进入某区县市场，当地监管部门无法获取准确信息，往往在事后监管中发现问题才知道该企业进入了本地市场。这给监管部门加强对外地企业的合规教育、指导造成障碍。

（3）食盐准运制度废除。应当说食盐准运制度的废除是顺应市场化改革的必然举措，对于激发市场主体活力、优化运输资源的配置具有积极意义。但是，准运制度的废除也使食盐运输环节的监管缺乏抓手，食盐质量安全风险增大。

---

① 刘永胜、郝玉柱：《我国盐业管理体制演进轨迹和未来展望》，《改革》2018年第3期，第52页。

(4) 非食用盐、非加碘盐流入餐桌的风险增大。法律明确禁止非食用盐流入食盐市场，严格限制非加碘盐流入食盐市场。但是有的经营者直接委托个体户批发食盐，工业盐、劣质盐当作食盐销售和食用等问题时有发生。由于化学工业高速发展，大量化工废渣盐产生，目前还没有处置废渣盐的法律法规和机制，废渣盐流入食盐市场的情况可能加剧。

（五）公平竞争环境需要进一步营造

竞争机制是食盐市场化改革的必然路径，营造良好的公平竞争环境是保障食盐市场健康发展的必然选择。而在体制转轨的过程中，食盐竞争不可避免地出现乱象，比如一些批发企业采取赠送、搭售的方式低价倾销食盐，一些批发企业采取投机、短期行为，缺乏开发市场的持续性。食盐市场竞争问题突出地体现在本地批发企业和外地批发企业之间、批发企业与兼营批发业务的定点生产企业之间。出现上述矛盾的原因是多方面的，主要归结为体制遗留问题和地方性保护。

就批发企业和兼营批发业务的定点生产企业的竞争而言，双方都认为竞争不公平。定点批发企业认为，兼营企业掌握食盐出厂价，长期来看它们具备竞争优势。兼营企业则认为自身缺乏经销网络，与定点批发企业相比处于竞争劣势。而这一矛盾显然是旧的食盐专营体制的遗留问题。以往，生产企业只能负责生产，批发企业只能负责销售，二者在所处的产业环节中具备优势，但市场化改革后这种优势并未即刻转化为竞争优势。

就本地批发企业和外地批发企业而言，双方也认为竞争存在不公平之处。本地批发企业认为，外地企业的批发行为几乎全部违反专营制度，在本地无仓储、无物流、无人员，几乎没有经销成本，销售的短期行为明显。外地批发企业则认为，本地的食盐专营执法部门、市场监管部门选择性执法，专门针对外地企业开展执法活动，存在地方保护之嫌疑。

除此之外，还需要对市场化改革完成后的市场竞争作出预判。从改革的初衷来讲，国家实施供给侧改革，整合食盐生产和销售，减少企业数量，提高企业效益。如此一来，食盐市场将实现寡头经营，其潜在的垄断风险需要评估。总的来看，食盐市场竞争仍存在不公平、不充分之处，公平竞争的市场环境需要进一步营造。

（六）食盐储备与应急管理需要进一步重视

2017 年 6 月 28 日，重庆市人民政府办公厅发布《关于印发重庆市食盐储备管理暂行办法的通知》，为建立重庆市食盐储备和应急管理制度提供了方案。但目前的问题在于进入重庆市的跨区域食盐定点批发企业存在逃避食盐储备和应急管理义务的情形。从调研情况看，外地企业在本地缺乏仓储条件，一般是有多少订单就发多少货，很少有食盐储备，部分外地企业对市场销售食盐和储备食盐区分严格。在进入重庆市开展批发业务的情况下，这一问题不仅影响食盐储备和应急管理，也不利于和本地企业开展公平竞争。

（七）严重失信者联合惩戒制度亟须建立

2017 年 11 月，国家发改委等 27 个部门发布《关于对盐行业生产经营严重失信者开展联合惩戒的合作备忘录》，该规范性文件对于重庆市建立严重失信者联合惩戒制度具有重要指导意义。但是目前该制度的建立和运行仍然面临如下困难。一是严重失信行为的界定。哪些行为属于食盐生产经营者的严重失信行为，对此食盐主管部门尚无明确界定。这需要在对食盐生产经营违法行为的性质、类型达成共识以后予以明确。二是改革过程中，不少上位法已经失效，不少制度尚待建立。目前经信委与市场监管局、卫健委等机关的职能尚未完全理顺，需要在完成机构改革后明确联合惩戒的职责和权力。三是联合惩戒涉及《食品安全法》《消费者权益保护法》《产品质量法》《侵权责任法》《食盐专营办法》等多部法律法规，需要对严重失信行为予以整合规制。

四　《条例》立法采取的思路措施

（一）加强食盐监管职能划分

就监管纵向关系而言，重庆市、区（县）两级主管部门应当明确监管方向和侧重点。重庆市盐业主管部门应当做好食盐专营管理、食盐储备、应急管理以及工业盐管理等盐行业管理工作，区（县）盐业主管部门则主要做好食盐管理具体执法工作。同时，应当倡导下沉式执法，将权力进一步下放，与其他部门在乡镇共同建立综合执法队伍，提高基层管理队伍的积极性。

就监管横向关系而言，盐业主管部门的管理目标主要在于供应安全，负责食盐生产、批发、零售、储备和应急管理，管理对象是食盐的生产和流通活动。根据盐改精神，食盐质量安全监管从主管部门职责中剥离出来，原则上按照食品进行监管。所以，在《条例》中不需要对食盐市场监督管理作全面规定，只需要将涉及专营管理的质量管理予以规定即可，目前来看，这部分职责主要涉及碘含量、假冒伪劣、包装标识，以及与行业主管部门的执法协调、信息通报、证据线索移送等问题。除此之外，还应当明确盐业主管部门与财政、卫生、价格、公安、自然规划、税务等部门的职能职责划分。同时，应当发挥行业组织在信息提供、行业自律、公共服务等方面的作用，开展定期培训，培养专业化管理队伍。

（二）加强违法追溯体系建设

鉴于食盐专营违法行为隐蔽，且执法力量薄弱，应当加强执法追溯体系建设，细化补充食盐和非食用盐生产、批发、零售、使用单位或个人购销凭证的保存、出示义务，并对违反法律义务的主体增加相应处罚措施。具体而言，在生产环节，食盐定点生产企业应当建立食盐生产销售记录制度，将产品名称、生产日期、销售数量、购买主体等如实记录。在批发环节，除上述信息外，食盐定点批发企业还应当重点记录采购食盐的单位或个人信息。在零售环节，零售单位应当重点查验供货者的食盐定点批发资质，在执法机关执法检查时能提供采购来源。食盐定点生产企业、批发企业、零售单位应当通过合同、发票等购销凭证保存上述信息。经营者如果在生产、批发环节违反上述义务，其违法行为可归入“违反供应安全管理”的处罚规定。经营者如果在零售环节违反上述义务，其违法行为可归入“违反购盐渠道管理”

的处罚规定。

目前，重庆市外食盐批发企业到市内从事食盐销售业务，只需按照《工业和信息化部办公厅、国家发展改革委办公厅关于做好改革过渡期间食盐定点生产企业进入食盐流通领域和食盐批发企业开展跨区经营有关工作的通知》（工信厅联消费函〔2016〕585 号）的规定，向重庆市盐业主管部门告知企业名称、信用代码证等 8 项基本信息，但该告知措施无强制约束力。监管部门无法准确获取外地企业是否在重庆市销售、在哪些辖区销售以及销售了多少等信息，无法加强对外地企业的合规教育、指导。同时，由于无法准确掌握外地企业在重庆市的食盐销售情况，重庆市在完成国务院对建立食盐储备工作的要求时难以确定储备量。为此，有必要修订《条例》，建立入渝食盐批发企业经营备案制度，以加强企业经营监管。

（三）加强食盐安全监管

食盐安全监管是《条例》立法的重点关注对象，归结起来，主要从以下三个方面予以加强。

一是解决食盐加碘问题。目前《食盐加碘消除碘缺乏危害管理条例》正在修订当中，其中一个重大变化就是放松对碘盐的严格要求。但这样一来，可能会形成食盐行业管理与公共健康安全政策的矛盾。为此，《条例》应当填补监管漏洞。未加碘食盐应当在特定场所销售，供特许人群购买，其他食盐零售单位不得销售未加碘食盐。目前网络销售未加碘食盐非常普遍，很大程度上消解了行业主管部门加强食盐加碘工作的努力，鉴于此，应当严格未加碘食盐的网络销售。实践中，餐馆、机关学校食堂、食品加工企业不使用加碘盐的情况非常突出，因此，有必要在《条例》中加强对上述主体的管理，明确要求餐馆、机关学校食堂、食品加工企业必须使用加碘盐。但由于重庆市是榨菜、李干、藠头等初加工食品的重要产区，上述食品在加工过程中使用碘盐会面临成本上升、品质下降的问题，因此可以就上述情况在《条例》中作出豁免规定。

二是解决食盐质量问题。各地食盐加碘标准不同，因而外地生产的食盐在本地销售时应当符合本地标准。这一问题在线下交易环节一般没有问题，但在线上环节，这一问题很容易被突破。比如，在网络上销售的食盐面向的是全国市场，经营者销售的食盐碘含量不可能满足所有地区的要求，但所有消费者都能买到该产品，这样一来，不符合本地食盐标准的产品实际上从网络流入了本地市场。为此，监管部门应当加强网络零售监管，要求经营者必须在包装上明确该食盐专供某些地区。另外，工业盐、工业副产盐流入食盐市场的监管漏洞也应予以填补。明确工业副产盐的管理部门，按照标准，将其分别按照产品管理、按照一般固体废物管理或者按照危险废物管理。除此之外，根据《条例》没收的盐产品应当作为工业盐使用，不得作为食盐再行销售，否则有违食盐定点批发制度的要求。

三是解决食盐保供问题。在地震、海啸等自然灾害以及新冠肺炎疫情等非常态环境下，食盐保供意义凸显，为此，地方政府和食盐定点生产、批发企业应当贯彻食盐储备和应急管理制度，保证食盐正常供应。在边远贫困以及少数民族地区，由于社会零售网络不发达，食盐保供同样重要。为此，盐业主管部门应当会同财政部门根据市场实际，采取运销费用补贴等支持措施，维持和保障边远和少数民族地区的食盐供应。

B.7
重庆市招商引资领域立法的背景阐释、目标定位与框架设计

赵忠奎 *

摘　要：　随着我国经济迈入新常态，推动营商环境的法治化理应成为各地方政府主导的方向。然而，区域经济发展不平衡所形成的“层级效应”，决定了政府实现由招商引资传统经济职能向优化营商环境经济职能的转化也将经历一个复杂而漫长的过程。政府借助招商引资进行区域间的交流与合作仍有必要，但应实现规范化。重庆的基本市情决定了其在通过立法优化营商环境的同时，也在积极推动招商引资的法治化。重庆在招商引资实践中暴露的招商政策不规范、招商体制不健全、招商引资考核导向不合理、招商规划引领不足等问题需要通过地方立法予以解决。重庆市进行地方立法应吸收云南省、贵州省、广西壮族自治区已经制定或者正在制定的招商引资地方性法规的经验与不足。本文在前期实地调研、立法资料分析、文献研读的基础上提出立法框架，以期对重庆市招商引资领域立法有所裨益。

关键词：　招商引资　地方立法　公平竞争审查

* 赵忠奎，法学博士，西南政法大学经济法学院讲师，西南政法大学博士后流动站、四川省社会科学院博士后工作站联合培养博士后，研究方向为公司法、金融法。

一　招商引资领域的立法空间：招商引资法治化与优化营商环境法治化

“在各种各样成功增长的范例中，你可以发现很多错误的方法，或者不完全正确的方法，但是这类增长仍在继续着。”① 我国在改革开放以后，面对急剧的社会转型以及严重的市场不成熟，各级地方政府不得不“部分替代市场”，承担起培育与发展市场的职能，招商引资则是政府履行这一职能的重要表现形式。从地方经济发展所需要的经济资源的供给和投入的角度来看，相较于以本地经济滚动的积累为基础的方式，招商引资因具有机制灵活、规模速度和效果显著的特征，② 成为地方政府发展本地经济的重要方式。甚至不少地方政府将招商引资作为其首要任务，一度掀起政府主导下的招商引资热潮，此举虽然推动了经济的快速发展，但同时也带来了诸如地方干部决策扭曲、竞争行为短期化、抑制市场正常竞争等一系列问题。③ 尤其是在 2003 年前后，地方政府恶性竞争导致钢铁、水泥等行业出现投资过热现象，致使中央宏观调控失灵，进一步暴露了招商引资过程中所存在的问题，各地方政府的招商引资也因此进入调整优化阶段。④

2013 年，党的十八届三中全会通过的《中共中央关于全面深化改革若干重大问题的决定》将市场在资源配置中的“基础性作用”修改为“决定性作用”。这一理论基础的变化，决定了政府在招商引资中的职能应朝着为市场经济提供公共物品的方向转化，尽可能避免对市场经济的干扰。党的十八大以后，我国逐步迈入经济新常态，地方政府在招商引资方面开始由以往

---

① 〔美〕曼瑟·奥尔森：《权利与繁荣》，苏长和、嵇飞译，上海人民出版社，2005，第 4 页。

② 刘庆斌：《地方招商引资的路径选择与制度安排》，《科学与管理》2018 年第 1 期，第 83 页。

③ 尹明：《招商引资政策工具对区域创新能力的影响效应——以中山市为例的实证研究》，《学术研究》2017 年第 11 期，第 67 页。

④ 宋林霖、何成祥：《从招商引资至优化营商环境：地方政府经济职能履行方式的重大转向》，《上海行政学院学报》2019 年第 6 期，第 101 页。

的“拼政策、拼成本”，向“拼环境”尤其是“拼营商环境”转变。[①] 在2017年6月召开的全国深化“放管服”改革电视电话会议上，李克强总理明确提出“既要抓项目建设，更要着力抓环境建设，由过去追求优惠政策‘洼地’转为打造公平营商环境的‘高地’”。鉴于以市场环境、政务服务为核心的营商环境成为吸引企业等市场主体参与市场活动的关键，推动营商环境的法治化理应成为各地方政府主导的方向。为此，在2019年国务院发布《优化营商环境条例》后，各省、自治区、直辖市也纷纷根据本地实际制定优化营商环境条例。然而，以“放管服”改革为重要内容的营商环境之优化并不因为行政法规和地方性法规的出台而完成，就如李克强总理在全国深化“放管服”改革电视电话会议上所强调的，“推进‘放管服’改革是一项系统工程，是对政府智慧和能力的考验，也是一个艰巨复杂的过程，要克服种种困难和挑战，持续深入推进”。另外，我国不同区域经济发展不平衡，已经形成“层级效应”，发展水平的客观差异决定了政府实现由招商引资传统经济职能向优化营商环境新时期经济职能的转化将经历一个复杂而漫长的过程。政府借助招商引资进行区域间的交流与合作，对于促进区域协调发展仍将发挥重要作用。除此之外，面对云谲波诡的国际环境、国内经济新常态和形式依旧严峻的新冠肺炎疫情，党的十九届五中全会通过《中共中央关于制定国民经济和社会发展第十四个五年规划和二〇三五年远景目标的建议》，进一步指出“加快构建以国内大循环为主体、国内国际双循环相互促进的新发展格局”。“双循环”的新发展格局是党中央推动我国经济高质量发展的重大战略部署，其关键是要注重消费端与投资端的中长期动态管理，在清晰认识有效投资之优势的同时，积极发挥有效投资在后疫情时代的稳增长作用，[②] 这也意味着政府仍然需要通过招商引资等活动促进资本流向相关领域。

通过以上分析我们可以得出一个基本结论，即地方政府的招商引资行为

---

① 孟涛：《中国法治竞争的第二波》，《江苏行政学院学报》2019年第5期，第129页。

② 蒋瑛、黄其力：《有效投资促进“双循环”新发展格局形成的机理研究》，《求是学刊》2021年第3期，第75页。

在一定时期内仍然会存在。尤其是对于经济欠发达地区而言，政府在不断提升营商环境法治化水平的同时，招商引资仍是推动地方经济发展的重要手段。但与以往的政府主导型招商引资模式相比，经济新常态下的招商引资行为应当更加规范化。而招商引资与优化营商环境在参与主体、作用对象、实施机制和绩效评估等方面存在较大差异，故仅仅通过优化营商环境领域立法显然无法达到规范政府招商引资行为之目的。至此，在国务院及各省、自治区、直辖市先后针对优化营商环境立法的情况下，招商引资领域立法是否还有空间这一问题也就得以解答。

二　重庆市招商引资法治化：立法计划和立法要解决的主要问题

（一）重庆市招商引资领域立法计划

重庆作为西部唯一直辖市，“大城市、大农村、大山区、大库区”是其基本市情，无论是从重庆市内各区县的内部比较，还是从重庆市与其他区域的外部对比，均表现出显著的“层级效应”，招商引资对推动重庆市经济社会发展与产业转型升级仍将发挥重要作用。重庆在通过立法优化营商环境的同时，也在积极推动招商引资的法治化。重庆市政府于2019年出台的《关于加强和改进新形势下招商投资促进工作的意见》（渝府发〔2019〕6号）就要求“依法招商”。此后，重庆市委领导也多次作出批示，要求“招商引资要加强统筹，条件要适度，不能打乱仗”，“专题研究统筹‘一区两群’招商引资政策、防止恶性竞争、提高投资有效性问题”，“抓好招商政策统筹，规范招商行为，促进‘一区两群’招商政策和环境大体平衡，坚决防止恶性竞争”。2020年11月27日中共重庆市第五届委员会第九次全体会议通过的《中共重庆市委关于制定重庆市国民经济和社会发展第十四个五年规划和二〇三五年远景目标的建议》针对重庆市招商投资促进工作也提出重要建议。2021年，重庆市委常委会将“制定招商投资促进条例”列入全年工作要点；重庆市政府将“推进优化营商环境条例、招商投资促进条例立法”写入政府工作报告，并将招商投资促进条例列入立法工作计划。

（二）重庆市招商引资领域立法要解决的主要问题

立法目的既是法律创制也是法律实施的内在动因。① 在制定重庆市招商引资领域内的地方性法规时，通过深入调研，厘清立法需要解决的具体问题并将其升华为立法目的，才可以为相关立法指明行动的方向，从而提高立法技术水平，保障立法质量。受重庆市招商投资促进局委托，笔者所在课题组从2021年1月始，先后赴重庆市内的永川区、渝东南片区、渝北区和重庆市外的云南、广西等地开展立法调研。课题组遵循客观公正、科学规范、注重实效的原则，采取文献研究、实地调查、比较分析等方法，针对重庆市招商投资活动进行了认真调研与分析，进而归纳出需要通过招商引资领域的立法及其相关配套制度予以解决的如下主要问题。

第一，招商政策有待规范与完善。具体表现在如下两个方面。一是招商政策与上位法的关系方面。部分招商政策不合理，甚至有违反上位法之嫌。大部分区县仍采用税收补贴、地价优惠等传统的招商手段，部分税收政策处于“灰色地带”，与《国务院关于市场体系建设中建立公平竞争审查制度的意见》（国发〔2016〕34号）等文件关于“安排财政支出一般不得与企业缴纳的税收或非税收入挂钩”的精神存在冲突。事实上，鉴于税收减免承诺对经济增长的激励作用立竿见影，地方政府擅自制定税收优惠政策的现象仍然很普遍，尽管中央政府已经数度发布“一律不得自行制定”、“一律停止执行”等措辞严厉的禁令。② 此外，区县的招商政策存在变相“零地价”的问题，即企业通过“招拍挂”的方式取得土地使用权，政府再以“产业扶持基金”的形式将其所缴的土地使用权出让金等额返还给企业，并且政府对返给企业的“产业扶持基金”的后续使用情况也未进行动态监管。二

---

① 刘风景：《立法目的条款之法理基础及表述技术》，《法商研究》2013年第3期，第49页。

② 叶姗：《地方政府税收减免承诺的效力瑕疵》，《当代法学》2017年第6期，第116～118页。

是招商政策统一性与体系性问题。区县招商政策差异性较大，市级没有统一的标准、程序和机制来进行统筹，区县采取“一事一议”形式开展招商工作的现象呈普遍化。招商优惠政策悬殊，有违公平竞争审查原则，不利于维护市场公平竞争环境，也成为部分区县不顾本区域实际情况而进行恶意竞争的重要原因。加之部分政策针对性不够、协同性不强、时效性不高等，而且主要针对产业发展阶段，对前期项目支持较少，一些政策不知如何兑现，致使项目无法落地，招商引资工作在一定程度上呈现混乱的局面。

第二，招商体制有待进一步健全。重庆区县层面招商体制差异较大，招商部门名称、性质、主管单位、人员身份等均有不同。以渝东南为例，有的招商机构属于政府组成部门，有的招商机构则是部门下属事业单位、议事协调机构或者是公司化运作。招商体制的较大差异，导致不同区县的招商能力、招商质量参差不齐，区县间的沟通协调也受到影响。在招商能力方面，所调研的区县招商队伍主要是体制内人员，且人员流动性较强，缺少专业性、复合性、综合性招商引资人才，对产业情况、政策法规、市情区情、招商实务等情况掌握不透，特别是对新兴产业和前沿技术的钻研不够深，致使在具体的招商工作中难以研判招商项目的真实性、成长性，远不能满足经济新常态下招商引资工作的实际需求。招商体制的不健全还表现在职责不够明确，受此影响，调研中发现有的单位没有形成科学的、完善的、延续的招商机制，工作随意性较大。招商投资工作涉及各个产业与领域，涉及不同部门，明确职责是推动招商投资工作法治化的重要前提之一。不健全的招商体制也导致招商引资模式的落后，所调研区县总体上仍然采用政府主导型招商引资模式，整体以拼体力、比政策的传统方式为主，市场化招商方式欠缺，对政府引导股权投资以及市场化招商方式等运用不足，撬动社会资本服务招商的能力不足。

第三，招商引资考核导向不合理。从公平竞争的角度而言，招商引资既要引进并发展外来项目，也要积极促进本地资本投资新项目，但是在调研中发现，当前重庆市招商引资工作的考核，分为内资和外资两个部分，内资是重庆市以外大陆境内的项目，外资是境外的项目，但不包括本地投资项目的

表 1　渝东南片区各区县招商体制

区县	黔江区	石柱县	酉阳县	彭水县	秀山土家族苗族自治县	武隆区
招商体制	黔江区招商投资促进委员会 + 黔江区招商投资局	石柱县招商引资领导小组 + 石柱县招商投资促进部门 + 5 个产业招商小组	县招商引资协调领导小组 + 6 个专业招商队	招商投资促进工作领导小组 + 彭水县招商服务中心	县委、县政府带队外出招商模式	1 个领导小组；6 个专业招商小组，3 个平台招商小组，1 个综合服务保障小组，1 个总部和注册结算经济服务小组；N 个单位和社会群体

注：本表系依据 2021 年 1 月笔者在渝东南片区调研所获取的信息整理而成。

考核。此种考核导向往往会导致地方的招商部门不注重培育本地的企业，忽略了当地企业的发展。另外，招商引资工作考核通常是按照引进项目数量、正式合同引资额、到位资金率等指标进行考察，其中工业项目个数占考核项目的 85%，这导致招商工作往往会围绕工业产业展开，从而忽视了新兴企业的引进。而新兴企业成长期往往较长，引进后不能马上为当地提供可观的税收，因此在既有的考核体系下，本地难以实现结构性招商引资转变。当然，从宏观环境来看，当前以政府绩效考核为推手的晋升锦标赛治理模式也与政府职能转变存在冲突。① 总之，招商引资考核指标应当更加多元化与科学化。

第四，招商规划引领不足。招商规划是根据国民经济发展规划，为促进投资者在本地区投资，综合行业鼓励、产业发展、促进措施等方面而出台的规划。招商规划对于具有“大城市、大农村、大山区、大库区”基本市情的重庆而言仍然具有合理性与必要性，是对国民经济发展规划的延伸与补充。目前重庆市级层面以及各区县尚未制定投资促进规划和专项计划，导致招商不够精准，具有一定的盲目性。调研中发现部分区县、园区产业重复布

① 秦晓蕾：《地方政府绩效考核制度正义性反思》，《江海学刊》2016 年第 6 期，第 120 页。

局，主导产业不够突出。有的区县在招商过程中还存在不顾当地发展规划、产业基础和承载能力，一哄而上透支政策、争抢项目的情况，不仅使区县财政压力加大，招来的项目较长时间内无法实现支出收益平衡，还导致区县招商缺乏定力，主业不聚焦，自身产业未形成体系，不利于全市构建现代产业体系，推动经济高质量发展。

第五，招商信息精细化管理不足。招商信息收集零散化、碎片化，且时效性不强、缺乏专业人员队伍和多方信息收集机制。招商信息整理和共享工作开展不尽如人意，部分区县和相关招商团队未采用专门的招商管理信息系统，导致整个招商引资工作出现条块分割、不能形成合力的问题。各领导、各部门、各招商团队、各载体资源管理部门，彼此之间信息不通畅，严重阻碍了招商引资项目的快速签约和落地。另外，还存在不能及时了解、把控已跟进项目的进展问题。对有什么项目、有多少个项目、谁在对接、项目进展如何以及项目存在的主要障碍、各种载体资源的使用程度等信息管理都不到位，不能为相关领导决策提供实时的支撑和参考依据。①

第六，招商落地服务不到位。招商项目落地涉及政务服务、要素保障、人才保障、金融支持等各方面事项。调研发现部门项目存在重前段招引、轻后段服务的现象，招商服务不成体系。另外，市级和部分区县未能统筹协同各相关行业部门资源，服务脱节、服务滞后现象突出，不利于推动项目尽快落地。比如，电、煤、水、物流等要素保障能力偏弱，阻碍项目落地。人才供应不足，创新能力偏弱，不利于战略性新兴产业培育集聚。人才供应不足则有多方面原因。一方面，重庆市相较于其他地区在引智方面的投入少、力度弱，环境及政策对高端人才吸引力不足；另一方面，部分技术学校对学生的培训与企业生产实际关联不大，虽然政府支持企业员工进行职业培训，但调研发现某些政府指定的培训机构会联合企业员工作假，即使没有进行培训也会发证，从而骗取政府的培训补助。

第七，招商容错激励不足、法律责任有待完善。由于市场、政策、规

① 郭旭：《加强招商信息精细化管理的研究》，《改革与开放》2018 年第 14 期，第 10 页。

划、企业经营等因素，招商项目时常出现不能达到预期的情况，特别是新兴产业，存在较大风险。领导干部作为招商引资决策者，一旦招商项目出现“爆雷”，则可能面临追责，甚至影响仕途，这导致决策者在招商引资时瞻前顾后。为此，需要探索制定招商引资工作履职容错清单，对招商引资决策程序合规，但由于法律法规未明令禁止、政策界限不明等客观原因出现工作失误的，依规启动容错工作程序。另外，在调研中还发现在一定范围和程度上存在投资者违反投资协议、骗取政策支持，行政机关工作人员在招商引资时弄虚作假、发布不实信息、虚假签约、刁难企业、徇私舞弊或者泄露、非法向他人提供招商引资企业商业秘密等行为，需要通过立法完善法律责任。

三　其他省、自治区招商引资立法：经验与不足

而从立法实践来看，目前全国已有多个省、自治区针对招商投资领域制定或正在制定地方性法规，2006 年云南省第十届人民代表大会常务委员会第二十一次会议通过《云南省外来投资促进条例》，2017 年贵州省第十二届人民代表大会常务委员会第三十一次会议通过《贵州省外来投资服务和保障条例》，2021 年 3 月广西壮族自治区第十三届人民代表大会常务委员会第二十二次会议审议了《广西壮族自治区外来投资促进条例（草案)》。

（一）云南、贵州、广西招商引资领域立法之梳理

1.《云南省外来投资促进条例》的立法内容与立法成效

《云南省外来投资促进条例》（以下简称《云南省条例》）主要包括七章，共 50 条。包括总则（7 条）、投资范围和方式（5 条）、政府服务（17 条）、社会支持（6 条）、权益保障（8 条）、法律责任（5 条）和附则（2 条）。《云南省条例》作为西部地区第一部外来投资促进条例，有如下具体立法内容值得注意。第一，关于立法目的。《云南省条例》第 1 条明确了该条例的立法目的，即“促进外来投资，保障外来投资者的合法权益，营造良好的投资环境，加快经济社会发展”。第二，关于适用范围。《云南省条

例》第3条将该条例的适用范围界定为“本省行政区域内的外来投资活动”，包括国外和香港、澳门、台湾以及国内其他省、自治区、直辖市的自然人、法人和其他组织在该省的直接投资活动。第三，关于外来投资规划。《云南省条例》第4条明确了由县级以上人民政府制定促进外来投资规划，并将规划纳入国民经济和社会发展规划。第四，关于政府服务。《云南省条例》用17个条文对外来投资促进工作中的政府服务作了规定，涉及加强基础设施建设、简化行政审批手续、提供高效便捷服务、核准和备案事项、提供咨询与服务等多个方面。

《云南省条例》的实施对云南省的招商引资工作具有明显的促进效果，主要体现在如下四个方面。第一，招商体制不断健全与完善。《云南省条例》出台后，云南省2006年成立了由省长助理任组长的贯彻实施条例领导小组，统筹推进条例的贯彻落实。另外，成立了由省直属相关部门参加的外资工作委员会，由云南省政府领导出任主任。2010年云南省政府将原来的外资工作委员会更名为云南省外来投资促进工作委员会，由分管招商引资工作的副省长任主任。2012年成立了云南省招商引资工作委员会，《云南省条例》的贯彻执行力度加强。第二，招商引资工作机构进一步健全。《云南省条例》规定云南省人民政府经济合作管理部门负责全省外来投资的协调、组织、管理和服务工作。在2009年机构改革中，原云南省经合办机构更名为云南省招商合作局，2018年云南省招商合作局更名为云南省投资促进局，为云南省政府直属正厅级事业单位，主要负责全省招商引资和投资促进工作，同时作为省招商引资工作委员会办公室和云南省对口支援三峡库区领导小组的日常办事机构，负责全省外来投资工作的统筹、协调、组织、管理、服务和云南省对口支援三峡库区工作。第三，配套政策措施不断完善。《云南省条例》实施后，云南省先后出台了《云南省人民政府关于进一步加强外来投资促进工作的若干意见》《云南省人民政府关于全面加强招商引资工作的意见》《云南省加强重点产业招商引资工作若干措施的意见》等一系列配套文件，政策体系不断健全，外来投资的政务环境不断优化。第四，促进了民间异地经济组织的建立。《云南省条例》实施后，云南省招商合作局一度作为云南省人民政府民间异地经济组织——商会的业务主管部门，组织商会参加云南省在境内外及州（市）举办的重大招商引资活动，不断强化商会以商招商的作用。此外，云南省招商合作局还负责异地驻滇商会党建工作，加大对商会党建及业务知识的培训。

2.《贵州省外来投资服务和保障条例》的立法特征

《贵州省外来投资服务和保障条例》未进行分章，共31条，涉及立法宗旨、投资服务、权益保障、诚信建设、投诉调处、投资环境评估预警、责任追究等内容。《贵州省外来投资服务和保障条例》（以下简称《贵州省条例》）具有三个重要特点。第一，重点提升投资服务水平和畅通投诉调处渠道及提高工作效率。与《云南省条例》不同，《贵州省条例》第1条将立法目的首先定位为“强化投资服务”，在第2条适用范围条款中也明确了“本省行政区域内的外来投资服务、外来投资权益保障适用本条例”，这彰显了《贵州省条例》以服务促进外来投资的理念。在具体的条文中也明确了政府及有关部门服务外来投资的职责与事项，并对处理外来投资者投诉事项的工作机制、流程和时限予以优化。第二，将成熟的招商经验法制化。《贵州省条例》将贵州省对外开放和服务投资的工作实践、制度进行升华、固化、法制化，包括项目全程免费代办服务、项目事前评估制度、投资环境评估制度、贵州大数据网上办事大厅的运用等，同样具有鲜明的服务外来投资的特色。第三，凸显了营商环境建设的目标导向。《贵州省条例》围绕服务贵州内陆开放型经济试验区，强化并进一步提升了贵州省各级各部门服务和保障外来投资的工作水平，有利于助推贵州在新经济常态下营造更加透明高效的政务环境、更加平等竞争的市场环境、更加公平公正的法治环境，提高了该省吸引外来投资的竞争力。

3.《广西壮族自治区投资促进条例（草案）》立法内容

《广西壮族自治区投资促进条例（草案)》（以下简称《广西条例（草案)》）共七章，46条。包括总则（8条）、招商促进（9条）、投资服务（11条）、权益保障（7条）、监督管理（5条）、法律责任（5条）和附则（1条）。笔者在调研中了解到，广西壮族自治区（以下简称“广西自治区”）

在制定《广西条例（草案）》的过程中，学习并借鉴了《云南省条例》与《贵州省条例》，在此基础上作了如下创新。第一，关于立法目的与适用范围。《广西条例（草案）》第1条将立法目的确定为“促进投资”，与云南省“促进外来投资”以及贵州省“强化投资服务，保障外来投资者合法权益”有显著差异。与之对应，《广西条例（草案）》第2条将适用范围界定为“本自治区行政区域内的投资促进及其相关活动”。广西自治区立法目的和适用范围之定位，更有利于促进外来投资者和本地投资者的公平竞争。第二，关于投资促进体制机制。《广西条例（草案）》第5条规定了广西自治区投资促进工作机构和职能，一是规定自治区人民政府设立的投资促进委员会统筹领导全区投资促进工作，自治区投资促进工作机构承担具体的统筹、协调和指导工作。设区的市、县级人民政府根据本行政区域实际，明确负责投资促进工作的机构，加强对投资促进工作的统筹与协调。二是规定相关部门按照各自职责做好投资促进工作。各类园区管理委员会依据本园区发展方向和职责做好投资促进工作。第三，关于投资促进规划。针对自治区内各地区不顾产业发展需要、产业链完善和资源环境承载能力，只关注经济社会发展指标，互相争抢项目，投资促进重点不突出、项目雷同等问题，《广西条例（草案）》第9条对编制投资促进规划作了原则性规定，致力于构建重点突出、错位发展、竞争有序的投资促进工作格局，引导投资向环境优、效率高、配套好的区域集聚。第四，关于投资促进目标和重点问题。《广西条例（草案）》第10条对投资促进目标作了原则性规定。针对投资促进重点不突出的问题，第13~15条明确了招商引资的重点国家、重点地区、重点产业和重点企业。第五，关于投资促进政策和信息。为解决投资促进信息发布主体多、途径多，投资促进优惠政策措施分散的问题，《广西条例（草案）》分别在第11条和第17条对投资促进信息发布、投资促进优惠政策措施制定作出了原则性规定。第六，关于行政承诺履行。为了杜绝新官不理旧账，后任领导不履行前任领导对投资者的口头或者书面承诺等问题的发生，推进行政机关诚信建设，进一步增强投资者到广西自治区投资的信心，《广西条例（草案）》第33条规定，县级以上人民政府及有关部门在招商引资过程中承诺的投资条件，应当以书面形式予以明确。对承诺的事项和签订的合同应当依法履行，不得以政府换届、领导人员更替、规划调整或者政策改变等理由单方违约毁约，确实无法履行的，应当积极协商解决；造成损失的，依照有关规定予以补偿。

（二）云南、贵州、广西招商引资领域立法不足之处

以上三省（自治区）关于招商引资的地方立法实践，对于其他地区招商引资的法治化具有一定借鉴意义。当然，在优化营商环境的背景下，三省（自治区）的立法内容也暴露出一些不足。现有地方立法的经验与不足，对于重庆市以及其他地区招商引资领域的立法均具有重要启示意义。三省（自治区）在招商引资地方立法方面所暴露出的不足，主要体现在如下几个方面。

第一，立法前瞻性不足。该不足之处在《云南省条例》中体现得尤为明显，这虽与云南省的立法条例颁布实施至今已经十余年有一定关系，但也与立法技术存在密切关联。譬如，从职责主体看，《云南省条例》明确省人民政府经济合作管理部门负责全省外来投资的协调、组织、管理和服务工作，但该机构经多次政府机构改革，名称及部分职能职责已发生变化，若将相关主体表述为“投资促进机构”，则可避免这一现象发生。另外，《云南省条例》第 8 条规定了鼓励外来投资者投资的领域，相关范围不仅过于宽泛，而且随着云南省经济发展和产业转型升级，云南省鼓励外来投资的领域发生了新的变化。虽然《云南省条例》授权省人民政府根据促进外来投资规划适时调整鼓励的投资领域和投资项目，并向社会公布，但实践中并未形成有效的实施机制。笔者在云南省调研时也了解到，当前随着云南省正积极推动招商引资向高质量发展阶段迈进，投资促进工作也面临着一些新情况、新问题，亟须通过修订条例予以规范和提升，但原来的立法起草机构经过机构改革后已经不复存在，而目前担负云南省投资促进职责的云南省投资促进局作为事业单位，参与地方立法修订存在一定障碍。

第二，政策导向明显，缺少可操作的具体投资促进举措。当前我国地方立法存在的一个突出问题就是立法的“地方性”特色不足，[①] 这种现象在现有的招商引资地方立法中同样存在。究其原因，与立法机关在进行立法时未归纳出真正需要立法解决的问题，或者虽然归纳出了问题但并未针对本地实际情况提供解决方案有密切关系。受此影响，地方立法的不少条文流于形式，甚至成为维护部门利益的工具。在三省（自治区）的招商引资地方立法中，除政务服务条款以外，大多数立法条款停留于表达政策偏向、欢迎外来投资等更具道德色彩或价值判断的层面，未能通过相关主体权利（力）、义务的配置、法律责任的明确、法律程序的设置来构建具体、明确、清晰的投资促进制度。[②] 以《广西条例（草案）》为例，其第二章为招商促进，但除第 9 条的促进规划条款和第 11 条的信息发布条款具有促进投资的可操作性外，该章其余条款可操作性较差。在政府应逐步实现由招商引资传统经济职能向优化营商环境新时期经济职能转化的背景下，政府应逐步摒弃政府主导型招商引资模式，结合本地区实际，通过制度来创新市场化招商引资方式并将其法制化。

第三，立法条例名称及部分立法条文背离了公平竞争审查制度。为建立更加公平、开放、透明的市场规则，2015 年 3 月 13 日发布的《中共中央国务院关于深化体制改革加快实施创新驱动发展战略的若干意见》第一次提出要建立公平竞争审查制度，2016 年 6 月国务院又发布了《关于在市场体系建设中建立公平竞争审查制度的意见》（国发〔2016〕34 号）。落实公平竞争审查制度，就要求包括产业制度、贸易制度、金融制度、财税制度等在内的各项制度，要在制度形成的过程中充分考虑促进和保障公平竞争的目标，[③] 招商引资制度自然也不例外。尽管招商引资的性质决定了相关活动针

---

① 魏治勋、刘一泽：《地方立法的“地方性”》，《南通大学学报 · 社会科学版》2020 年第 6 期，第 64 页。

② 周钰：《制度创新、立法质量与〈云南省外来投资促进条例〉的完善》，《光华法学》2014 年第 1 期，第 157 页。

③ 张守文：《公平竞争审查制度的经济法解析》，《政治与法律》2017 年第 11 期，第 10 页。

对的是外来投资者，但这绝不意味着相关立法在优惠制度及相关扶持制度方面将本地投资者与外来投资者区隔，除非有法律法规作出例外规定。从目前云南省和贵州省的立法条例的名称、目的条款及适用范围条款可以看出，立法针对的是外来投资，这决定了其他条款也均立基于外来投资者或者与之相关的活动。《广西条例（草案）》虽然在条例的名称、目的条款以及适用范围指向“投资促进”，未区分外来投资者和本地投资者，但第二章仍然设置为“招商促进”，至少从逻辑上意味着该章的“投资优惠”条款仅适用于招商的对象，即外来投资者。概而言之，现有的招商引资立法不利于建立更加公平、开放、透明的市场规则。

四　重庆市招商引资立法框架设计

通过前文分析可知，重庆市的基本市情以及招商引资中存在的诸多问题，决定了重庆市制定一部推动招商引资法治化的地方立法具有必要性。但鉴于该地方立法没有对应的上位法，立法所要求的创新性、探索性较强，难度也较大。云南、贵州、广西已经制定或者正在制定的招商引资地方性法规对重庆市立法具有重要借鉴意义，但对于其立法内容中存在的问题，立法中也应极力避免。作为重庆市招商投资促进局委托的课题组成员，笔者在前期实地调研、立法资料分析、文献研读的基础上，提出如下立法框架，以期对重庆市招商引资领域立法有所裨益。

第一，在立法名称方面，为落实公平竞争审查制度，促进投资者公平竞争，建议参考广西壮族自治区的做法，将立法的名称确定为《重庆市投资促进条例》，无论是外来投资者还是本地投资者，均作为投资促进的对象；在立法体例方面，在综合借鉴云南、贵州、广西立法内容的基础上，可考虑具体设置为总则、投资促进、政务服务、投资权益保护、监督检查、法律责任和附则七章。

第二，在总则部分，建议将立法目的条款界定为“为了优化投资环境，规范投资促进行为，激发投资活力，保护投资者合法权益，推动经济社会发展”，即通过投资环境的优化和投资促进行为的不断规范，既吸引外来投资者在重庆投资，也推动本地投资者在重庆的投资行为。适用范围条款可明确表述为“本行政区域内的投资促进行为，适用本条例”，后面章节的投资促进、政务服务、投资权益保护以及监督检查等，都是围绕投资促进行为这一条主线而展开。在经济新常态下，政府的职能也应发生相应转变，这决定了政府的投资促进行为应当在尊重市场规律的前提下而展开，坚持政府引导、市场主导、社会支持相结合，遵循公平公正、绿色发展、互利共赢、高效便利的原则。针对调研中发现的重庆招商体制不健全以及招商机构职能不明确的问题，总则中应设立专门条款明确投资促进体制以及投资促进机构、其他职能部门的具体职责。此处需要说明的是，将“招商体制”和“招商机构”在立法上表述为“投资促进体制”和“投资促进机构”并非“换汤不换药”，投资促进机构等部门在职能范围内所实施的投资促进行为以及条例所规定的投资促进制度，同样适用于本地投资者。

第三，在投资促进措施方面，针对调研中发现的招商规划引领不足的问题，建议立法中设立投资促进规划条款，由市、县（自治县）人民政府投资促进机构根据本市、县（自治县）经济社会发展规划、国土空间规划和产业发展规划，制定投资促进规划和专项计划，报本级人民政府批准后实施。在此基础上，通过立法明确重点产业指导目录制度、产业重点项目投资促进制度。其中，在产业重点项目投资促进制度中，应充分发挥政府引导基金的作用。政府引导基金的产生和发展是政府职能转变的一项重要进步,[①]科学的政府引导基金制度可以发挥社会资本的引导作用，使得财政资金通过杠杆作用撬动更多的社会资本参与投资，激发投资者在重庆市的投资活力。在重点产业指导目录制度中，虽然政府提供了财政资金支持，但鉴于产业重点项目目录是面向不特定投资者开放，符合政府所设置的目录门槛的投资者均可申请加入目录，故该制度并未背离公平竞争审查制度。

第四，在投资促进服务方面，应通过立法把投资政务服务纳入重庆市政

① 韩平、罗钢青：《政府引导基金的现实问题》，《中国金融》2018 年第 5 期，第 63 页。

务服务系统统一规范，设置好差评制度并将其作为改进投资政务服务工作的法定依据，发挥政府服务对投资工作的保障作用。同时，应设置投资审批服务条款，目的是提高投资审批效率，帮助投资项目在合法合规的情况下尽快落地，这也是为了呼应营造精简程序、提高行政效率的优化营商环境之举措。另外，立法还可设置社会服务条款，鼓励、发动社会力量为重庆市投资创造更好的环境，以吸引投资者。多方主体共同为投资者服务，打造重庆市友好型投资环境。

第五，在监督检查方面，设置目标考核激励条款仍有必要，但所设置的考核指标应当更加科学与多元化，不能简单地以项目数量、正式合同额、到位资金率等指标进行考察。另外，针对调研中发现的容错激励不足的问题，可考虑通过建立投资促进工作容错机制，在不违反法律法规且投资促进工作程序合规、尽职履责的情况下，对投资促进工作中的失误或者错误，依规启动容错认定程序。鼓励投资促进决策者在法律限度内大胆、自主地吸引投资、服务投资者，更高效地做好工作。

B.8

地方立法后评估的方法论研究*

——基于《巴中市城市饮用水水源保护条例》立法后评估的理论和实证分析

梁西圣　冯子轩　杨　刚**

摘　要：立法实施后评估既是《立法法》新增的制度设计，也是新时代提高立法质量的题中之义，尤其伴随设区市获得立法权后，如何进行立法后评估变成了重大的理论和实践议题。立法后评估的方法论往往关涉立法路径以及路径指导下的具体方法,也即立法后评估价值判断或事实判断路径的选择，从根本上决定着评估方法的权衡运用；然单一的路径选择都无法从根本上解决立法后评估问题，涵摄理论分析和实证分析相统一的综合立法后评估便成了应有的路径选择，重构从合法性评估、合理性评估、规范性（技术性）评估、可操作性评

---

* 本文系省级课题2021年重庆市教育委员会人文社会科学研究基地重点项目（项目编号：21SKJD029）“多元化价值时代法学教师教学与研究中的中国话语体系建构”（依托基地名称：重庆市地方立法研究协同创新中心）、重庆市地方立法研究协同创新中心2020年地方立法研究规划项目“地方法治建设评估理论、方法与指标体系研究”（项目编号：DFLF2020Y11）与司法部国家法治与法学理论研究一般项目“人工智能时代环境风险规制的行政程序再造”（项目编号：19SFB2017）的阶段性成果。本文评估对象《巴中市城市饮用水水源保护条例》为当地人大2016年制定版本，该条例已于2020年修正，本文形成的评估结论也是该条例修正时的主要参考依据，特此说明。

** 梁西圣，西南政法大学行政法学院法学理论博士，西南政法大学地方立法研究院研究员，硕士生导师，研究方向为法律方法论、立法学、地方法治；冯子轩，法学博士，中国社会科学院法学研究所博士后研究人员，西南政法大学人工智能法学院副教授，研究方向为立法学、行政法学等；杨刚，巴中市人大常委会法制工作委员会主任。巴中市人大及王君豪、苟国金等同志以及硕士生罗忠宇、尹华秋莹对该文章提供了很大帮助，特在此表示感谢。

估到实效性评估的方法体系也便成为综合路径选择之下的应有之义。

关键词： 立法后评估 地方立法 评估方法

立法后评估是检验立法质量的重要方式，不仅对立法文本自身的质量进行检视，同时对立法文本的实施效果进行评估，能够对立法进行全方位的分析，有利于推进地方性法规的立、改、废。但选取什么样的地方立法评估模式对于开展有效的立法后评估往往起到至关重要的作用。

一 地方立法后评估的路径和方法建构

2015 年我国《立法法》修改，尤其伴随我国地方立法权的扩容，享有立法权的主体越来越多，立法数量也呈现逐年增加的趋势，地方立法的质量也就成了亟待解决的重大问题。“中国特色社会主义法理体系基本形成，我国立法迎来从数量型发展向质量型发展的转折，立法后评估成为提高立法质量不可或缺的重要手段。”[①] 虽然对立法后实施状况的调查研究或执法检查工作早在 1987 年全国人大常委会就开始了，但立法后评估的价值被认识到并成为一种共识是近些年才发生的事情。立法后评估最早起源于浙、滇、琼、沪等地的地方实践探索，但直到 2000 年全国人大常委会才将上述地方先行先试写进了工作报告，明确提出立法后评估。[②] 随后的 2015 年《立法法》修订才将这一做法制度化。

立法后评估对于我国建立完备的法律规范体系至关重要，在很大程度上

① 俞荣根：《立法后评估：法律体系形成后的一项重要工作》，《西南政法大学学报》2011 年第 13 期，第 3 页。

② 参见刘作翔、冉井富主编《立法后评估的理论与实践》，社会科学文献出版社，2013，第 26 页。

决定着良法善治能否真正地落地；同时，它对于立法的高效实施起到一个关键的监督导向作用。尤其在立法后评估成为一项法定的制度后，应该如何做好立法后评估，或者选取什么样的立法路径和方法变成了做好立法后评估的应有之义。在如何评估的问题上，往往呈现评估对象、评估目的、评估方法、评估意义等不同的视角和维度，有倾向于针对立法文本进行的研究，也有倾向于对立法文本的实施情况的研究；前者侧重于文本的价值分析，后者侧重于文本实施效率或效果的现状分析。对比国外立法后评估标准从效率中心主义到效率、价值、效果多维度转变的模式，我国的立法后评估标准不再单单是建立纯粹的学术指标，而应根据被评估的对象和评估目的、意义等方面的不同，科学衡量取舍、因时因事制宜地建立一个动态、开放、弹性的地方立法后评估指标体系，针对地方立法进行全面综合评估。①

在如何进行立法后评估的问题上，单纯的文本分析也罢，单独的立法实施评估也罢，都容易让立法后评估变得缺乏系统性和科学性。立法文本的理论分析，往往侧重价值判断，它不是有无的问题，而是好与坏的问题。主要是针对某制度展开立法后评估，往往涉及语词的表达问题以及相关内涵与外延的界定、文义模糊或歧义等。“价值判断问题的立法后评估，不存在有无、真假、对错之分……主要针对某某制度本身或相关表述用语的概念化展开立法后评估，涉及立法表述、立法用语等。”② 针对立法文本的这种理论上的价值分析往往包括某项立法涉及的制度本身、立法顶层设计上的谋篇布局、体例逻辑以及立法语言等问题；又或者从合法性角度审查某一部地方立法是否同上位法相违背、相冲突，这种冲突不仅包括立法原则、立法精神，亦涵摄地方立法具体的法条规定与上位法的冲突和越界。地方立法的评估针对的是已经形成的静态的文本，它往往包含合法性评估、合理性评估、规范性（技术性）评估、可操作性评估等多个维度和视角。然而，立法后评估如果仅仅停留在对立法文本的理论分析，只不过解决了静态法律文本的价值

① 姜述弢：《地方立法后评估制度的法治化及对策》，《学术交流》2016 年第 4 期，第 93 页。

② 郑文睿：《立法后评估的体系化思考：解构与重构》，《法律评估研究》2019 年第 8 期，第 135 页。

问题，却对静态法律文本的动态实施无法顾及，只有将立法的价值分析和针对法律文本实施的实证分析结合在一起，才能够建立起相对科学有效的综合性评估方法。

立法实施后评估关注立法文本在现实中的实施状况，它针对的是立法文本在贯彻落实层面的实证分析，是一种事实判断。它强调“在执法、司法等层面上所表现出来的法规实施情况来反观其立法质量和立法效果，从而作出尽量客观的评估”[①]。如果说针对文本的理论分析是一种主观上的价值判断，那么针对立法的实施后评估便是一种客观分析，它往往关涉立法后评估之积极实效和立法后评估之消极实效；同时，关注实施后取得的经济社会效益是否高于其制定和执行的成本。从而探究其实际运行的过程是否符合可操作性、规范性等标准，分析法律规范是否具有适用性、效率性、实效性，是否具备地方特色和保障人民满意，从而对需要废止、修改的法规作出准确的评估建议。[②] 因此，一个完整的立法后评估不仅包括静态文本上的理论分析和动态文本实施后的价值实证分析，还包括在以上两者基础上的针对立法状况的评估建议。

二　地方立法后评估的理论分析：文本分析

地方立法后评估的理论分析主要针对已经形成的静态的文本，它往往包括合法性评估、合理性评估、规范性（技术性）评估、可操作性评估等多个维度和视角。

（一）合法性评估

立法后评估的合法性评估不仅包括制定主体权限、立法程序以及关涉其

① 俞荣根、韩德云、雷平等：《评估：提高立法质量新途径》，《公民导刊》2005 年第 10 期，第 25 页。

② 黄维：《地方立法后评估标准问题研究》，《南都学坛》2019 年第 2 期，第 81 页。

中的制定主体的适格、制定程序规范、制定内容合法等方面，还包括地方立法与上位法是否相符合，是否存在同上位法相抵触的具体条款。

1. 地方立法是否符合立法权限和立法程序

以《巴中市城市饮用水水源保护条例》（以下简称《条例》）为例，该地方立法的制定主体适格，制定程序规范，制定内容合法，在条例的制定权限与立法程序上符合《中华人民共和国立法法》《中华人民共和国地方各级人民代表大会和地方各级人民政府组织法》等法律法规的相关规定。依据《中华人民共和国立法法》第 72 条第 2 款规定，设区市的人大及其常委会可以根据地方实际，在不同上位法相冲突和抵触的前提下，针对城乡建设与管理、环境保护、历史文化保护等领域制定地方性法规。城市饮用水水源保护属于“环境保护”的事项，巴中市人大及其常委会作为设区的市人民代表大会及常务委员会，可以根据巴中市的具体情况和实际需要，制定地方性法规。

根据巴中市人大常委会 2016 年的立法计划，市人民政府成立了起草小组，经过广泛调研、征求意见、几易其稿，形成了《条例（草案一次审议稿）》，2016 年 4 月 26 日，巴中市三届人大常委会第四十次会议进行了一审。一审后，市人大法制委员会、常委会法工委将《条例（草案一次审议稿）》在巴中市人大网、巴中市人民政府网、《巴中日报》上进行了全文公布，同时根据常委会组成人员的修改意见，进行了深入调研，逐条逐款进行了修改完善，形成了《条例（草案二次审议稿）》。2016 年 8 月 22 日，市三届人大常委会第四十四次会议对《条例（草案二次审议稿）》进行了二审。二审后，为了更充分地听取各方面意见，市人大法制委员会、常委会法工委再次将《条例（草案二次审议稿）》公布在巴中市人大网站上，面向社会征集意见；同时向市级相关部门、县（区）人大常委会、西南政法大学地方立法研究院、部分立法顾问发函书面征求修改意见；赴市水务局、环保局等部门进行了立法调研，召开部门负责人、部分执法人员、化成水库管理机构负责人参加的立法论证会；赴省人大常委会法工委，面对面征询修改意见，得到省人大法制委、常委会法工委的有力指导，还研究和吸收了省高级人民法院、省人大农委、省环保厅、省交通运输厅、省农业厅、省水利厅、省卫计委等部门的一些修改意见。围绕常委会组成人员的审议意见，分析各方面的意见和建议，对《条例（草案二次审议稿）》进行了认真修改。2016年10月12日，市人大法制委员会召开全体会议，对《条例（草案二次审议稿）》进行了统一审议，形成了《条例（草案三次审议稿）》。2016年10月25日上午，市三届人大常委会第四十六次会议对《条例（草案三次审议稿）》进行了分组审议，常委会组成人员普遍认为，《条例》草案经过常委会会议的三次审议、修改，已经基本成熟。当日下午，法制委员会再次召开全体会议，根据常委会会议的三审意见对《条例（草案三次审议稿）》作了个别文字修改，形成了《条例（草案表决稿）》。最后，经巴中市三届人大常委会第四十六次会议第二次全体会议表决通过。

2. 地方立法与上位法是否相符合，是否存在同上位法相抵触的条款

从《巴中市城市饮用水水源保护条例》来看，该地方立法的制定主要依据《中华人民共和国立法法》《中华人民共和国地方各级人民代表大会和地方各级人民政府组织法》《中华人民共和国环境保护法》《中华人民共和国水污染防治法》《中华人民共和国水法》《中华人民共和国行政强制法》《四川省饮用水水源保护管理条例》等法律、法规，并参照《哈尔滨市磨盘山水库饮用水水源保护条例》、《海南省饮用水水源保护条例》、《汕头市生活饮用水源保护条例》以及《生活饮用水卫生标准》（GB5749－2006）、《生活饮用水水源水质标准》（CJ3020－93）、《地表水环境质量标准》（GB3838－2002）、《饮用水源保护区划分技术指引》（DB44/T749－2010）等行政规章和法规。

在关于地方立法是否可以制定严于国家的标准的问题上，应当同设定严于国家的标准区分开来。该《条例》第9条和第10条关于“城市饮用水水源保护区划定”的标准严于国家和四川省标准并不构成对上位法的抵触。根据《中华人民共和国水污染防治法》第14条中“对国家水污染物排放标准中已作规定的项目，可以制定严于国家水污染物排放标准的地方水污染物排放标准”等相关规定，地方立法完全可以制定严于国家的标准，这种地

方标准并不归于“地方立法对于上位法的抵触”。同时，《条例》第10条第2款也规定“城市饮用水水源保护区按照防护要求，根据实际保护需要，可以采取严于国家饮用水水源保护区划分技术规范标准划分为一级保护区、二级保护区、准保护区”，其中“可以”的规定也为巴中市关于水源保护区划定的标准设定了灵活的空间。巴中市饮用水水源保护标准严于国家标准，本身有国家相关法律的具体规定；同时，这种严格的标准与地方立法设定严于国家的处罚不一样，设定严于国家的处罚，相当于超出了地方立法权限，是同上位法相违背的。

（二）合理性评估

一方面，地方立法的合理性关涉立法是否符合比例，比如“行政法规与行政规章是否符合公平与体现社会正义与理性、设定的自由裁量的幅度与范围是否恰当、行政手段与行政目的之间是否符合比例原则等”[①]。另一方面，立法还要考虑国家和地方实际，有助于政策落实和解决实际问题，而不是走向政策和地方问题的反面。

巴中市《条例》是一部充分体现绿色环保原则、充分具备合理性的地方性法规。党的十九大报告提出的现代化是不同于传统意义上的现代化，它强调的是人与自然和谐共生的现代化，人民不再满足于对物质财富的追求，而是在创造丰富物质财富的基础上追求精神财富的满足，尤其是满足人民对优质生态产品和绿水青山美好生活的向往。巴中市属于水资源短缺地区，全市三县二区城市饮用水主要来自河道取水，但受水资源短缺、工程性缺水、水污染和水生态环境退化等不利因素的影响，巴中城市饮用水水源保护面临严峻挑战，全市饮水安全存在严重隐患。因此，《条例》的出台正当其时，既顺应了新时代巴中市加快生态文明体制改革，建设美丽中国的现实需要，也契合国家坚决打好防治污染攻坚战，推动生态文明建设迈上新台阶的政策

① 胡峻：《行政立法后评估与行政立法责任的归结》，《甘肃政法学院学报》2009年第5期，第32页。

号召；同时，对改善巴中市的城市饮用水水源现状发挥了重大作用，具有非凡的前瞻性。而巴中市人大对市和区县部门、街道乡镇和城乡居民等主体的调查问卷统计结果表明，《条例》立法具备充分合理性，获得了行政主体和行政相对人共同的坚决拥护和支持。

例如饮用水水源保护区制度。《条例》在遵循上位法《中华人民共和国水污染防治法》及《四川省饮用水水源保护管理条例》的相关规定，参考兄弟省市立法经验和国家及地方标准的基础上，在第二章“城市饮用水水源保护区的划定和水质标准”中对饮用水水源保护区划定的原则、类型和概念，水质标准等作出了具体规定；在第三章“城市饮用水水源的保护”中对准保护区、二级保护区和一级保护区内的禁止事项，饮用水水源保护区排污口的整治，保护区的保护设施建设等作出了具体规定；在第五章“法律责任”中对破坏饮用水水源保护区保护设施，从事矿产勘查、开采污染饮用水水源，以及在饮用水水源保护区开设养殖场等行为设置了相应的法律责任。并且《条例》根据巴中市的实际情况，设置了河流和水库型饮用水水源保护区的二元结构划分标准，并强化了对水库型饮用水水源的保护力度，规定了水库功能调整条款和河库联网建设条款，明确了水库管理机构保护城市饮用水水源的职责。更为难能可贵的是，《条例》对河流型和水库型饮用水水源保护区的划定标准严于环保部印发的《饮用水水源保护区划分技术规范》（HJ338－2018）中的规定，这在全国范围内尚属罕见，彰显了巴中市为治理好城市饮用水水源所下的决心，也获得了行政人和行政相对人共同的坚决拥护。

国家相关法律及部门对建构饮用水水源保护的生态补偿机制作出相关规定。国务院办公厅在《关于健全生态保护补偿机制的意见》中明确提出“谁受益、谁补偿”原则，规定在集中式饮用水水源地全面开展生态保护补偿，适当提高补偿标准，国家发展改革委、财政部、生态环境部等接连下发文件，细化了生态保护补偿机制的内容，上位法《中华人民共和国水污染防治法》第 8 条也提出“国家通过财政转移支付等方式，建立健全对位于饮用水水源保护区区域和江河、湖泊、水库上游地区的水环境生态保护补偿机制”。巴中市虽然近年来脱贫攻坚工作取得重大成效，但经济建设还需要持续发力。为了支持贫困地区打好打赢污染防治和精准脱贫两个攻坚战，以生态环境保护助力脱贫攻坚，《条例》第22条对市、县级人民政府建立城市饮用水水源保护制度进行了详尽规定，强调水源保护区给公民、法人造成损失的应给予补偿，跨区县的水源保护区，应当由受益的区县依法给予补偿。同时，《条例》第25条又规定，市、县级人民政府作为城市饮用水水源保护的责任主体，应当履行监管职责、建立和落实饮用水水源生态保护补偿机制，并将生态补偿资金纳入政府年度财政预算。根据巴中市人大对南江县、通江县等三县二区调查问卷的统计结果，作为城市饮用水水源保护的执行一线，基层为巴中市城市饮用水水源保护事业都作出了一定的牺牲，因而也呼吁建立长效的水源保护补偿机制。因此，《条例》设置水源保护专项资金和水源保护补偿机制对饮用水水源生态保护工作大有裨益，具备充分的立法合理性。

（三）规范性（技术性）评估

地方立法的规范性（技术性）往往从立法技术的角度评估立法文本的质量，尤其侧重立法语言、立法概念、立法逻辑等评估基本因素，强调立法文本“结构和逻辑关系是否合理、规范；评价立法语言表达是否准确、简练、易懂；名称使用是否规范”①。从立法规范性来看，《条例》涉及的概念准确、条理清晰、文字简明、语言规范，基本条款完善，适用范围全面，立法体例科学。《条例》对立法目的、立法依据、立法原则、适用范围、主管部门、相关制度、处罚规则和实施日期等均作出了明确的规定，基本上能够涵盖巴中市城市饮用水水源保护和保障过程中涉及的各个方面，满足相关行政主体的工作职权需求。

但是限于立法时主客观条件的限制，《条例》在立法技术上也存在一定

① 任尔昕、王铖：《浅议地方立法质量跟踪评估标准之构建》，《人大研究》2011年第6期，第35页。

的不足，具体包括如下方面。

一是《条例》中某些条文的表述不符合立法规范性的要求。例如第18条第九项“使用炸药、毒药、电具等捕杀各种水生动物”，“炸药”“毒药”两词的表述模糊，内涵难以界定，不符合立法规范性的要求，也给实际执行造成了不必要的困难。建议按照《刑法》的相关表述，将“炸药”修改为“爆炸物”，将“毒药”修改为“危险物质”，以期增强文本表述的规范性，减少实际执行的争议。又如第20条“在城市饮用水水源一级保护区内，除本条例第十八条、第十九条禁止的行为外，还禁止下列行为：（一）新建、改建、扩建与供水设施和保护水源无关的建设项目；（二）与保护水源无关的船舶停靠、装卸；（三）使用农药和化肥；（四）清洗车辆、机械；（五）爆破、焚烧垃圾、洗涤、放养禽畜；（六）旅游、游泳、垂钓或者从事其他可能污染饮用水水体的行为；（七）法律、法规规定的其他可能污染饮用水水源的行为”，该条列举项目和表述过于重复啰嗦，且项目之间无逻辑性，例如第四项中的清洗车辆、机械与第五项中的洗涤意思重复，第五项中各行为之间并无逻辑性，第六项和第七项可直接合并为“法律、法规规定的或者其行为可能污染饮用水水源的其他行为”。建议有关部门在对基层执法实践进行调研后，对该条进行相应修改，提升文本的逻辑规范性。

二是《条例》中某些词语的应用不符合立法规范性的要求。例如检索《条例》全文，《条例》共有13处使用了“加强”的表述。又如第35条第五项“（五）做好水源保护法律、法规的宣传教育”，按照立法技术规范，法律条文包括规范性条文和技术性条文，一个完整的规范性条文包括假定条件、行为模式和法律后果；但对于技术性条文来说，不直接呈现法规规范，而是规定诸如法律术语概念的界定、规范公布机关和法律生效实效时间等法律技术层面的内容；立法应当用简明、规范和准确的文字来进行表述，不管是规范性条文还是技术性条文，“加强”或者“做好”等词语于立法文本背景下并无任何实质性意义。按照文义解释，“加强”一词的定义是“增强，使事物变得更强和更有效”，而“做好”一词则是指“很好地完成某项任务”，两词并无设定法律规范或者法律技术之意，只是表达在原有基础之上加深程度，使其变得更强和更有效，或者表达穷尽一切力量完成某项任务。因此，“加强”“做好”等词语更适合于行政文件、工作报告等文本，不适合于严谨的立法表述，建议对《条例》中的相关条文进行修订。

三是由于近年来国家和地方层面均开展了机构改革，一些行政机关的名称和职责职权划分已经发生了重大变化，例如“环境保护主管部门”已经变更为“生态环境主管部门”，“农业主管部门”已经变更为“农业农村主管部门”，“卫生计生主管部门”已经变更为“卫生健康主管部门”等。由于《条例》制定于机构改革之前，《条例》中有关行政机关监督管理的条文对某些行政机关的名称表述和职权职责划分已经与实际不符，不符合立法规范性的要求。

（四）可操作性评估

地方立法的可操作性强调立法是否切合某地以及相关工作的实际、内容是否具体明确、条文和具体规定是否具有可操作性、法律责任设定是否恰当或畸轻畸重，尤其是在权利与义务、权力与职责的设定上是否恰当，从而让各方都愿意遵守和服从。

《巴中市城市饮用水水源保护条例》总体规定切合实际，内容具体明确，可操作性强（见图1）。《条例》实施后，巴中市城市饮用水水源保护工作成效明显，水质明显提升，居民水源保护意识明显提高。

在相关主体的职权与职责、权力与责任的划分上，做到了相对合理。《条例》主要在第四章“监督管理”中划分各自权限，明确主体责任，第25条规定了市、县级人民政府是城市饮用水水源保护的责任主体，对本行政区域内的城市饮用水水源的水质和水量负责，第26条至第38条分别明确了环境保护主管部门、水行政主管部门、农业主管部门、住房城乡建设主管部门、卫生计生主管部门、规划主管部门、林业主管部门、公安部门、交通运输部门、乡（镇）人民政府、街道办事处、村（居）民委员会，以及城市饮用水水源水库的管理机构、供水企业等主体的职权与职责。《条例》为各相关主体设置的职权划分条款科学合理，可操作性强。

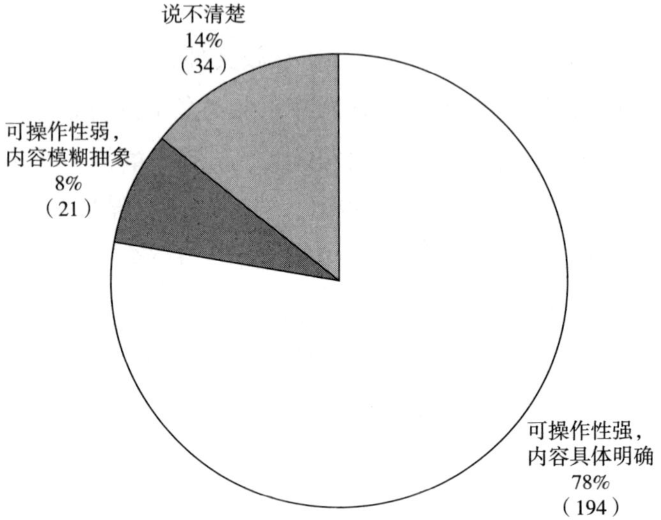

图 1　执法人员对可操作性的反馈意见

但在具体的执法场景下，《条例》的某些条款也存在难以操作的情形，例如《条例》第 18 条第七项规定，在城市饮用水水源准保护区内，禁止通行装载剧毒化学品或者危险废物的船舶、车辆。装载其他危险品的船舶、车辆确需驶入饮用水水源保护区内的，应当在驶入该区域的 24 小时前向当地海事管理机构或者公安机关交通管理部门报告，配备防止污染物散落、溢流、渗漏的设施设备，指定专人保障危险品运输安全。但在具体执行中，由于车辆流动性大，巴中市内各城市饮用水水源准保护区又分布密集，公安部门和交通运输部门难以做到对道路上的所有大型车辆实行 24 小时全天候监管，进而难以依据本条禁止装载危化物品的车辆通行或责令其提前报告。又如第 20 条第一项和第三项，在城市饮用水水源一级保护区内，除本条例第 18 条、第 19 条禁止的行为外，还禁止新建、改建、扩建与供水设施和保护水源无关的建设项目，禁止使用农药和化肥。基层执法部门反映，难以对改建设施行为和使用化肥行为进行监管。因此，建议相关行政执法部门继续加强执法力度，提升执法能力，同时建议立法部门对授权性条款进一步评估，将实践中难以操作的条款进行细化、删改或模糊化处理，提升条款的可操作性。

在城市饮用水水源保护区的划定和水质标准上，《条例》进行了明确规定。《条例》在第二章“城市饮用水水源保护区的划定和水质标准”中对饮用水水源保护区划定的原则、类型和概念，水质标准等作出了具体规定。《条例》第10条规定了河流型城市饮用水水源保护区的划定标准；第11条规定了水库型城市饮用水水源保护区的划定标准；第13条规定了地表水城市饮用水水源一级保护区内的水质标准。根据从巴中市级部门执法人员回收的249份调查问卷，239位受调查执法人员认为《条例》制定的严于国家和省的水源保护标准和城市饮用水水源生态补偿机制得到有效落实，认同率高达96%（见图2）。

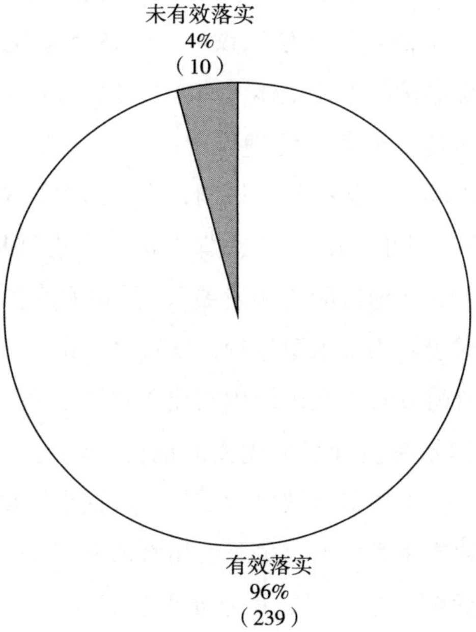

图2　执法人员对条例落实情况的反馈

但在实际执行中，有执法部门反映由于巴中市各地地形地貌和生态环境存在区别，以及污染源可能会随水流转移，扩散速度快、范围广，若机械地按照《条例》中划定的统一标准执行，反而不利于实际保护城市饮用水水源。因此，建议由相关行政主管部门按照巴中市地形地貌和生态环境的客观情况，因地制宜制定相应的实施细则，以期增强《条例》的可操作性。

在生态保护与民生发展以及权力与权利关系的协调上，《条例》建立了饮用水水源保护专项资金和饮用水水源保护生态补偿机制。如前所述，实施生态保护补偿机制是调动各方面积极性、保护好生态环境的重要手段，是生态文明体制改革和生态文明制度建设的重要内容。《条例》第 22 条规定“市、县级人民政府应当设置城市饮用水水源保护专项资金，用于城市饮用水水源保护设施的建设、维护和污染源治理，保障沿河、沿库乡镇污水处理厂（设施）的日常运行费用。因划定或者调整饮用水水源保护区，对保护区内的公民、法人或者其他组织造成财产损失的，市、县级人民政府应当依法予以补偿。跨县域划定城市饮用水水源保护区的，相关受益和保护区的县级人民政府之间应当协商签订补偿协议”。第 25 条规定“市、县级人民政府是城市饮用水水源保护的责任主体，对本行政区域内的城市饮用水水源的水质和水量负责，履行下列监督管理职责：……（五）市人民政府应当建立健全全市饮用水水源生态保护补偿机制，多渠道筹集资金，将生态补偿资金列入年度财政预算，保护和改善水源保护区的生态环境，保障水源水质，促进水源保护地区和其他地区的协调发展”。但在实际执行中，两项制度的可操作性均较弱。对于饮用水水源保护专项资金，由于近期更大规模减税降费政策的落地，政府财政收入在短期内将受到影响，而“保工资、保运转、保基本民生”等工作始终被置于更优先的地位。因此，财政部门普遍反映一方面饮用水水源保护工作资金缺口大，另一方面设置城市饮用水水源保护专项资金并做到专款专用难度大。关于饮用水水源保护生态补偿机制，《条例》中的表述过于模糊，也未对饮用水水源保护生态补偿机制的具体内容进行释明，例如生态补偿的原则、补偿主体、补偿对象、补偿资金来源、补偿方式、补偿标准、补偿项目审计和资金使用监管等方面都未得到有效回应，进而造成谁来补、补给谁、补什么、怎么补等基本问题还未有具体执行办法，导致制度难以落地。建议巴中市积极协调相关地区加大重点生态功能区转移支付力度，扩大流域上下游横向生态补偿试点，落实生态补偿资金向上游贫困地区倾斜，并加强对外宣传推广。在经过充分协调和调研后，建议在《条例》中明确责任机关的职权和职责，增加配套措施规定，强化投入保障规定。

在法律责任的设定上，《条例》明确区分不同主体及不同情况下的相应责任，但同时也存在地方立法中常见的仅靠罚款的行政管理式思维。《条例》在第五章中明确了行政主体和行政相对人各自的法律责任，基本涵盖了城市饮用水水源保护工作的各个方面。但由于环境污染风险波及范围广泛，损害修复成本高，且与广大人民群众的生命财产安全切身相关，仅依靠罚款、没收违法所得、吊销许可证等行政处罚手段难以填补客观损失，待风险行为实际发生后再进行处罚，也容易导致社会重大风险产生。因此，建议《条例》考虑设置事前预防的行政手段，例如建立黑白名单和信用体系，应用惩罚阶梯理论，将一些累犯、惯犯、恶性犯列入黑名单，提高监管频率和加大处罚力度，限制行为能力和种类，并通过媒体曝光，利用社会声誉机制实施惩戒。

三　地方立法后评估的实证分析：实效性评估

地方立法后评估作为一种针对实施状况的实证分析，侧重于立法的实效性评估，它往往关涉立法后评估之积极实效和立法后评估之消极实效；同时，关注实施后取得的经济社会效益是否高于其制定和执行的成本。

（一）立法后评估之积极实效

地方立法评估的积极实效强调地方立法给地方相关工作和问题带来的积极改变，尤其是立法前后的向上的巨大改变，充分发挥了法律的正功能，而不是负功能，从而起到对法治和地方治理的助推作用。以《巴中市城市饮用水水源保护条例》为例，《条例》实现了预期立法目的，巴中民众的保护饮用水水源意识和环保意识比以前有普遍提高；行政机关权责设定明确，条例可操作性强，对饮用水水源保护起到了积极的作用。

保护区划定并在规范化建设上取得巨大成就，饮用水水源的排污整治有效开展，供水能力显著增强。根据水源保护工作需要不断建设、修固水源，水量调控能力得到不断增强。水源水质明显改善，到目前为止，全市饮用水水源水质恶化趋势得到遏制，水源水质均符合国家饮用水标准；水质监测稳定达标。根据《条例》立法后评估要求，市人大常委会法工委于 2019 年 6 月 5～13 日组织 5 个县区和 13 个市级部门进行调查问卷，共发放问卷 4190 份，收回 3359 份，收回率为 80.2%。调查中普遍认为《条例》可操作性强，能够切实解决实际问题；内容具体明确；对《条例》的宣传力较强，宣传手段形式多样；制定的严于国家和省的水源保护标准是合理的，也得到有效落实；条例规定的饮用水水源保护制度是科学合理的；民众的保护饮用水水源意识和环保意识比以前有普遍提高。（见图 3）

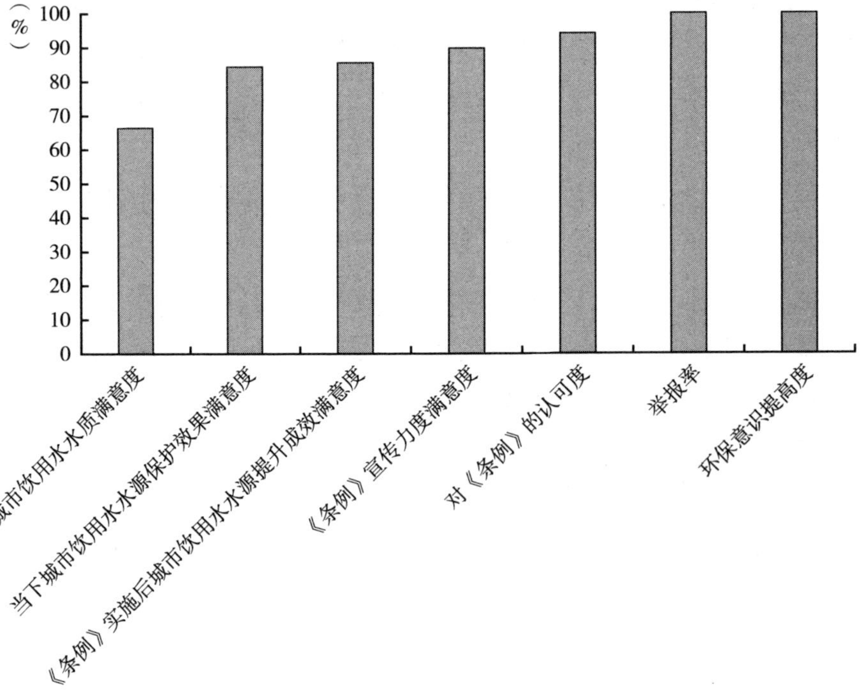

图 3　《巴中市城市饮用水水源保护条例》市民满意度问卷调查结果

城市饮用水水源保护效果以及《条例》颁布实施前后的变化和居民及执法人员的认可度等都体现该地方立法起到了积极的作用，尤其居民的环保意识得以提升。在执法问题上，条例内容具体明确，也具有很强的可操作性；同时，基于地方的标准严于国家和省的水源保护标准，绝大多数倾向于建立城市饮用水水源生态补偿机制。（见图4）

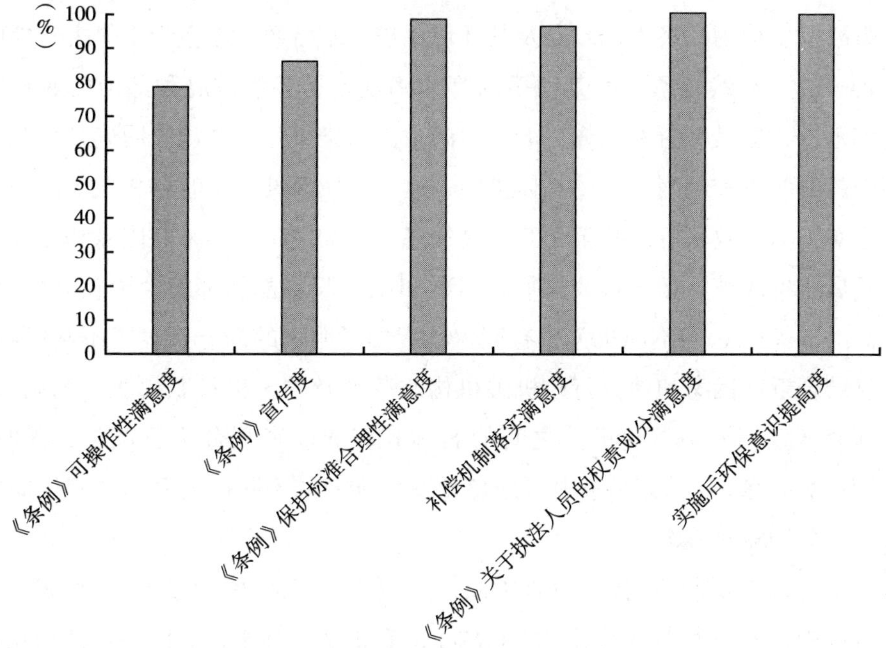

图4　《巴中市城市饮用水水源保护条例》执法人员问卷调查结果

（二）立法后评估之消极实效及对策建议

地方立法评估的消极实效强调立法中存在的诸如权力与职责的划定不清晰、执法能力建设不足、应当构建但尚未建立的制度等多个方面。尤其在立法实施过程中发现的地方立法存在的问题，没能完全发挥立法的正功能，甚至发挥了立法的负功能或破坏功能，需要地方立法去修改和完善。以《巴中市城市饮用水水源保护条例》为例，它也存在诸如机关权力与职责的划分不明晰、尚未构建执法协调机制等问题，具体体现在以下五个方面。

第一，《条例》对各级机关职责权限划分不够清晰，存在职责权限不明带来的执法过程中相互推诿的可能。以《条例》第38条第2款为例，“发生或者可能发生水源污染事故的，所在地乡（镇）人民政府和企业事业单位应当立即启动应急预案，采取控制或者切断污染源等有效应急措施，同时向事故发生地的县级人民政府及其环境保护、水行政、卫生计生等主管部门报告……”虽然《条例》其他条款都明确规定了各级政府和部门的职权职责和范围，但是针对发生或可能发生的水源污染事件，并没有明确各相关职能部门的职责和应当采取的具体措施，这为突发事件发生时各相关部门埋下了应对不力、效率不高甚至相互推诿的隐患。加之，近年来在国家和地方层面开展机构改革，相关行政机关的名称和职权职责范围都发生了较大变化，从而对《条例》中不同机关原有职权职责相对明晰的划分产生了不利影响。建议结合近期国家和地方行政机关机构改革涉及的名称和职权职责的调整，重新对《条例》中不同机关之间的名称和职权职责划分进行调整，同时，特别针对《条例》第38条中“应急预案”涉及的不同机关之间的职权职责进行划分和相对确定。

第二，《条例》在执法过程中尚未形成跨部门的协调机制。《条例》执行过程中，难免发生不同机关之间的矛盾和推诿，甚至针对同一事件相互间的合作、配合和联动不足。虽然在具体的执法过程中，行政机关往往以行政办公会或联席会议等专题会议的方式进行协调和统筹，但这种专题会议往往停留在一事一议或以纯粹临时性行政命令的方式推动，而不是以立法和法治的方式进行推动。建议针对不同机关和部门之间就同一事件或不同事件可能发生的冲突、推诿或需要的联动，从立法层面形成跨部门的协调和联动机制，以法治的方式推动巴中市城市饮用水水源地保护。

第三，水源地相关管理部门无执法权限带来的执法无力问题。《条例》对水源地一些管理部门没有授予执法权，只涉及管理职责，从而造成它们在面对破坏水源的行为人时，往往以言辞劝阻的方式进行保护工作，这种无执法权带来的执法尴尬境地问题，给巴中市城市饮用水水源地保护带来了不便。建议可以依据相关法律规定以委托方式赋予这类管理部门一定的执法权限，但要进行严格限定；另外，《条例》在对不同行政机关和部门的职权职责进行重新划分和调整的同时，可以充分发挥森林警察的作用。在我国，森林警察是在国家林业部门和公安机关的领导和指挥下，依法执行国家森林保护法规、依法查处破坏森林和野生动植物资源案件、保障生态安全、维护林区治安稳定的人民警察，大部分森林公安机关只负责本辖区内的涉林行政、治安和刑事案件和当地公安局授权的其他案件，是一支以森林防火灭火、保护森林（草原）资源为中心任务的专业队伍。可以在《条例》修订的时候，充分发挥森林警察在巴中市城市饮用水水源地保护上的积极作用。

第四，《条例》第 37 条在涉及如何排查污染源的问题上，主要监控大企业对饮用水水源地的污染，对小企业的污染源未能实现有效监控。在实际中，大企业必然是造成巴中市城市饮用水水源地污染的重中之重，理应成为全面排查和监控的对象；但在执法过程中，也存在小企业带来的污染比较严重的问题，小企业更加不愿意达标排放，往往采取得过且过、急功近利的方式，对水源地造成的污染和不利影响并不会比大企业轻太多。建议在《条例》进行修订时，将大企业对水源地的污染作为重要排查和监督的对象，同时也不能将小企业对水源地的污染变成空白地带，应当实现对大中小企业的无死角排查和监督。

第五，《条例》第 10 条关于保护区划定是否存在横向和纵向划分保护区，是否存在影响水源保护的情况。《条例》现有对保护区范围的划定标准，是按照取水口下游或沿河流上溯多少米或按照河流两岸分水岭范围内的陆域情况进行划分，这往往是基于水自身的净化能力，特别是遭受污染的水在历经一定范围稀释后进入保护区后的考量。但在实际中，有可能在保护区范围之外的上游支流，因地形和分流条件不够而造成对饮用水水源地的不利影响，但由于在保护区范围之外而无法进行有效的保护。建议《条例》修订时，对保护区划分标准，除了考量取水口下游或沿河流上溯范围或河流两岸分水岭范围内的陆域这一标准，也能针对巴中实际将特殊情况下可能对水源地带来的污染考虑在内。

（三）实施后取得的经济社会效益是否高于地方立法制定执行的成本

地方立法的实施评估除了考察其积极实效和消极实效之外，还要考察地方立法的成本与收益的问题，尤其是立法实施后取得的经济社会效益与制定、执行的成本。我们很难想象存在一部虽然能够取得较好经济和社会效益，但制定和执行的成本是巨大的地方立法；如果存在这样的地方立法，这样的立法很难长久，它可能既不符合地方实际，也超越了地方发展的阶段，需要慎重全盘考虑。以《巴中市城市饮用水水源保护条例》为例，它也存在执法成本大、制度成本高的问题，尤其要考虑经济发展与水资源保护的平衡问题。具体体现在以下两个方面。

第一，《条例》第三章“城市饮用水水源的保护”，虽然针对不同的保护区采取了相应整改措施，并在实际执法过程中严格执法，但往往在执法过程中增加了执法阻力，带来一些不好的执法效果。诸如在人流量大、人口集中、生活垃圾堆放集中地等采取强制拆迁，由于涉及群众传统的聚居地和生活区，仅仅是拆迁成本、新居安置、拆迁补偿等方面就是很大的一笔经费。一方面，增加了各级政府的财政负担；另一方面，给执法带来了阻力，不利于党群、干群关系。有些保护区内禁止农民使用农药化肥，禁止养猪养鸡，由此带来执法成本加大、执法阻力加大等问题都是《条例》修订时需要调整的。针对可能对水源地造成污染的企业往往一律关停，既加大了执法难度，更对当地经济社会的发展产生或多或少的负面影响，诸如《条例》第18条第6款中，关于“严重影响”如何界定的问题，在现实执法中往往造成行政部门采取一刀切的方式，直接禁止矿产勘察和勘探。建议在《条例》的修订和完善过程中，依据《中华人民共和国水污染防治法》等相关法律规定，诸如《中华人民共和国水污染防治法》第三章“水污染防治的监督管理”中一些条款的相关规定，对必不可少的农业、工业等进行相应的限制，比如采取达标排放、采用排污技术等，在当地经济社会发展和巴中市城市饮用水水源地保护之间寻找某种平衡机制，实现在“保护中发展，发展中保护”的良性循环。

第二，《条例》虽然涉及生态补偿，但尚未形成有效的、制度化的、可操作的长效补偿机制，以便在社会效益与执法成本之间、水资源保护与经济发展之间实现一种新的平衡。巴中市本身属于贫困地区和革命老区，严格执行《条例》确实体现出老区人的政治魄力和勇气，但是也在实际中加重了各级政府的财政负担，进而影响了保护区群众的眼前利益。建议建立一套饮用水水源生态保护补偿机制，从与群众利益直接相关的饮用水水源地保护入手，给予居民直接生态补偿，保障原有的生活水平不降低。科学界定饮用水水源地保护者与受益者的权利义务，综合考虑水源地生态保护成本、发展机会成本以及生态服务价值，采取财政转移支付、市场交易等方式，让受益者支付相应费用、保护者获得合理补偿，并通过立法进一步明确生态补偿的原则、补偿主体、补偿对象、补偿资金来源、补偿方式、补偿标准、补偿项目审计和资金使用监管等内容，解决谁来补、补给谁、补什么、怎么补等问题。

四 结语

地方立法后评估对于提高地方立法质量具有重大的意义，应构建一套既有针对静态立法文本的理论分析，又有针对动态文本实施的实证分析，包括合法性评估、合理性评估、规范性（技术性）评估、可操作性评估及实效性评估的综合性评估方法体系。对于地方立法来说，选择特定的第三方机构参与地方立法构成有效地方自治的一个重要方面；同时，针对地方立法本身进行的立法后评估，更能对其进行全身体检，有效实现对地方立法的检视作用。以《巴中市城市饮用水水源保护条例》为例，它既是一部体现地方特色的有水平的地方立法，又借助地方立法很好地实现了预期立法目的，改善了巴中市城市饮用水质量，对饮用水水源地保护起到了积极的作用。

B.9
省级市容和环境卫生地方立法特色质量评估*

赵心语**

摘　要： 地方特色是地方立法的灵魂，也是其价值之所在，城市容貌与环境卫生最能体现地方特色，因此本文在优化现有地方性法规立法特色质量评估指标体系的基础上对17部省级市容和环境卫生管理条例进行了地方立法特色质量评估。通过评估发现，众法规地方立法特色质量评估得分均较低，反映了省级市容和环境卫生立法趋于保守、缺乏地方特色的弊端，从而造成省级市容和环境卫生立法质量偏低。因此，省级市容和环境卫生立法应当更加注重增加创制性规定，增强法规的可操作性，降低法规的重复率，以提升立法质量，实现立法决策的科学与规范。

关键词： 市容和环境卫生　地方立法特色　立法质量　立法评估

1992年中共十二大提出“从当前实际出发，要大力推进社会主义物质文明和精神文明的建设”。在此基础上，党的十二届六中全会提出“经济体制改革、政治体制改革、精神文明建设，以经济建设为中心，构成了三位一体的总体布局”。中共十七大时加入了“社会建设”，中共十八大时加入了

---

* 本文为重庆市地方立法研究协同创新中心2020年度地方立法研究资助成果。

** 赵心语，重庆市地方立法研究协同创新中心、西南政法大学立法科学研究院研究人员，研究方向为法学理论、立法学。

"生态文明建设"，从而形成了五位一体的总体布局。中共十九大提出"建设美丽中国，为人民创造良好生产生活环境，为全球生态安全作出贡献"，"把人民对美好生活的向往作为奋斗目标"。从"两手都要抓"到"五位一体"，再到"建设美丽中国"、"满足人民日益增长的对美好生活的期望"，打造绿色宜居的生态环境逐渐凸显出其重要性，而市容和环境卫生是绿色宜居生态环境的主要载体。正是基于对加强精神文明和物质文明建设、创造优美的城市工作生活环境的慎重考量，国务院于1992年出台了《城市市容和环境卫生管理条例》，并于2017年对其进行修订。为了贯彻落实中央立法，各省、自治区、直辖市纷纷开展市容环卫立法工作。2015年《立法法》修订后，设区的市也加快了市容环卫法规的制定步伐，中央法规、省级地方性法规与市级地方性法规在宏观、中观和微观三个层面共同规制市容和环境卫生问题，体现了我国一元多层立法体制的优越性。但随着城市化进程的快速推进，大量人口涌入城市，人民日益增长的对居住工作环境的需求与城市环境承载量之间的矛盾日益加剧，城市环境脏乱差、公共设施破旧、违规摆设摊位等现象比比皆是。造成上述现状的原因众多，其中最主要的原因在于省级地方性法规缺乏地方性特色，未能发挥其应有的积极功效，未实现地方性法规的根本立法目的。除此之外，地方特色是地方立法的灵魂，是评价一部地方性法规立法质量的关键性因素。而在三个层级的法规中，省级市容和环境卫生管理条例的制定时间普遍较早且修订不及时，故而难免出现立法技术不高、欠缺地方特色的弊端，难以应对剧烈社会环境变化引发的系列问题。因此有必要构建省级市容环卫地方性法规地方特色的评估体系、设立评估标准，并对我国现有的17部省级市容和环境卫生管理条例①进行地方特色质量评估，并探析提高地方立法特色的有效途径。

① 目前，全国34个省级行政区域（含港、澳、台）中，有17个省级行政区域已经制定了市容环卫条例，还有8个省和自治区未将市容和环境卫生制定为一部条例，而是就市容和环境卫生分别制定了城市容貌管理条例和环境卫生保护条例。10个省、自治区、直辖市政府制定了市容环卫政府规章，由此可见，几乎所有省、自治区、直辖市都具备法规规章调整市容环卫问题。

一　市容和环境卫生地方立法特色质量评估标准

对立法进行文本质量评估的方式是设置一级指标和二级指标，确定各指标占据的分值和打分的标准，将文本与各项标准对比并打分，以得分判断文本质量的优劣。评估指标的设置并不固定，学界在指标的设置上也没有统一的观点，但毋庸置疑的是地方特色是评估指标中的关键一项。在设定地方特色评估指标时，地方特色即一级指标，还应当设置相应的二级指标以及打分的辅助标准。将各项判断指标量化是否会涉及大量的主观判断？是否会造成判断者将现实简化为既定模式从而影响判断的合理性和准确性？因此，在探讨市容环卫法规地方立法特色评估指标体系如何构建以及应采取何种打分标准之前，有必要对立法文本质量评估量化的合理性与可能性进行论证。

（一）立法文本评估量化之可能性

立法文本评估选用何种方式是评估的难点之一，有学者指出“……测量对象的法治评估的客体属于模糊型的事物类型，该事物类型不同于可以直接以数字化、数值化予以定量的确定性事物类型……”① 正因如此，评估手段的科学与否在一定程度上影响评估结果的客观性和准确性。评估对象的选择并不必然导致评估结果丧失客观性，正如韦伯在《社会科学方法论》中指出，社会科学在研究对象的选择之初就与价值相关联，研究者自身的价值取向会不可避免地影响研究对象的选择，因此在实验的过程中就应当剔除价值的影响，区分价值的判断与研究结果之间的关系②。可以看出，在研究方法选择适当的前提下，研究结果具有客观准确的可能性。因此，只要做到合理设置标准、恪守打分原则，那么设立立法质量评估标准并依照标准为法规打分以判断优劣的做法就是可行的。更何况立法文本评估指标量化本身就具

① 黄辉：《法治评估的范畴：内涵、价值和类型》，《江西社会科学》2018 年第 4 期。

② 参考〔德〕马克斯·韦伯《社会科学方法论》，韩水法译，商务印书馆，2012，第 68 页。

有法律和法理上的双重依据。

1. 立法文本评估的法律依据

立法后评估制度的依据最早来源于2004年颁布的《全面推进依法行政实施纲要》，其中规定“规章、规范性文件施行后，制定机关、实施机关应当定期对其实施情况进行评估”。此后，各省、自治区、直辖市也纷纷制定立法评估规章，广东省与陕西省更是以法规的方式对立法后评估的对象、主体、评估方式等进行规范，并且肯定了量化分析作为评估手段的正当性①。2015年《中华人民共和国立法法》（下文简称《立法法》）修订时将立法后评估作为新增加的一项制度设计纳入其中②，但在第63条中仅规定可以对狭义法律进行评估，并未涵盖行政法规、规章、地方性法规与自治条例。立法后评估的对象包括需要修改的法律和与人民社会经济关系重大的法律，一般采用的评估方法有文本质量评估和实施效果评估，在实践中两种方法都有应用。由于法律规定社会中的普遍共性因素，与地方性法规相较法律的适用范围更广泛、制定与修改的程序也更为严格，应当具有更高的权威性和稳定性，在我国法律体系中处于更重要的位置。正是因为法律的制定与修改更需慎重，所以法律的评估也需要作为一项新的制度设计被添加至《立法法》中，这并非意味着地方性法规不需要立法后评估，而是可以借鉴法律的评估方法。

事实上，对地方性法规进行立法后评估更具有必要性。地方性法规的制定目的既在于保障法律、行政法规的执行，又在于满足处理地方性事务的需要。不论是对上位法的细化规定，还是创新性规定，地方性法规都与本行政区域的经济与社会问题联系更加紧密，更能体现地方特色，也更易出现与社会不相适应、无法恢复良好社会秩序的局面。不仅如此，地方性法规相较于

---

① 《陕西省地方立法评估工作规定》第7条：立法评估采用实地调研、座谈会、论证会、统计调查、实证分析、文献研究等多种方法进行，重视社会舆论，充分反映社会公众的评价意见。

② 《立法法》第63条规定“全国人民代表大会有关的专门委员会、常务委员会工作机构可以组织对有关法律或者法律中有关规定进行立法后评估，评估情况应当向常务委员会报告”。

规章缺乏灵活性，法规的制定和修改需要遵循严格的程序性规定，而且修订法规需要耗费大量立法资源，在此情况下对地方性法规进行立法后评估，仅对评估结果不良的法规进行修订方为合理之举。因此《立法法》中虽然并未规定，但对地方性法规进行立法后分析更有利于形成和谐稳定的社会秩序，推动社会经济向前发展，发挥该行政区域的地方特色。

2. 立法文本评估的法理依据

定量分析是涵括“提出假设、运用客观方法测量、验证结论或修正结论”的一种研究方法，这是一种涵盖本体论、认识论及方法论的全新研究范式。此种研究范式在哲学上发端于孔德的“实证主义”思想，认为社会事实是确定的客观实在，能够通过测量的方式被理解和认识，主张通过设定变量、建立常模等演绎的方式，运用数字化的形式对社会事实进行测量和研究[①]。边沁是定量思维的集大成者，他认为立法者的终极目的在于增加共同体整体的快乐并减少共同体整体的痛苦，如果一项立法违背了此目的便是应当被非难的，只有顺应此目的才是应当被赞同的。在这项原则的指引下，就需要重新判断立法后评估中价值作为一项指标的应占比重。从功利主义法学派的视角出发，自然法学派所宣扬的根据价值取向判断立法质量所遵循的是任性原理，边沁在《道德与立法原理导论》中说道：“有时候，你听到的不是自然法一语，而是理性法、真正理性、天然正义、天然公平、正常秩序……它们只是有气无力地坚持要被当作关于它们本身的实在标准看待，而且似乎满足于有时被认作表示有关问题符合适当标准，不管该标准可以是什么。”[②] 价值仅仅是判断者的厌恶和偏好，真正起到引领作用的是快乐和痛苦两位主公。在这样的概念框架下，探究快乐和痛苦的种类以及各种类快乐和痛苦的程度是非常必要的。边沁不仅罗列了影响快乐的因素，还赋予功利“计算”的算术形式，预示了一种探求主观现象量化尺度的不懈努力。

① 雷鑫洪：《方法论演进视野下的中国法律实证研究》，《法学研究》2017 年第 4 期。
② 边沁：《道德与立法原理导论》，时殷红译，商务印书馆，2016，第 122 页。

定量分析的手段在法律评估的过程中是不可或缺的。但是不论是设定变量还是以数字化的形式对社会事实进行测量和研究，尽管其在形式上显示出了科学性与客观性，但从研究对象的选择到数据的处理都容易受到研究者价值的影响而偏离事实。因此，设置评估标准，以标准衡量评估手段的科学性与客观性就逐渐彰显出重要性。在法律描绘案件的过程中，既会用到概念也会利用“类型”，或者法律中存在需填补的评价标准，这都是在“从事须符合规范或意旨的价值判断”，而且价值判断也是法学的主要思考方式之一①。评估标准的设置也涉及价值判断，这里的价值不仅指“公平、正义、自由、秩序”等法的价值，更应当指的是理性。人类发展进步的过程就是感性转向理性的过程，理性并非漠视人的情感和需求，而是指在选择手段时选取有利于实现目的的手段，而排除以个人价值为导向所选取的手段。因此，在设置立法后评估标准体系时，应当做到定量评估与定性评估并重，以理性为基础，尽量摒弃主观性的影响。

（二）市容和环境卫生地方立法文本质量特色评估标准解析

关于地方立法特色的含义可谓众说纷纭，笔者认为所谓地方立法特色是指在地方立法符合实际、具备针对性的基础上，探索制度设计的创新，这种创新并不等同于制度设计或法律规制的与众不同，更多的是指向寻求最优化的制度设计来解决本地的具体问题，抑或防范相关风险。就地方立法而言，特色性是其存在之价值，是其核心和灵魂，也是其质量的重要支撑。有学者提出，“地方立法所以要体现地方特色，是由地方立法的特性决定的。没有地方特色，地方立法就失去其存在的价值”②。在立法质量评估标准体系的构建过程中，合法性是先决条件，是考察地方立法特色的基础。本文评估的17 部法规③均不存在与上位法相抵触等违法现象，因此可以对其进行地方立

① 〔德〕卡尔·拉伦茨：《法学方法论》，陈爱娥译，商务印书馆，2004，第 95 页。

② 周旺生：《立法学》，法律出版社，2009，第 282 页。

③ 本文所涉及的法律文本收集于北大法宝数据库。

法特色之分析。当前对特色性的解析仍较为模糊，从《立法法》第 73 条①对地方立法赋予的功能来说，地方立法特色标准可以分为创新维度、重复维度和细化维度。创新维度旨在考察地方立法先行先试的可行性；囿于《立法法》第 73 条规定地方立法一般不对上位法作重复规定，故而重复维度考察地方立法与上位法的重复率，该标准评估结果可以与创新维度评估结果相互佐证；细化维度旨在考察地方立法对中央立法内容的细化程度，用于检验地方立法的可操作性。

表 1　市容环卫法规地方特色评价指标体系及分值

单位：分

标准维度	评价内容	评分项
创新性(48)	体例安排上不能仅追求与上位法相同而忽视现实需求(16)	设置节且与上位法雷同的章数小于 4(10 ~ 16)
		设置节但与上位法雷同的章数大于或等于 4(5 ~ 9)
		未设置节但与上位法雷同的章数小于 4(5 ~ 9)
		未设置节且与上位法雷同的章数大于或等于 4(0 ~ 4)
	调整范围不能一味追求全面而丧失针对性(16)	调整范围较上位法有创新的大于 3 项(10 ~ 16)
		调整范围较上位法有创新的大于 1 项且小于或等于 3 项(5 ~ 9)
		调整范围较上位法有创新的小于或等于 1 项(0 ~ 4)
	制度设置上做到“他地无，本地有；他地有，本地精”(16)	创新性制度设置大于 9 项(10 ~ 16)
		创新性制度设置大于 5 项且小于或等于 9 项(5 ~ 9)
		创新性制度设置小于或等于 5 项(0 ~ 4)
重复率(20)	不能一味追求与上位法的配套性	与上位法重复率低于或等于 20% (13 ~ 20)
		与上位法重复率低于或等于 25% 且高于 20% (6 ~ 12)
		与上位法重复率高于 25% (0 ~ 5)

① 《立法法》第 73 条：“地方性法规可以就下列事项作出规定：（一）为执行法律、行政法规的规定，需要根据本行政区域的实际情况作具体规定的事项；（二）属于地方性事务需要制定地方性法规的事项。除本法第八条规定的事项外，其他事项国家尚未制定法律或者行政法规的，省、自治区、直辖市和设区的市、自治州根据本地方的具体情况和实际需要，可以先制定地方性法规。在国家制定的法律或者行政法规生效后，地方性法规同法律或者行政法规相抵触的规定无效，制定机关应当及时予以修改或者废止。设区的市、自治州根据本条第一款、第二款制定地方性法规，限于本法第七十二条第二款规定的事项。制定地方性法规，对上位法已经明确规定的内容，一般不作重复性规定。”

续表

标准维度	评价内容	评分项
可操作性(32)	有完整的行为模式,切实保障法规能有效实施(16)	行为模式不完整的法条数量占法条总数的比例低于或等于30%(10~16)
		行为模式不完整的法条数量占法条总数的比例低于或等于40%且高于30%(5~19)
		行为模式不完整的法条数量占法条总数的比例高于40%(0~4)
	对上位法进行细化,发挥地方立法功能(16)	细化性制度设置大于7项(10~16)
		细化性制度设置大于5项且小于或等于7项(5~9)
		细化性制度小于或等于5项(0~4)

二　省级市容和环境卫生立法特色创新标准解析

创新性是评价地方法规质量的一个重要方面，虽然其在文本质量评估体系中所占分值不高，但在地方性法规立法水平普遍提高的情况下，是否具有创新性就成为一部法规能否成为良法的一个重要判断标准。创新性区别于重复率，两者之间不存在必然联系，一部颇具创新性的法规有可能同时具有重复率高、可操作性不强的弊端，而一部重复率低、可操作性强的法规也不一定是一部创新性法规。因此，分析法规创新性所需考察的方面就有别于重复率考察，考察省级市容环卫立法的创新性可以从三方面进行，即体例结构、调整范围和制度设置。

（一）体例结构分析

所谓法规的体例结构是指该法规章、节、条、款的设置，从中可以体现立法者的立法意图、指导思想和立法原则。对法规体例的设置应当能够反映立法者关注的焦点，一部问题导向的良法在体例上应当能体现当地市容环卫的主要问题。作为行政法规，《城市市容和环境卫生管理条例》具有较强的概括性，从其体例设置上可见一斑，这部法规仅分为五章且未设置节。省级市容环卫法规作为对行政法规的细化，在体例设置上自然也应更为细致。但根据表2数据，17部省级地方性法规中仅有3部设置了节。在章的设置上，大部分法规在行政法规的基础上有所改动，大多增加了责任区制度和卫生设施管理两章，但针对市容和环境卫生两项法规的主要内容并未增加凸显地方特色的章节设置。并且省级法规之间又出现了体例上的雷同。例如：吉林省与安徽省的市容环卫条例，均包括总则、市容管理、环卫管理、环卫设施建设和管理、监督检查、法律责任和附则。从体例上看，天津市、江苏省和重庆市的条例更具有创新性，天津市条例将夜景灯光和户外广告设置管理单独设置为一章，江苏省条例将监督、投诉与奖励设置为一章，重庆市条例在章的设置上虽与其他条例并无不同，但其在章下设置了节，包括水域环境管理与机动车管理等内容。

（二）调整范围分析

调整范围包括在地域上的调整范围和调整对象的范围，即适用范围和调整对象。《城市市容和环境卫生管理条例》中规定了本法规的适用范围为城市，北京市、江苏省、河北省、浙江省、安徽省、湖北省、贵州省、宁夏回族自治区、重庆市、福建省、四川省条例与行政法规规定相同，上述法规规定在本行政区域内的县、市适用本条例；天津市、上海市、黑龙江省、陕西省和海南省条例则规定在除县、市外的其他实行城市化管理的地区也适用本条例；吉林省则规定在由县级以上人民政府确定的实行城市化管理的区域适用本条例。根据上述分析，仅有少数省级法规结合本地实际情况，对“城市”作出了扩大理解，并且对调整范围进行了细致的划分。在调整对象的设置上，各条例大同小异，大多包括建筑物、构筑物、户外广告及夜景灯光、道路及其他设施，还有施工现场的容貌和卫生规定以及废弃物的规定。与行政法规相比，仅天津市和重庆市的条例在调整范围上有3项以上的创新，其余条例的创新性规定均在3项以下。各省级市容环卫法规对调整范围的创新规定多集中于城市容貌方面，对环境卫生则鲜有创新，例如：北京市、天津市、河北省、浙江省、安徽省、湖北省、贵州省和重庆市均对夜景灯光有所规制，但与上位法相比并无环境卫生方面的创新。

表 2　省级市容环卫法规体例结构

法规名称	第一章	第二章	第三章	第四章	第五章	第六章	第七章	第八章	第九章	是否分节	雷同比例
《城市市容和环境卫生管理条例》	总则	市容	环境卫生	罚则	附则					否	
《北京市市容环境卫生条例》	总则	市容环境卫生事业发展	市容环境卫生责任	城市容貌	环境卫生	环境卫生设施建设与管理	市容环境卫生专业作业	附则		是	50%
《天津市市容和环境卫生管理条例》	总则	城市容貌管理	夜景灯光和户外广告设置管理	环境卫生保洁管理	废弃物管理	卫生设施管理	其他规定	附则		否	37.5%
《上海市市容环境卫生管理条例》	总则	市容环境责任区制度	市容管理	环境卫生管理	废弃物管理	作业服务管理	环境卫生设施管理	其他规定		否	37.5%
《江苏省城市市容和环境卫生管理条例》	总则	市容环卫责任	城市市容管理	城市环境卫生管理	环境卫生设施	作业服务	监督、投诉与奖励	法律服务	附则	否	44.4%
《河北省城市市容和环境卫生条例》	总则	责任划分	城市容貌	环境卫生	作业服务	执法监督	附则			否	57.1%
《吉林省城市市容和环境卫生管理条例》	总则	城市市容和环境卫生责任	城市市容管理	城市环境卫生管理	环境卫生设施建设和管理	监督检查	法律责任	附则		否	50%

续表

法规名称	第一章	第二章	第三章	第四章	第五章	第六章	第七章	第八章	第九章	是否分节	雷同比例
《黑龙江省城市市容和环境卫生管理条例》	总则	责任制度	市容管理	环境卫生管理	法律责任	附则				否	83.3%
《浙江省城市市容和环境卫生管理条例》	总则	市容管理	环境卫生管理	公共环境卫生设施	管理监督	附则				否	80%
《安徽省城市市容和环境卫生管理条例》	总则	市容管理	环境卫生管理	环境卫生设施规划与建设	监督检查	法律责任	附则			否	83.3%
《福建省城市市容和环境卫生管理办法》	总则	城市市容管理	环境卫生管理	环境卫生设施规划、建设和管理	法律责任	附则				否	83.3%
《湖北省城市市容和环境卫生管理条例》	总则	市容管理	环境卫生管理	环境卫生设施建设与管理	市容环境卫生责任	监督与检查	法律责任			否	57.1%
《四川省城市市容和环境卫生管理条例》	总则	城市市容管理	城市环境卫生设施管理	城市卫生环境管理	法律责任	附则				否	83.3%
《贵州省城市市容和环境卫生管理条例》	总则	城市市容管理	城市环境卫生管理	城市环境卫生设施管理	其他规定	附则				否	66.7%

续表

法规名称	第一章	第二章	第三章	第四章	第五章	第六章	第七章	第八章	第九章	是否分节	雷同比例
《陕西省城市市容环境卫生条例》	总则	市容环境卫生规划和建设	市容环境卫生责任	市容管理	环境卫生管理	管理监督	其他规定			是	42.9%
《宁夏回族自治区市容环境卫生管理条例》	总则	市容环境卫生设施规划与建设	市容环境卫生管理	生活垃圾管理	市容环境卫生作业管理	执法监督	法律责任	附则		否	50%
《重庆市市容环境卫生管理条例》	总则	市容环境卫生责任	市容管理	环境卫生管理	废弃物管理	环境卫生设施管理	监督检查	附则		是	50%
《海南省城乡容貌和环境卫生管理条例》	总则	城市容貌管理	城市环境卫生管理	村镇容貌和环境卫生管理	责任区制度和监察制度	附则				否	66.7%

表 3　省级市容环卫法规调整范围

法规名称	适用范围	调整对象							
《城市市容和环境卫生管理条例》	城市	城市中的建筑物和设施	户外广告、标语牌、画廊、橱窗等	市政公用设施	道路及其相关设施	市区运行的交通运输工具	城市的工程施工现场	城市中的环境卫生设施	城市废弃物
《北京市市容环境卫生条例》	城市	城市内建筑物、构筑物	道路及其相关设施	户外广告和牌匾标识	夜景照明	清扫保洁	环境卫生设施建设和管理		
《天津市市容和环境卫生管理条例》	适用于本市中心城区和其他城市建成区、风景游览区以及其他实行城市化管理的区域	建筑景观	公共设施	环境卫生	园林绿化	夜景灯光设施	户外广告设施	公共场所等	
《上海市市容环境卫生管理条例》	适用于本市中心城、新城、中心镇以及独立工业区、经济开发区等城市化地区	建筑景观	公共设施	环境卫生	园林绿化	广告标志	公共场所等		
《江苏省城市市容和环境卫生管理条例》	城市	建筑物、构筑物	道路及其附属设施	街道和公共场地	市区运行的交通运输工具	户外广告	施工场地	废弃物	环境卫生设施
《河北省城市市容和环境卫生条例》	县级以上人民政府所在地的城区城市市容和环境卫生管理活动（包括被批准的建制镇）	城市建筑物、构筑物和其他设施	公共设施	城市夜景照明设施	户外广告牌、标语牌等	道路和公共场地	城市内行驶的交通运输工具	施工场地	

续表

法规名称	适用范围	调整对象							
《吉林省城市市容和环境卫生管理条例》	城市建成区以及由县级以上地方人民政府确定的实行城市化管理的其他地区	市政公用设施	建筑物、构筑物	街道和公共场地	牌匾、商幌、画廊、标语牌、指示牌等	废弃物			
《黑龙江省城市市容和环境卫生管理条例》	城市规划区内和其他实行城市化管理的地区内	建筑物、构筑物	道路设施	施工现场	环境卫生设施	废弃物			
《浙江省城市市容和环境卫生管理条例》	城市建成区	城市中的建筑物、构筑物和其他设施	街道和公共场地	城市照明灯光、广告灯光、景观灯光	户外广告设施	城市道路交通工具	废弃物	施工场所	环境卫生设施
《安徽省城市市容和环境卫生管理条例》	本省市的城区和县人民政府所在地的镇的城区	建筑物和设施	景观灯光设施	户外广告牌、标语牌、画廊、橱窗、招牌、指示牌等	废弃物	环境卫生设施			
《福建省城市市容和环境卫生管理办法》	城市	建筑物、构筑物	户外广告、画廊、牌匾、报栏等设施	施工场所	废弃物	环境卫生设施规划、建设和管理			
《湖北省城市市容和环境卫生管理条例》	市区、县人民政府所在地的城区（被上一级政府批准的建制镇）	城市的建筑物、构筑物	城市道路和公共场所	城市交通工具	城市夜景照明设施	户外广告	废弃物	建设工地	环境卫生设施

续表

法规名称	适用范围	调整对象							
《四川省城市市容和环境卫生管理条例》	国家按行政建制设立的市和镇	城市建筑物、构筑物	市政公用设施	公共场所	临街景观等	环境的清扫保洁	城市垃圾、粪便等生活废弃物的收集、清运、处置、综合利用	城市环境卫生设施	
《贵州省城市市容和环境卫生管理条例》	县级以上人民政府所在地城区	建筑物、构筑物	景观灯光设施	户外广告以及非广告的霓虹灯、标牌、电子显示牌、实物照景、宣传栏等户外设施	城市道路和公共场地	市区行驶的车辆	施工现场	废弃物	环境卫生设施
《陕西省城市市容环境卫生条例》	市、县(区)人民政府所在地的城市建成区和开发区、科技园区、工矿区及其他实行城市化管理的地区[具体范围由市、县(区)人民政府划定并公布]	建筑物、构筑物	道路及其相关设施	户外广告、牌匾标识及其他宣传物品	环境卫生设施	清扫保洁	垃圾等废弃物的管理		

续表

法规名称	适用范围	调整对象							
《宁夏回族自治区市容环境卫生管理条例》	自治区按行政建制设立的市和镇	环境卫生设施	城市建筑物、构筑物和其他设施	户外广告、霓虹灯、标语牌、画廊、橱窗、招牌、指示牌等设施	进入市区行驶的交通运输工具	城市内的工程施工现场	生活垃圾		
《重庆市市容环境卫生管理条例》	本市主城区的城市建成区和主城区以外的区县（自治县）政府所在地的城市建成区	道路容貌	建筑物容貌	户外广告、标牌、灯饰容貌管理	清扫保洁	水域环境	机动车辆清洗	废弃物	环境卫生设施
《海南省城乡容貌和环境卫生管理条例》	本省行政区域内城市、镇、乡和村庄，各农场、林场依照本条例执行	城市建筑物、构筑物	户外广告等设施	道路两侧和公共场地	城市道路上行使的机动车	建筑施工场所	环境卫生设施	村镇容貌和环境卫生管理	

（三）制度设置分析

根据《立法法》赋予地方立法的功能可知，地方性法规具有细化上位法规定、增强其可操作性和因地制宜、解决本地问题的双重功效。因此在分析法规制度设置时，可以将其制度设置分为创新性制度和细化型制度，这两者都是地方性法规在实施过程中价值卓越的制度设置，而既非创新也非细化的制度则可能涉及对上位法不必要的重复，从而降低法规的地方性特色。制度细化在下文中展开论述，此处仅分析制度创新。如表 4 所示，众法规中制度创新大于 9 项的有上海市、江苏省、浙江省的法规，大部分法规创新性制度设置有 5 ~7 项，且创新性制度设置大多有关城市容貌，较少有关环境卫生；大多为相对人增设义务，较少保障相对人合法权利；大多出现在分则，较少出现在总则。

三　省级市容和环境卫生立法特色之重复标准分析

地方性法规与上位法的重复率也是判断该法规是否具有地方特色的标准之一。与上位法重复率较高，一方面违反了《立法法》中尽量避免地方立法对上位法不必要重复的要求，另一方面也反映了地方性法规缺乏问题导向，不能针对该行政区域的具体问题和真实情况立法。通过对 17 部省级市容环卫法规进行重复率计算，发现与上位法重复率低于或等于 20% 的法规有 6 部，与上位法重复率低于或等于 25%、高于 20% 的有 7 部，与上位法重复率高于 25% 的有 4 部。其中重复率最低的是《重庆市市容环境卫生管理条例》，重复率仅为 13.3%，重复率最高的是《四川省城市市容和环境卫生管理条例》，高达 38.5%。

表 4　省级市容环卫法规制度设置

法规名称	制度创新	制度细化
《北京市市容环境卫生条例》	1. 宣传制度:规定宣传媒体与公共场所的广告应当安排市容环境卫生相关公益内容 2. 规定公民享有享受优美环境的权利,负有保护环境的义务,对损坏行为阻止和举报 3. 临街的商业、饮食业等行业的经营者的规定 4. 机动车、非机动车停放规定 5. 禁止擅自挖掘道路规定 6. 夜景照明制度:实行供用电优惠政策 7. 设置公共信息栏 8. 鼓励公民、法人或者其他组织投资,建立多元化的投资融资机制	1. 户外广告制度:按照规定设置并符合安全技术标准 2. 责任区制度 3. 废弃物清理制度:生活废弃物、维修公共设施废弃物、建筑垃圾、餐厨垃圾 4. 作业服务制度:资质获取、鼓励单位和个人兴办市容环境卫生专业作业企业、承揽单位确定方式
《天津市市容和环境卫生管理条例》	1. 任何单位和个人享有享受优美环境的权利,负有保护环境的义务 2. 车辆清洗场所规定 3. 停车场、泊位规定 4. 夜景照明制度:负责人 5. 户外广告制度:在经营性户外广告设施上未发布商业广告满七日的,应按规定发布公益性广告 6. 道路管理制度:铺设、维修道路或者进行地下管线作业 7. 公共设施制度:同时设计、施工和投入使用	1. 宣传制度:市容环卫行政管理部门、公共场所经营者与文化科技等部门加强宣传教育 2. 城市容貌规定:居民区内的道路、绿地、空地、楼道、庭院等部位的规定 3. 责任区制度 4. 废弃物制度:已实现供气、供暖的住宅楼应当逐步封闭垃圾道,废旧电池等特殊废弃物应当单独存放和处置,宾馆、饭店、饮食等行业所产生的废弃物,装修房屋产生的废弃物 5. 环境清扫制度:乱倒粪便,乱倒、乱堆渣土、污泥或者其他废弃物,向道路、河道、公共场地上抛撒杂物、废弃物,由建筑物或者车辆向外抛掷杂物、废弃物 6. 公共设施规定:化粪池和储粪池应当定期疏通
《上海市市容环境卫生管理条例》	1. 提倡和鼓励居民委员会组织居民制定维护市容环境卫生的公约 2. 任何单位和个人享有享受优美环境的权利,负有保护环境的义务	1. 公共设施制度:同时设计、施工和投入使用 2. 责任区制度

续表

法规名称	制度创新	制度细化
《上海市市容环境卫生管理条例》	3. 宣传制度:电视、广播和户外广告应有市容环卫公益性宣传内容 4. 夜景照明制度:设施规划和技术规范应公布并按规定时间开启,加强日常管理排除安全隐患 5. 户外广告制度:因公共利益需要对已批准的户外广告设施调整的需提前通知 6. 设置公共信息栏 7. 确定相应的经营场所,供农产品、日用小商品等经营者从事经营 8. 公共设施制度:同时设计、施工和投入使用 9. 车辆清洗经营规定 10. 废弃物收购经营规定 11. 运输建筑垃圾、工程渣土的车船应当统一标识,统一安装、使用记录路线、时间和处置地点的电子信息装置,随车船携带处置证,并按照交通运输、公安交通部门规定的区域、时间行驶	3. 废弃物制度:自行收集废弃物规定、生活垃圾规定、单位和饮食业经营者产生的餐厨垃圾、居民装修房屋产生的垃圾 4. 作业服务制度:产生建筑垃圾、工程渣土的单位规定,由招标方式确定的企业 5. 环境清扫制度:乱丢废电池等实行单独收集的特殊废弃物,乱倒垃圾、污水、粪便,乱扔动物尸体等废弃物,在露天场所和垃圾收集容器内焚烧树叶、垃圾或者其他废弃物 6. 各类码头船舶规定 7. 公共设施规定:化粪池和储粪池应当定期疏通
《江苏省城市市容和环境卫生管理条例》	1. 规定公民享有享受优美环境的权利,负有保护环境的义务,对损坏行为阻止和举报 2. 道路及其附属设施的容貌规定 3. 市内行驶的机动车车身整洁、外观良好 4. 设置公共信息栏 5. 夜景照明规定 6. 车辆清洗经营规定 7. 废弃物收购经营规定 8. 负有清掏粪便责任的单位规定 9. 同时设计、同时施工、同时验收、同时投入使用 10. 对从事市容环卫作业服务的企业应当按照国家有关规定在减免税等方面给予扶持	1. 宣传制度:政府与公众媒体应当加强宣传教育 2. 责任区制度 3. 建筑物、构筑物容貌规定 4. 环境清扫规定:乱倒垃圾、污水、粪便,乱弃动物尸体,焚烧树叶、垃圾或者其他废弃物,乱丢废电池、荧光灯管、电子显示屏等有毒有害废弃物 5. 施工现场容貌规定 6. 废弃物规定:生活垃圾、建筑垃圾 7. 市容环卫作业服务规定 8. 地方人民政府给予个人和单位奖励和表彰的情况

续表

法规名称	制度创新	制度细化
《河北省城市市容和环境卫生条例》	1. 规定公民享有享受优美环境的权利,负有保护环境的义务,对损坏行为阻止和举报 2. 设置公共信息栏 3. 在特定路段、场地、时间设置临时市场,并予以公告 4. 临时摆设摊点申请制度 5. 同时设计、同时施工、同时交付使用原则 6. 车辆清洗经营规定	1. 环卫工人权利保障制度:订立劳动合同,依法办理社会保险,并采取措施逐步提高环境卫生作业人员的工资福利待遇 2. 宣传制度:政府与公众媒体应当加强宣传教育 3. 责任区制度 4. 施工现场容貌规定 5. 废弃物规定:建筑垃圾、餐饮业和单位食堂产生的餐厨垃圾 6. 公厕制度:发展水冲式厕所、鼓励沿街单位厕所对外开放 7. 环境清扫规定:乱倒污水,乱丢电池、荧光灯管、电子显示屏等有毒、有害物品,焚烧树叶、垃圾或者其他物品,占道加工、制作、修理,露天烧烤,沿街散发商品广告,在街巷和居住区从事商业性屠宰家畜家禽和加工肉类、水产品等活动 8. 作业服务制度:鼓励采用机械化作业方式对道路和公共场所进行清扫、保洁,清扫、保洁应当在规定的时间进行,减少对交通和居民生活的影响
《吉林省城市市容和环境卫生管理条例》	1. 规定公民享有享受优美环境的权利,负有保护环境的义务,对损坏行为阻止和举报 2. 架空管线设施规定 3. 任何单位和个人不得在城市道路两侧和园林绿地挖掘、取土、耕种 4. 清除冰雪规定 5. 车辆清洗经营规定 6. 废弃物收购经营规定	1. 责任区制度 2. 施工现场规定 3. 作业服务制度规定:定时清扫、全日保洁 4. 环卫工人权利保障制度:为清扫保洁人员提供劳动作业休息场所和劳动保护用品,改善作业条件,依法提供劳动保障 5. 环境清扫制度:乱倒垃圾、污水、粪便,乱弃动物尸体,在露天场所或者垃圾收集容器内焚烧树叶、垃圾或者其他废弃物,抛撒、焚烧冥纸 6. 废弃物制度:生活废弃物,建筑垃圾,挖掘道路、施工产生的废弃物料 7. 公共设施制度:公共厕所应当统一设置明显、规范的标识和指示牌,专人负责保洁,不得收费

续表

法规名称	制度创新	制度细化
《黑龙江省城市市容和环境卫生管理条例》	1. 规定公民享有享受优美环境的权利，负有保护环境的义务，对损坏行为阻止和举报 2. 建立公开举报电话 3. 道路设施规定 4. 停车规定 5. 市内行驶的机动车车身整洁、外观良好 6. 设置公共信息栏 7. 同时设计、同时施工、同时验收并交付使用 8. 餐饮经营规定 9. 清除冰雪规定	1. 责任区制度 2. 施工现场规定 3. 公共设施规定：重点发展水冲式公厕，公共场所厕所应免费对外开放，其他公厕不经允许不得收费 4. 废弃物规定：生活垃圾、建筑垃圾、装修房屋垃圾 5. 环境清扫制度：不按规定的时间、地点倾倒垃圾、污水、粪便，乱扔动物尸体，未按批准的时间、地点从事露天烧烤经营，在露天场所、垃圾收集容器内焚烧枝叶、垃圾或者其他废弃物，占用道路、广场经营性维修、清洗机动车辆，或者在室内清洗机动车辆向室外排放污水，在室外（不含集贸市场内）屠宰畜禽
《浙江省城市市容和环境卫生管理条例》	1. 公民享有享受美好环境的权利，负有维护的义务 2. 有关街景的修建性详细规划草案，应当公开征求专家和公众的意见 3. 夜景灯光制度 4. 应当确定相应的经营场所，供农产品、日用小商品等经营者从事经营 5. 车辆清洗经营规定 6. 废弃物收购经营规定 7. 占用公共场地、公共设施设置户外商业广告的取得方式 8. 设置公共信息栏 9. 市内行驶的机动车车身整洁、外观良好 10. 发生突发公共卫生事件规定 11. 同时设计、同时施工、同时交付原则	1. 宣传制度：政府与各公共媒体加强宣传教育 2. 责任区制度 3. 废弃物制度：生活垃圾，鼓励对生活垃圾进行沼气开发、堆肥、焚烧发电等资源化处置，饮食业经营者和其他单位产生的餐厨垃圾，建筑垃圾、装修垃圾 5. 施工现场制度 5. 环境清扫制度：乱倒生活垃圾、污水、粪便，在露天场所和垃圾收集容器内焚烧树叶、垃圾或者其他废弃物

续表

法规名称	制度创新	制度细化
《安徽省城市市容和环境卫生管理条例》	1. 规定公民享有享受优美环境的权利，负有保护环境的义务，对损坏行为阻止和举报 2. 设置公共信息栏 3. 城市人民政府可以确定特定路段（人行道、广场等）、时间段，允许摆设摊点 4. 同时设计、同时施工、同时交付原则	1. 环卫工人权利保障制度：任何单位和个人都应当尊重环卫工人的劳动，不得妨碍其依法履行职责 2. 施工现场规定 3. 责任区制度 4. 环境清扫制度：不得焚烧垃圾和冥纸，不得违反规定倾倒污水、垃圾、粪便，不得沿街道鸣放鞭炮、抛撒冥纸，不得占用城市道路、街巷经营机动车辆修理、清洗业务，影响环境卫生，不得在街巷和居住区从事屠宰家畜家禽和加工肉类、水产品等影响公共环境卫生的经营活动 5. 废弃物规定：倾倒废弃物时间地点路线规定，生活废弃物 6. 作业服务规定
《福建省城市市容和环境卫生管理办法》	1. 规定公民享有享受优美环境的权利，负有保护环境的义务，对损坏行为阻止和举报 2. 饮食单位和其他单位或居民的炉口、烟囱等排污口不得朝向街面 3. 城市内运行的各种水陆交通工具应当保持外观整洁 4. 机关、团体、部队、企业事业单位和居民应按照当地爱国卫生组织的统一安排，定期消灭蚊子、苍蝇、老鼠、蟑螂，清除蚊蝇孳生地 5. 同时设计、同时施工、同时验收原则	1. 环卫工人权利保障制度：任何单位和个人都应当尊重环卫工人的劳动，不得妨碍其依法履行职责 2. 施工现场规定 3. 环境清扫制度：不得乱倒垃圾、粪便、污水和随意抛弃动物尸体，不得随地焚烧树叶和垃圾，不得在市区道路冲洗各处机动车辆，清掏的下水道和河道污泥应及时运走 4. 责任区制度 5. 废弃物规定：生活垃圾 6. 公共设施规定：道路两侧和居住区的公共厕所、倒桶点，单位院落、住宅小区、公共场所的厕所、化粪池，城乡结合部的农村公共厕所，负责人规定

续表

法规名称	制度创新	制度细化
《湖北省城市市容和环境卫生管理条例》	1. 社区、居民委员会可以组织居民制定维护市容环境卫生的公约 2. 规定公民享有享受优美环境的权利，负有保护环境的义务，对损坏行为阻止和举报 3. 在城市市区运行的车辆，应当保持外观整洁 4. 设置公共信息栏 5. 车辆清洗经营规定 6. 废弃物收购经营规定 7. 同时设计、同时施工、同时验收原则	1. 环卫工人权利保障制度：任何单位和个人都应当尊重环卫工人的劳动，不得妨碍其依法履行职责 2. 环境清扫制度：乱倒污水、粪便，乱弃动物尸体，在露天场地或者公共垃圾收集容器内焚烧树叶、垃圾或者其他废弃物，在道路或者公共场所抛撒、焚烧物品 3. 废弃物规定：生活垃圾、公共设施废弃物、建筑垃圾 4. 施工现场规定 5. 作业服务规定 6. 责任区制度
《四川省城市市容和环境卫生管理条例》	1. 宣传制度：中、小学校应当安排适当的城市市容和环境卫生教学内容 2. 规定公民享有享受优美环境的权利，负有保护环境的义务，对损坏行为阻止和举报 3. 交通运输工具规定 4. 同时设计、同时施工、同时验收原则	1. 环卫工人权利保障制度：任何单位和个人都应当尊重环卫工人的劳动，不得妨碍其依法履行职责 2. 施工现场规定 3. 责任区制度 4. 废弃物规定：生活垃圾 5. 作业服务制度
《贵州省城市市容和环境卫生管理条例》	1. 规定公民享有享受优美环境的权利，负有保护环境的义务，对损坏行为阻止和举报 2. 夜景灯光设施 3. 设置公共信息栏 4. 临街营业性餐饮业、加工作坊和夜市摊位经营者规定 5. 市区行驶的车辆应当保持外观整洁 6. 车辆清洗站点规定 7. 同时设计、同时施工、同时验收原则	1. 责任区制度 2. 环境清扫制度：在建筑物、构筑物或者车辆内向城市街道抛掷废弃物 3. 施工现场规定 4. 废弃物规定：生活垃圾 5. 作业服务制度

续表

法规名称	制度创新	制度细化
《陕西省城市市容环境卫生条例》	1. 道路及其相关设施规定 2. 设置公共信息栏 3. 同时设计、同时施工、同时验收原则 4. 车辆清洗经营规定 5. 废弃物收购经营规定 6. 餐饮业和单位规定	1. 环卫工人权利保障制度:全社会都应当尊重环卫工人的劳动,为其履行职责提供便利,为专业清扫保洁人员提供劳动作业休息场所和劳动保护用品,改善环境卫生作业的工作条件 2. 责任区制度 3. 施工现场规定 4. 环境清扫:乱倒垃圾、污水、粪便,乱弃动物尸体,在露天场所和垃圾收集容器内焚烧树叶、垃圾或者其他废弃物,抛撒、焚烧纸钱冥币,在实施城市生活垃圾分类投放的区域,乱丢废电池、荧光灯管、电子显示屏等有毒有害废弃物 5. 废弃物规定:生活垃圾、装修垃圾、建筑垃圾工程渣土 6. 作业服务规定
《宁夏回族自治区市容环境卫生管理条例》	1. 规定公民享有享受优美环境的权利,负有保护环境的义务,对损坏行为阻止和举报 2. 每年九月的最后一周为自治区“市容环境卫生活动周” 3. 市区行驶的车辆应当保持外观整洁 4. 设置公共信息栏 5. 宠物犬规定	1. 责任区制度 2. 施工现场规定 3. 环境清扫规定:在公共场所擤鼻涕,在街巷和居住区焚烧垃圾、枯枝树叶和冥纸或者抛撒冥纸,乱倒垃圾、污水、渣土、粪便等污物,占道从事露天烧烤、餐饮等经营活动,在街巷和居住区从事屠宰家畜家禽和加工肉类、水产品等影响公共环境卫生的经营活动,在街道两侧从事经营性废品收购和废弃物接纳作业 4. 废弃物规定:生活垃圾,餐厅(馆)及单位食堂、食品加工企业、榨油厂等产生的垃圾 5. 作业服务制度

续表

法规名称	制度创新	制度细化
《重庆市市容环境卫生管理条例》	1. 规定公民享有享受优美环境的权利,负有保护环境的义务,对损坏行为阻止和举报 2. 道路容貌管理制度 3. 水域环境管理制度 4. 机动车辆清洗管理制度	1. 宣传制度:政府与各公共媒体加强宣传教育 2. 责任区制度 3. 环境清扫制度:清扫时间,机动车辆应当主动避让正在进行清扫作业的环境卫生工作人员,不将污水排放或倾倒在街面,不在非指定地点焚烧树叶、垃圾 4. 废弃物制度:生活垃圾、建筑垃圾
《海南省城乡容貌和环境卫生管理条例》	1. 架空管线设施管理 2. 设置公共信息栏 3. 停车泊车管理制度 4. 水域卫生规定 5. 同时设计、同时建设、同时交付原则 6. 车辆清洗经营规定 7. 废弃物收购经营规定 8. 加强对生活垃圾分类知识的宣传教育,在产品生产、流通和使用等环节促进生活垃圾减量	1. 环卫工人权利保障制度:任何单位和个人都应当尊重环卫工人的劳动,不得妨碍其依法履行职责 2. 施工现场规定 3. 环境清扫制度:乱倒生活垃圾、污水、粪便 4. 废弃物规定:生活垃圾、施工垃圾、装修垃圾、餐饮经营垃圾

表 5　省级市容环卫条例重复率

法规名称	总条数	重复条文数量	占比(%)
《北京市市容环境卫生条例》	77	13	16.9
《天津市市容和环境卫生管理条例》	59	11	18.6
《上海市市容环境卫生管理条例》	64	16	25.0
《江苏省城市市容和环境卫生管理条例》	56	10	17.9
《河北省城市市容和环境卫生条例》	52	11	21.2
《吉林省城市市容和环境卫生管理条例》	74	15	20.3
《黑龙江省城市市容和环境卫生管理条例》	46	11	23.9
《浙江省城市市容和环境卫生管理条例》	50	13	26.0
《安徽省城市市容和环境卫生管理条例》	54	12	22.2
《福建省城市市容和环境卫生管理办法》	35	11	31.4
《湖北省城市市容和环境卫生管理条例》	45	10	22.2
《四川省城市市容和环境卫生管理条例》	52	20	38.5
《贵州省城市市容和环境卫生管理条例》	47	13	27.7
《陕西省城市市容环境卫生条例》	65	12	18.5
《宁夏回族自治区市容环境卫生管理条例》	53	8	15.1
《重庆市市容环境卫生管理条例》	83	11	13.3
《海南省城乡容貌和环境卫生管理条例》	62	13	21.0

四　省级市容和环境卫生立法特色之可操作性分析

可操作性是指法律法规得到落实并达到立法目的的可能性。一部具有可操作性的法规应当具备完整的行为模式和切实可行的制度设置，因此法规的可操作性可通过行为模式的完整程度和细化制度的设置来体现。在对 17 部法规进行文本分析的过程中发现，法规中细化性制度设置大于 7 项的仅有江苏省与河北省法规，大部分法规的细化性制度介于 5 ~ 7 项。法规中的细化性制度设置多集中于环境卫生方面，较少与城市容貌有关；多设置义务，较少设置权利；多集中于分则，较少出现在总则。法规中的许多行为模式并不完整，江苏省市容环卫条例中行为模式不完整的行为数量占总数量的比例高达 62.2%，最低的也达到了 24.7%。有学者提出在辨别行为模式是否完整时应与我国一元多级的立法模式结合考虑，行为模式是否完整不能仅将一部法规孤立看待，而应将其置于法律体系中，同时观察其上位法和下位法[①]。例如，省级市容环卫条例对某些行为未规定惩罚措施，并非对这种行为不加规制，而是通过其下位法市级法规对此行为进行规制。上述做法在防止了上位法因规定过细而限缩下位法自由裁量的同时也导致了上位法可操作性的降低。省级市容环卫条例不仅作为上位法而存在，其承载着调整本行政区域内共性社会问题的功能，省级法规条文不完整损害了本身的文本质量，也导致了下位法立法权限过宽、惩罚措施畸轻或畸重的不良后果。

表6　省级市容环卫条例可操作性分析

法规名称	行为总数量	行为模式不完整的行为数量	占比(%)
《北京市市容环境卫生条例》	99	34	34.3
《天津市市容和环境卫生管理条例》	86	24	27.9
《上海市市容环境卫生管理条例》	100	34	34.0
《江苏省城市市容和环境卫生管理条例》	74	46	62.2
《河北省城市市容和环境卫生条例》	69	28	40.6
《吉林省城市市容和环境卫生管理条例》	60	34	56.7
《黑龙江省城市市容和环境卫生管理条例》	61	25	41.0
《浙江省城市市容和环境卫生管理条例》	57	27	47.4
《安徽省城市市容和环境卫生管理条例》	51	27	52.9
《福建省城市市容和环境卫生管理办法》	40	21	52.5
《湖北省城市市容和环境卫生管理条例》	47	15	31.9
《四川省城市市容和环境卫生管理条例》	41	21	51.2
《贵州省城市市容和环境卫生管理条例》	50	14	28.0
《陕西省城市市容环境卫生条例》	57	29	50.9
《宁夏回族自治区市容环境卫生管理条例》	59	29	49.2
《重庆市市容环境卫生管理条例》	85	21	24.7
《海南省城乡容貌和环境卫生管理条例》	84	27	32.1

① 谢勇：《概念的成长：破解地方立法“不抵触”“有特色”的理论困境》，《求索》2017年第12期。

五　省级市容和环境卫生立法得分情况

按照前文中评估指标打分，结果如表 7 所示，从总分看 17 部省级市容环卫条例得分相差悬殊，且得分情况均不理想，《重庆市市容环境卫生管理条例》得分最高，为 68 分，《福建省城市市容和环境卫生管理办法》得分最低，为 19 分，两者相差 49 分。由此可知，立法欠缺地方特色是影响省级市容环卫立法质量的重要因素之一。

表 7　省级市容环卫条例各指标得分

单位：分

法规名称	创新维度			重复维度	可操作性维度		总分
	体例	调整范围	制度设置		行为模式	制度设置	
《北京市市容环境卫生条例》	8	7	8	16	8	2	49
《天津市市容和环境卫生管理条例》	8	12	7	14	12	6	59
《上海市市容环境卫生管理条例》	8	9	13	5	8	9	52
《江苏省城市市容和环境卫生管理条例》	5	4	11	15	3	12	50
《河北省城市市容和环境卫生条例》	3	7	6	11	5	12	44
《吉林省城市市容和环境卫生管理条例》	4	7	6	12	3	9	41
《黑龙江省城市市容和环境卫生管理条例》	2	4	9	9	5	4	33
《浙江省城市市容和环境卫生管理条例》	3	7	13	4	5	4	36
《安徽省城市市容和环境卫生管理条例》	2	7	3	10	4	6	32
《福建省城市市容和环境卫生管理办法》	2	2	4	1	4	6	19
《湖北省城市市容和环境卫生管理条例》	3	7	7	10	9	6	42
《四川省城市市容和环境卫生管理条例》	2	7	3	1	4	4	21

续表

法规名称	创新维度			重复维度	可操作性维度		总分
	体例	调整范围	制度设置		行为模式	制度设置	
《贵州省城市市容和环境卫生管理条例》	3	7	7	3	10	4	34
《陕西省城市市容环境卫生条例》	12	4	6	14	4	6	46
《宁夏回族自治区市容环境卫生管理条例》	4	4	4	17	4	4	37
《重庆市市容环境卫生管理条例》	8	12	13	18	15	2	68
《海南省城乡容貌和环境卫生管理条例》	3	7	8	12	9	2	41

六　发挥地方特色，提升立法质量

地方立法的关键在于地方特色，“地方立法必须从本地的具体情况和实际需要出发，对接地方的客观需求，解决地方的实际问题”①。对 17 部省级市容环境卫生管理条例进行地方立法特色文本评估所得数据，从各个维度反映了目前市容环卫地方性法规存在的缺陷。针对实际问题提出的解决方案，才可能是切实可行的方案，针对数据分析揭示的问题，笔者从创新维度、重复维度和可操作性维度提出以下发挥地方特色、提升立法质量的途径。

（一）增加创新性规定

增强法规的创新性旨在减少地方立法对上位法不必要的重复，充分发挥地方特色，实现地方立法的目的与积极功效。因此，创新性并非标新立异、独树一帜、博人眼球，而是寻求上位法未加以规定的解决实际问题的最优解。若立法者未能把握创新性的本质要求，则可能出现“雷

① 石佑启：《论地方特色：地方立法的永恒主题》，《学术研究》2017 年第 9 期。

人法规”等一系列影响立法质量的情况。增加创新性规定可从以下三方面考虑。

1. 体例创新

首先，地方性法规的体例不能只要求“大而全”，更应当做到“小而精”，单纯追求法条数量以及调整的全面性是没有价值的，只有针对实际问题，成熟一条发展一条才能实现地方立法的根本目的。但也应当注意法规形式上的规范性，若仅有几条有价值的条文则可能欠缺制定法规的必要性，可以通过修法等方式对这几方面问题进行规制。其次，地方性法规的体例应当能体现整部法规的调整对象与规制重点。由于上位法未设置节，17 部省级市容环卫法规中有 14 部也未设置，但是否不需设置节？市容环卫地方性法规调整的城市容貌和环境卫生两个方面囊括诸如建筑物容貌、道路容貌、水域卫生、公共环境卫生等多种对象，对上述调整对象按照一定标准分类分节加以规定能使法规体例更加完整、清晰。而且省级市容环卫法规的体例多遵循上位法“总则—市容—环卫—罚则”的大体思路，无法体现法规规制的重点领域，可将具有地方特色的问题单独列为一章或一节，实现立法与实际情况的对接。

2. 调整范围创新

各地由于自然环境、人文环境与历史因素不同，城市容貌与环境卫生的内容自然也不尽相同，大到建筑物、构筑物的整体粉刷，小到阳台遮蔽物的高度都应有所不同，例如，《重庆市市容环境卫生管理条例》中专门就水域管理作出了相关规定，在道路管理的规定中也考虑了本市依山而建、道路蜿蜒的现实情况。因此，省级市容环卫法规的调整内容应当具有独特性，而非千篇一律。对特有现象的调整依赖于对本地实际情况的深入了解，可以通过实地调查研究、召开座谈会等方式实现，还要兼顾专家在理论层面的论证和居民在现实层面的需求、建议。

3. 制度创新

有学者提出“地方的立法早已不是单纯地对中央立法的重述，在现行的立法体制下基于地方之间竞争与民众需求的压力，各地的立法都在寻求制度性创新”①。制度创新对于评价一部地方性法规的创新性至关重要，通过对省级市容环卫法规进行制度分析可以发现，各省、自治区、直辖市的制度创新比较匮乏。上述法规的制度创新主要集中于对城市容貌的规定，大多是增加公民义务的规定。城市容貌与环境卫生同属法规规制的两个重要领域，不可偏废，目前，各省级市容环卫法规还未能把握本地区环境卫生的独特情况，实际上环境卫生领域也存在地方特色，例如：环境卫生的一个重要内容是对生活垃圾、建筑垃圾、有害垃圾等废弃物的管理，根据不同地区的发展情况，北京、上海、重庆等地已经开始推行垃圾分类政策，对废弃物的管理也应当与政策相适应而进行必要的调整。良法的要求之一是合理分配权利与义务，因此权利保障与责任分配都应当引起立法者的重视。例如：各省级市容环卫法规普遍规定了责任区的负责人应当承担的责任，其中包括制止其他人对责任区的破坏，但并未规定责任人在履行义务的过程中对他人造成了损害应当如何处理。

（二）增强可操作性

地方性法规具有执行法律、行政法规规定的功能，这对地方立法的可操作性提出了较高的要求，并且“法律目的的权威性和法律秩序的整合性来自更有效率的法律制度的设计”②，因此，增强地方性法规的可操作性是发挥地方立法特色的一个有力抓手。根据分析数据得出的结论，省级市容环卫法规可从以下两个方面提高其可操作性。

1. 细化制度设置

细化上位法的规定和创新性规定作为地方立法的功能体现，犹如鸟之双翼、车之双轮。由于上位法调整的是全国范围内的共性因素，必然会在制定时给下位法预留自由裁量的范围，并非上位法不完整，而是为下位法的实施留有空白和空间。省级市容环卫法规作为下位法，不可避免地要对《城市

① 徐清飞：《权能分治下的我国地方立法：法律与实践》，《学术研究》2011 年第 9 期。

② 〔美〕P. 诺内特、P. 塞尔兹尼克：《转变中的法律和社会》，张志铭译，中国政法大学出版社，2004，译序第 6 页。

市容和环境卫生管理条例》中的制度设置进行细化，以保证上位法的实施，而在细化制度设置的过程中，省级市容环卫法规普遍存在对市容管理的制度细化较少、对保障权利的制度细化较少的问题。各省份对城市容貌作出的创新性规定普遍多于细化性规定，但是，实际上市容与地方特色联系最为紧密，上位法的笼统规定无法充分与地方实际情况相适应，应当对上位法列出的制度进行细化，例如：《城市市容和环境卫生管理条例》第 13 条中仅规定"临街树木、绿篱、花坛（池）、草坪等，应当保持整洁、美观"，而《重庆市市容环境卫生管理条例》第 17 条规定"绿带、花坛（池）内的泥土土面应低于边缘石 0.1 米以上"，这样的细化规定切实增强了法规的可操作性，法条不再是指引性的文字，而是能发挥实效的规范。权利保障也是地方立法的重要一环，只有对权利保障制度进行细化规定，才能真正提高法规的可操作性，切实保障相对人的合法权利，例如：部分法规对环卫工人的权利保障制度缺乏创新性规定，仅仅是对上位法的照搬照抄，有些法规则结合了当地的发展水平作出了符合实际的规定①。

2. 完善行为模式规定

法规具有完整的行为模式是其具有较强可操作性的有力保障，省级市容环卫法规的行为模式不完整主要表现在法条仅有宣示性规定，欠缺违反规定的惩罚措施。有些法条是上位法规定了惩罚措施，省级市容环卫法规将制定惩罚措施的幅度裁量交给了下位法；有些法条是上位法未规定惩罚措施，省级市容环卫法规秉承"不与上位法相抵触"的原则同样未规定惩罚措施；还有一些法条仅仅是倡导性的，不需规定惩罚措施。完善行为模式主要针对第一种和第二种情况而言。在第一种情况下，设区的市确定惩罚措施仅受行政法规的限制，自由裁量的幅度过大，容易导致惩罚畸轻或畸重，从而损害法律法规的公平正义与威严。除此之外，在涉及若干设区的市联合行动的情

① 《河北省城市市容和环境卫生条例》第 4 条："……县级以上人民政府应当结合本地实际情况，积极推行环境卫生作业用工制度的改革。环境卫生作业企业应当与环境卫生作业人员订立劳动合同，依法办理社会保险，并采取措施，逐步提高环境卫生作业人员的工资福利待遇。"

况下，省级法规的不完善将会使联合行动缺乏指引和规范。在第二种情况下，上位法未规定并非说明此种行为不需惩罚，而是需要下位法自行确定惩罚措施的种类与幅度，从而更大限度地发挥地方特色。

（三）降低重复率

本文分别从创新维度、重复维度和可操作性维度进行考察并提出意见，这三重维度不能等同和替换，但三者之间存在密切的联系，即创新维度与可操作性维度的优劣影响对重复维度的考察。兼具创新性与可操作性是一部法规重复率低的基础，除此之外重复率还会受到其他因素的影响。降低法规的重复率既要提高法规的创新性和可操作性，还要减少对上位法的不必要重复。

七 结语

总之，对城市容貌与环境卫生提出较高要求既突出体现了人民对美好生活的向往与要求，也是对绿色发展理念的践行。其中，地方立法特色作为地方立法的灵魂具有至关重要的作用，而省级市容环卫法规作为连接上位法与下位法的桥梁，有必要对其进行地方立法特色质量评估。通过地方立法特色质量评估，省级市容环卫法规暴露出一系列问题，在今后的立法工作中应当增加法规的创新性规定、提高法规的可操作性并降低法规的重复率，这是对立法工作的巨大挑战，也是提升立法质量的一条有效途径。立法先行，以良法促善治是依法治国的必然要求，也是完善我国社会主义法律体系、实现地方治理现代化的必由之路。

B.10

城市生活垃圾分类地方立法现状研究*

——以46个重点城市地方立法为样本

张睿楠**

摘　要：城市生活垃圾分类立法经历从意识产生到法规体系建设阶段，其发展理念由资源节约转向绿色环保。2017年住房和城乡建设部发布《关于加快推进部分重点城市生活垃圾分类工作的通知》，要求46个重点城市出台相应的生活垃圾分类管理实施方案或指导意见，随后地方立法如雨后春笋，在2018年到2020年数量激增。城市生活垃圾分类地方立法占据整个法规体系的主体部分，通过对地方立法的分析，可以发现在地方立法中，仍然存在立法体系不完善、相关配套制度设置不合理、政府治理方式强硬单一等问题。

关键词：生活垃圾分类　地方立法　立法进程

随着人民生活水平的日益提高，生活垃圾产生量呈爆炸式增长，“垃圾围城”问题日益严重，在世界各国，实行生活垃圾分类制度是解决这一问

---

* 本文系重庆市地方立法研究协同创新中心2020年度地方立法研究资助成果。本文所涉及的法律文本收集于北大法宝数据库。

** 张睿楠，重庆市地方立法研究协同创新中心、西南政法大学立法科学研究院研究人员，研究方向为行政法学、立法学。

题的有效途径。国务院颁布《生活垃圾分类制度实施方案》，提出建立“生活垃圾强制分类”制度，标志着我国进入生活垃圾分类时代。2017 年住房和城乡建设部发布《关于加快推进部分重点城市生活垃圾分类工作的通知》，要求 46 个重点城市出台相应的生活垃圾分类管理实施方案或指导意见，各地纷纷进行生活垃圾分类地方立法。目前，地方立法已经占据生活垃圾分类法规体系的主体部分，并且地方立法中规定了生活垃圾分类的具体实施措施，因此，对其发展进程以及内容进行分析，可以明确生活垃圾分类各方主体权责关系，发掘行政执法治理模式，对落实推进生活垃圾分类制度实施有重要意义。

一 从资源节约到绿色环保：我国城市生活垃圾分类的立法进程与现状概览

立法是经济社会发展的客观要求和必然选择。我国城市生活垃圾分类立法工作是基于社会经济的发展以及生态环境保护的背景进行的，其理念经历了从资源节约到绿色环保的转变。

（一）纵向：城市生活垃圾分类由意识产生到法规体系

“垃圾分类”于 1957 年在《北京日报》首次提出，至今已有 60 余年的历史。垃圾分类从概念的提出到如今制度的完善，经历了生活垃圾分类意识的产生、政策标准的出台到法规体系的完善等阶段。

1. 城市生活垃圾分类意识萌芽阶段

1957 年《北京日报》头版头条刊登《垃圾要分类收集》[①] 一文，呼吁北京市民分类回收垃圾，特别是对可回收垃圾进行分类回收，送至废品站换钱。这是我国首次正式提出“垃圾分类”的概念。这个时候的中国还没有

① 《改善环境卫生，支援农业生产：城区将分类收集垃圾》，《北京日报》1957 年 10 月 12 日，第 1 版。

实现社会主义工业化，缺乏资源，并且消费和生活水平较低。以毛泽东同志为核心的党的第一代领导人首先意识到经济发展与资源短缺之间的矛盾。1957 年，毛泽东同志在《关于正确处理人民内部矛盾的问题》的讲话中指出全面持久厉行节约可以解决大规模建设和经济落后之间的矛盾。[①] 在毛泽东思想的引领下，全国形成勤俭节约的社会风尚，而提出垃圾分类主要是为了俭省节约、重复利用。《北京日报》提出的“垃圾分类”是为物尽其用、节约资源，还没有如今包含的循环经济及环保意识。这里的“垃圾分类”与现在提出的垃圾分类制度有完全不同的内涵。

20 世纪 70 年代，政府和公众环境保护意识差，当时国人的思想还禁锢在“文革”中，不愿意承认社会主义中国也有资本主义国家经历的环境公害，谁要是说中国有污染，就是给社会主义抹黑。1972 年周恩来总理派代表团出席联合国在斯德哥尔摩召开的人类环境会议，受到斯德哥尔摩会议的启发，1973 年中国召开了第一次全国环境保护会议，让国人开始意识到自己国家所面临的环境问题的严重性。[②] 从此，开启了环境保护议程。当时中国的环境问题已经非常严重，但是关注点在水污染、大气污染等治理上，对固体废弃物的治理也仅限于工业废弃物，对生活垃圾的治理并没有足够的重视。虽然 20 世纪 80 年代以来一直实行城市生活垃圾分类处理和综合利用的举措，但是其内涵仍停留在节约资源、废物利用的层面。在计划经济时期，生活垃圾的处理主要依靠供销社，并且因为当时资源短缺，人民生活水平较低，生活垃圾回收的目的主要是节约资源，使物品可以重复利用，所以简单地将生活垃圾分为可回收垃圾与不可回收垃圾，可回收垃圾将由供销社统一处理。这样的简易生活垃圾处理模式暂时起到生活垃圾分类的效果。[③] 但是在市场经济兴起之后，人民生活水平日益提升，对旧物循环利用的观念有所改变，加之一些政策失误和管理不力，供销社系统下的生活垃圾分类没有得

① 毛泽东：《关于正确处理人民内部矛盾的问题》，人民出版社，1964，第 38 页。

② 曲格平：《梦想与期待——中国环境保护的过去与未来》，中国环境科学出版社，2007，第 40 页。

③ 张农科：《关于中国垃圾分类模式的反思与再造》，《城市问题》2017 年第 5 期，第 6 页。

到继续实施。[1] 随后，替代供销社回收利用生活垃圾的是专门从事生活垃圾回收的个体以及拾荒者，但是他们的行为由市场调控，而非国家，所以，生活垃圾的回收处理逐渐市场化。

2. 城市生活垃圾分类法规制定阶段

随着改革开放和社会主义市场经济的发展，人民生活水平不断提高，生活垃圾的产生量也随之提高。虽然我国一直在进行生活垃圾资源化，但是大部分生活垃圾仍是进行填埋或者焚烧处理，没有实现较为彻底的生活垃圾资源化。在此背景下，1992 年我国出席了在里约热内卢召开的联合国环境与发展大会，根据会议发布的《里约环境与发展宣言》和通过的《21 世纪议程》，以江泽民同志为核心的党的第三代领导人提出可持续发展战略。可持续发展不仅包括经济可持续发展、社会可持续发展，还包括生态可持续发展。在《21 世纪议程》第 21 章“固体废物的无害环境管理”中，提出尽量减少废物，“动员分类，以便利废物的回收和再利用”，我国依据《21 世纪议程》出台了一系列关于生活垃圾治理的政策。关于垃圾分类的文件主要有四个（见表 1），标志着我国生活垃圾分类意识开始初步觉醒。

表 1　20 世纪 90 年代生活垃圾分类相关文件

时间	文件名称	关于生活垃圾分类的表述
1992 年	《城市市容和环境卫生管理条例》	逐步分类收集、运输和处理
1993 年	《城市生活垃圾管理办法》	逐步分类收集、运输和处理
1994 年	《中国 21 世纪议程——中国 21 世纪人口、环境与发展白皮书》	大力开展生活垃圾收集、处理与处置； 沿海、旅游城市做到生活垃圾分类收集和无害化处理，其他城市逐渐实行
1995 年	《中华人民共和国固体废物污染防治法》	对城市生活垃圾积极开展合理利用和无害化处置； 对城市生活垃圾应当逐步做到分类收集、贮存、运输和处置

① 曲格平：《梦想与期待——中国环境保护的过去与未来》，中国环境科学出版社，2007，第 41 页。

在表1的四个文件中，可以看到在生活垃圾分类法规制定初期，其均表述为“逐步”开展生活垃圾分类，属于鼓励、倡导型法律规范。并且，对生活垃圾分类环节的认识仍然比较缺乏，强调“分类收集、运输和处理”，对公民“分类投放”的认识还未在立法中体现。在目前这一阶段，进行生活垃圾分类的目的较之前一阶段的资源节约逐步产生了绿色环保的理念，但是绿色环保的内涵仍然指可持续发展和循环经济的建立，与现如今的绿色环保理念还有所差距。

3. 城市生活垃圾分类全面实践的标准法定化阶段

随着环境问题的加剧，2000年建设部确立生活垃圾分类试点城市，选取8个城市，要求其逐步建立生活垃圾分类收集系统①，并且国家和地方尽快建立健全相关法律、法规，标志着我国正式拉开生活垃圾分类实施的序幕。在这一阶段，国家制定了生活垃圾分类的实施标准与办法，不仅是从宏观层面提出“逐步实施生活垃圾分类”，同时也出台了可操作性的法律法规以及政策文件。（见表2）

表2　2000～2011年生活垃圾分类相关文件

时间	文件名称	关于生活垃圾分类的表述
2000年	《城市生活垃圾处理及污染防治技术政策》	开展垃圾分类收集；分类收集与分类处理相结合
2003年	《城市生活垃圾分类标志》	规定生活垃圾分类标志与符号
2004年	《城市生活垃圾分类及其评价标准》	对生活垃圾分类投放、收集、运输、处理
2007年	《城市生活垃圾管理办法》	逐步实行城市生活垃圾分类投放、收集和运输
2008年	《生活垃圾分类标志》	规范生活垃圾分类类别为6大类
2008年	《中华人民共和国循环经济促进法》	政府统筹规划生活垃圾分类设施和体系
2011年	《关于进一步加强城市生活垃圾处理工作的意见》	推动“生活垃圾分类”工作；鼓励居民对厨余垃圾、有害垃圾分类投放和处理

① 2000年建设部发布《关于公布生活垃圾分类收集试点城市的通知》，明确“北京、上海、广州、深圳、杭州、南京、厦门、桂林”八个城市为生活垃圾分类收集试点城市。

通过表2可以看出，在这个阶段我国对生活垃圾分类的认识已经较为全面，2004年和2007年发布的生活垃圾分类相关法律法规中，开始提到“分类投放、收集和运输”，由“分类收集”转变为“分类投放、收集和运输”，对生活垃圾分类的认识比较系统。另外，在这个阶段，国家对生活垃圾分类制度宏观认识与实际操作措施相结合，但是仍然倾向于宏观鼓励和倡导型，出台的相关政策主要以鼓励为主，鼓励公民对生活垃圾分类投放，政府逐步推进生活垃圾分类建设。同时，国家制定了相关的生活垃圾分类标志和标准，使生活垃圾分类标准法定化，以便日后有效落实生活垃圾分类制度。

城市生活垃圾分类地方立法在这个阶段开始逐步开展，试点城市纷纷出台相关法律法规。2011年北京市人大常委会颁布《北京市生活垃圾管理条例》，明确生活垃圾分类的主体为单位和个人，确定生活垃圾分类标准为“餐厨垃圾、厨余垃圾、可回收物以及其他垃圾”，同时提出一些配套制度，比如生活垃圾处理收费制度、生活垃圾分类管理责任人制度、奖励和处罚制度以及社会监督与考核制度等。北京市较为详尽地规定了生活垃圾分类制度的具体执行措施，为深入推进生活垃圾分类实施奠定了坚实基础。随后，杭州市、深圳市等试点城市和一些非试点城市也积极开展地方立法工作，为日后推进生活垃圾分类制度落实积累经验。

4. 城市生活垃圾分类法规体系建设阶段

党中央在十八大之后提出一系列关于生态环境保护的新观点和新思想，将生态文明建设纳入“五位一体”建设之中，大力发展生态文明建设。2015年，生活垃圾分类步入新阶段，国务院在《生态文明体制改革总方案》中提出“建立生活垃圾分类制度”，标志着我国开始进入法规体系建设阶段。这一阶段中，我国基本形成了法律与政策相结合、宏观思想与具体实践操作相结合的多层次生活垃圾分类法规体系。

从2015年、2016年发布的政策文件和习近平总书记的重要讲话来看，《生态文明体制改革总方案》提出建立生活垃圾分类制度，并将其纳入“十三五”规划之中，习近平总书记也多次在重要讲话中提出加快建设因地制

表 3　2014～2020 年生活垃圾分类相关文件

时间	文件名称
2014 年	新修订《环境保护法》
2015 年	《关于加快推进生态文明建设的意见》
2015 年	《城市生活垃圾管理办法》
2015 年	《生态文明体制改革总体方案》
2015 年	《第十三个五年规划纲要》
2016 年	《关于进一步加强城市规划建设管理工作的若干意见》
2016 年	中央财经领导小组第十四次会议习近平重要讲话
2016 年	《“十三五”全国城镇生活垃圾无害化处理设施建设规划》
2017 年	《生活垃圾分类制度实施方案》
2017 年	《关于加快推进部分重点城市生活垃圾分类工作的通知》
2018 年	《关于在学校推进生活垃圾分类管理工作的通知》
2019 年	《关于在全国地级及以上城市全面开展生活垃圾分类工作的通知》
2019 年	《关于进一步推动公共机构生活垃圾分类工作的通知》
2019 年	《中华人民共和国固体废物污染环境防治法》(修订草案)
2019 年	GB/T19095—2019《生活垃圾分类标志》

宜、政府主导、公众参与的生活垃圾分类制度，均为生活垃圾分类制度的构建提供了宏观指导，奠定了思想基础。从这部分政策文件中也可以看到我国对生活垃圾分类已经有全面的认识，从“分类回收”逐渐拓展到“分类投放、运输和处理”，为在全国范围内推进生活垃圾分类制度落实奠定基础。

2017 年之后，我国开始逐步推进生活垃圾分类制度的实施，制定和出台了一系列相关政策和方案，指导生活垃圾分类实践运行。特别是 2017 年 3 月，国家发改委、住建部出台《生活垃圾分类制度实施方案》，对制度实施进行了较为详细的规划，从实施生活垃圾分类制度的指导思想、实施范围、体系建设以及工作保障等方面作出翔实规定。在此之后，住建部先后发布《关于加快推进部分重点城市生活垃圾分类工作的通知》《关于在全国地级及以上城市全面开展生活垃圾分类工作的通知》，由 2000 年确定的 8 个试点城市逐步增加到 46 个试点城市，并在全国范围内开始推进生活垃圾分类制度的实施，明确生活垃圾分类制度实施的范围。同时，在这个阶段内，出台关于学校、公共机构等落实生活垃圾分类制度工作的通知，明确学校以及公共机构的职责和工作要求。在地方层面，2017 年以来，各地纷纷出台生活垃圾管理条例或实施方案，均对生活垃圾制度落实作出规划，比如北京市提出，到 2020 年底，全市垃圾分类制度覆盖范围达到 90%；重庆市提出，到 2020 年底，实施生活垃圾分类的试点街道比例达到 50%。

从中央出台政策到地方政府出台指导意见或者实施方案，形成了以法治为基础的生活垃圾分类制度的统筹规划。同时，国家在这个阶段启动《环境保护法》《固体废物污染环境防治法》的修订工作，在 2014 年新修订的《环境保护法》中，第一次在法律层面对个人生活垃圾分类的义务进行规范。① 2020 年新修订的《固体废物污染环境防治法》将“生活垃圾”专章规定，从生活垃圾投放、运输和处理等环节进行全面规定，并且将“建立生活垃圾分类制度”纳入立法之中。中央和地方出台的政策与法律相结合，为生活垃圾分类制度的实施提供了坚实的法治基础，同时也逐步完善我国生活垃圾分类法规体系的建设。

（二）横向：城市生活垃圾分类现行地方立法梳理

自国家大力推进实施生活垃圾分类制度之后，国务院要求 46 个重点试点城市出台各地生活垃圾分类法律法规。截至 2020 年 12 月，46 个重点城市均以管理条例、管理办法、实施方案等形式，对生活垃圾分类制度进行规范（见表 4）。其中 25 个城市均通过地方人大及其常委会颁布地方性法规对生活垃圾分类进行规范，有 21 个城市以政府规章的形式出台生活垃圾分类的地方专项政府规章。在 25 个进行地方立法的城市中，广州市、深圳市等 17 个城市的地方立法以“生活垃圾分类”命名。以上海市为代表的部分城市虽未以生活垃圾分类专项进行立法，但新出台或者修订的《生活垃圾管理条例》均对生活垃圾分类制度的实施原则、方式程序、权利义务以及对违反生活垃圾分类相关规定的行为进行处罚作出了明确规定。虽然这些立法

① 《中华人民共和国环境保护法》第 38 条：“公民应当遵守环境保护法律法规，配合实施环境保护措施，按照规定对生活废弃物进行分类放置，减少日常生活对环境造成的损害。”

之间的名称略有差异，有的采用“生活垃圾管理条例”，有的采用“生活垃圾分类管理条例”，但其本质内容基本上是一致的，并无多大差别，都是以“生活垃圾分类”为核心和主线从而组成的生活垃圾管理规范。

表4　46个重点城市垃圾分类立法情况

<table>
<tr><th>立法类别</th><th>制定机关</th><th colspan="2">文件名称</th><th>城市数量</th></tr>
<tr><td rowspan="2">地方性法规</td><td rowspan="2">地方人大及其常委会</td><td>专项立法</td><td>《合肥市生活垃圾分类管理条例》《铜陵市生活垃圾分类管理条例》《福州市生活垃圾分类管理条例》《广州市生活垃圾分类管理条例》《深圳市生活垃圾分类管理条例》《南宁市生活垃圾分类管理条例》《长春市生活垃圾分类管理条例》《苏州市生活垃圾分类管理条例》《南昌市城市生活垃圾分类管理条例(征求意见稿)》《宜春市生活垃圾分类管理条例》《大连市城市生活垃圾分类管理条例》《银川市城市生活垃圾分类管理条例》《济南市生活垃圾减量与分类管理条例》《泰安市生活垃圾分类管理条例》《太原市生活垃圾分类管理条例》《西安市生活垃圾分类管理条例》《宁波市生活垃圾分类管理条例》</td><td>17</td></tr>
<tr><td>非专项立法</td><td>《北京市生活垃圾管理条例》《上海市生活垃圾管理条例》《天津市生活垃圾管理条例》《杭州市生活垃圾管理条例》《成都市生活垃圾管理条例》《沈阳市生活垃圾管理条例》《南京市生活垃圾管理条例》《长沙市生活垃圾管理条例》</td><td>8</td></tr>
<tr><td>政府规章</td><td>地方政府</td><td colspan="2">《厦门经济特区生活垃圾分类管理办法》《兰州市城市生活垃圾分类管理办法》《贵阳市城镇生活垃圾分类管理办法》《海口市生活垃圾分类管理办法》《石家庄市生活垃圾分类工作实施方案》《邯郸市城市生活垃圾分类管理办法》《郑州市城市生活垃圾分类管理办法》《哈尔滨市城市生活垃圾分类管理办法》《武汉市生活垃圾分类管理办法》《宜昌市生活垃圾分类管理办法》《呼和浩特市生活垃圾分类管理办法》《西宁市城市生活垃圾分类管理办法》《青岛市城市生活垃圾分类管理办法》《咸阳市城市生活垃圾分类管理暂行办法》《广元市城市生活垃圾分类收集处置工作实施方案》《德阳市生活垃圾分类管理办法》《拉萨市城市生活垃圾分类管理办法》《乌鲁木齐市生活垃圾分类管理办法》《昆明市城市生活垃圾分类管理办法》《重庆市生活垃圾分类管理办法》《日喀则市生活垃圾分类管理办法》</td><td>21</td></tr>
</table>

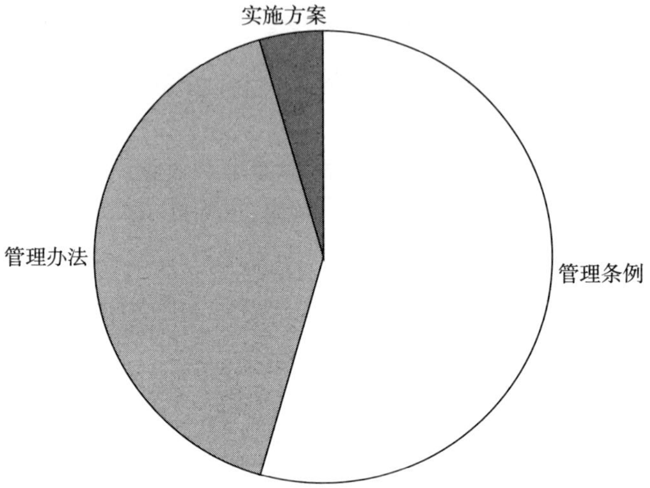

图1　46个重点试点城市生活垃圾分类立法形式

从2017年重点试点城市开始陆续进行地方立法，到2019年初，仅有广州市、深圳市、长春市、苏州市、宜春市、银川市、泰安市、太原市和宁波市9个城市进行了垃圾分类专项立法，大部分城市均以“管理办法”或者“实施方案”等地方政府规章的形式对生活垃圾分类进行规范。从表中可以看出，到2020年底，已有25个城市进行生活垃圾分类地方立法，约占54%（见图1）。总体来看，地方立法呈现由地方性法规逐步代替政府规章的趋势，比如2019年新颁布的《宁波市生活垃圾分类管理条例》《上海市生活垃圾管理条例》等。比如南京市废除了2013年生效的《南京市生活垃圾分类管理办法》，于2020年6月由南京市人大常委会通过《南京市生活垃圾管理条例》，生活垃圾分类专项立法由政府规章上升为地方性法规；杭州市废除了2015年通过的《杭州市城市生活垃圾管理办法》，于2021年由杭州市人大常委会批准通过《杭州市生活垃圾管理条例》。由此可以看出，目前生活垃圾分类的专项地方立法倾向于效力位阶更高的地方性法规。

二　内容核心：现行城市生活垃圾分类法规的全面梳理

通过上文对现行城市生活垃圾分类的立法体系进行梳理，可以发现大量地方立法对生活垃圾分类制度的实施原则以及配套措施进行规范，所以，生活垃圾分类法规规范仍以地方立法为主。下文将对46个重点试点城市生活垃圾分类地方立法文本的核心内容进行梳理研究。

（一）生活垃圾分类标准与投放要求

1. 生活垃圾分类标准

生活垃圾分类标准的制定关系着生活垃圾分类的处理方式，同时分类标准设置的繁简程度影响公民对生活垃圾分类的可接受度。《中国新闻周刊》曾做过关于生活垃圾分类实施的调查，有15万人参与，其中6万人表示生活垃圾分类实施最容易卡在分类标准之上，[①] 公民对生活垃圾分类标准不清楚、分类种类过于繁杂等均影响城市生活垃圾分类的实施。

城市生活垃圾的分类标准在地方立法中均有所体现，但是在地方立法中没有统一规范的表述，主要表现在以下两个方面。第一，在46个重点试点城市中，各地采用的分类方式不尽相同，主要有三分法、四分法和五分法三类分类方式（见表5）。其中，绝大多数城市采用四分法，将生活垃圾分为四个大类——厨余垃圾、可回收垃圾、有害垃圾以及其他垃圾；广元市采用三分法——可回收垃圾、不可回收垃圾和有毒有害垃圾；北京市和福州市采用五分法——可回收物、易腐垃圾、有害垃圾、大件垃圾和其他垃圾。第二，在地方立法中，各地对生活垃圾的表述存在一定差异。其中，主要表现在干垃圾与可回收垃圾、湿垃圾与易腐垃圾、餐厨（余）垃圾之间。比如

① 《实施垃圾分类最容易卡在哪儿?》，《人民日报》2018年6月12日，第Z0版。

邯郸市[1]和上海市[2]将生活垃圾分为可回收垃圾、有害垃圾、干垃圾与湿垃圾，其余大部分城市在地方立法中表述为可回收垃圾、餐厨（余）垃圾、有害垃圾和其他垃圾。虽然在地方立法中表述不尽相同，但是根据其具体内容来看，邯郸市和上海市均在地方立法中表明，干垃圾即其他垃圾，湿垃圾即易腐垃圾。住建部在2019年发布的《生活垃圾分类标志》中，将生活垃圾分为可回收物、餐厨垃圾、有害垃圾和其他垃圾，并明确定义了干垃圾与湿垃圾。另外，对易腐垃圾与餐厨（余）垃圾的表述，虽然名称不同，但是从其包含的生活垃圾内容来看，具有高度重合性。

表5　46个重点试点城市生活垃圾分类标准

类别	城市
三分法	广元
四分法	深圳、广州、杭州、上海、邯郸、太原、长春、苏州、合肥、青岛、海口、贵阳、昆明、西安、兰州、西宁、厦门、宁波、哈尔滨、成都、大连、济南、南昌、南京、南宁、沈阳、泰安、天津、铜陵、宜春、银川、长沙、德阳、呼和浩特、拉萨、日喀则、石家庄、乌鲁木齐、武汉、咸阳、宜昌、郑州、重庆
五分法	北京、福州

由此可见，地方立法关于分类标准的实质内容是基本一致的，仅个别城市采用三分法和五分法，但是其主体分类标准与四分法并无太大差异，只是在五分法中将大件垃圾单独作为分类标准。对于分类标准的表述，其本质内容并无差别，仅在词语表达上存在差异。各地在进行地方立法时，在生活垃圾分类内容没有实质性差异的情况下，应参考国家发布的《生活垃圾分类标志》，对生活垃圾分类标准的表述尽可能保持一致，以免造成公众的误解。

① 《邯郸市城市生活垃圾管理办法》第3条："生活垃圾分为以下四类：可回收物、有害垃圾、湿垃圾、干垃圾。"

② 《上海市生活垃圾管理条例》第4条："本市生活垃圾按照以下标准分类：可回收垃圾、有害垃圾、干垃圾、湿垃圾。"

2. 生活垃圾分类投放要求

46 个重点试点城市的地方立法中均明确规定产生生活垃圾的单位和个人应当按照生活垃圾分类标准，将生活垃圾分别按要求投放。部分重点城市还规定了与生活垃圾分类制度配套的定时定点投放制度。

生活垃圾定时定点投放制度是各个实行生活垃圾分类的国家普遍使用的配套措施，其要求按照相关法律法规的要求定时、定点投放垃圾。在目前 46 个重点试点城市的地方立法中，部分城市对定时定点投放制度作出规范，但是其中落实该制度的主体有所差别。比如，北京市由分类管理责任人确定相关时间和地点，杭州市由市容环卫主管部门负责，南京市立法规定由镇人民政府、街道办事处负责，深圳市和重庆市立法规定由区主管部门负责，哈尔滨市立法规定由区人民政府负责，而上海市等仅提到逐步推行该制度，未明确负责人。（见表 6）

表 6　46 个重点试点城市生活垃圾分类定时定点投放制度统计

制定主体	城市	相关内容
无	大连、铜陵、青岛、武汉、合肥、上海、苏州、宜昌	应当实行（逐步推行）生活垃圾定时定点分类投放制度
管理责任人	北京	设立固定桶站、定时定点收运
市容环卫主管部门	杭州	负责定时定点投放制度及其实施计划并组织实施
镇人民政府、街道办事处	南京	定时定点集中投放；组织个人和单位定时定点集中投放
区主管部门	深圳	根据生活垃圾定时定点投放制度和本行政区域实际情况，确定生活垃圾具体投放时间段
	重庆	逐步建立生活垃圾定时定点分类投放制度
区人民政府	哈尔滨	应当逐步建立生活垃圾定时定点分类投放制度，并制定和公布工作方案

实行定时定点投放制度，可以在一定程度上做到生活垃圾分类全监管，分类投放主体仅可以在规定的时间与地点投放生活垃圾，不论是行政机关，还是垃圾分类管理责任人，都可以在特定的时间和地点进行生活垃圾分类投放监管，这样可以减少行政执法的成本，提高行政执法的效率。

（二）生活垃圾分类运行中各主体及法律责任

在生活垃圾分类运行的过程中，涉及的主体主要有分类管理主体和分类义务主体。其中，分类管理主体负责组织落实和规划建设生活垃圾分类制度，并对分类义务主体的行为进行监管；分类义务主体主要是指在生活垃圾分类过程中，进行分类投放、分类收集和运输、分类处理的单位和个人。通过对生活垃圾分类地方立法中各主体的规定，可以明确其权利与义务。

1. 分类管理主体

分类管理主体在生活垃圾分类制度中主要表现为生活垃圾分类行政主管部门以及垃圾分类管理责任人。对于生活垃圾分类行政主管部门的职责，各地方立法表现出一致性，一般均表达为“城市管理部门”负责生活垃圾分类治理工作的组织、协调与监督，仅有个别城市，比如上海市，规定由绿化市容部门负责。但其承担的职责基本一致，均是负责生活垃圾治理的组织、指导、协调和监督工作。另外，部分城市在地方立法中还规定一些相关的行政管理部门，比如发改委、房管局、城管执法等部门行使其相关职责，由政府进行统筹规划，设置综合协调机制，比如联席会议。

国务院出台的《城市生活垃圾分类制度实施方案》提出各地应建立垃圾分类管理责任人制度，设立垃圾分类管理责任人。46 个重点试点城市的地方立法，均对垃圾分类管理责任人制度进行明确设立，其中公众场所、办公场所的管理责任人均设置为单位，关于居住场所的管理责任人则出现了分歧。在实行物业管理的居住区，分类管理责任人为物业，在未实行物业管理的居住区，大部分城市选择居民委员会作为其管理责任人，另外少数城市选择业主委员会作为其管理责任人（见表 7）。

表 7　46 个重点试点城市生活垃圾分类居住场所管理责任人

居住区分类	管理责任人	城市
实行物业管理的居住区	物业公司	北京、成都、大连、海口、杭州、广州、济南、南昌、宁波、厦门、上海、沈阳、太原、银川、长春、南京、南宁、苏州、泰安、天津、铜陵、西安、宜春、长沙、深圳

续表

居住区分类	管理责任人	城市
未实行物业管理的居住区	居民委员会	成都、大连、福州、杭州、广州、合肥、济南、南昌、宁波、沈阳、太原、银川、长春、南京、泰安、天津、西安、宜春
业主自行管理物业的居住区	业主委员会	海口、厦门、银川、南宁、上海、沈阳、苏州、铜陵、长沙、深圳

2. 分类义务主体

分类义务主体是在生活垃圾分类立法中被赋予分类义务的主体，按规定分类投放、运输和处理生活垃圾。主要包括分类投放主体、分类收集和运输主体、分类处理主体。

在所有的地方立法中，均规定了作为分类投放主体的单位和个人按照法律规定进行分类投放的义务。其中部分城市的规定较为详细，比如深圳市，将分类投放主体的标准细化到十三类，包括各类生活垃圾包含的内容以及投放的方式。但是大部分城市的规定较为粗略，仅规定了个人和单位有分类投放的义务。关于个人和单位是否有生活垃圾分类投放的法定义务，目前仍然存在一些争议。《宪法》并未对单位和个人需要履行保护环境的义务进行规定，仅规定国家有保护环境、改善生活和生态环境的义务。关于公民的环境保护义务以及资源利用仅在《环境保护法》第6条①以及新修订的《固体废物污染环境防治法》② 中有规定，并且《环境保护法》第38条③以及《固体废物污染环境防治法》第49条④明确了公民进行生活垃圾分类投放的义务，这样的规定是否与宪法有冲突仍值得探讨。笔者认为，从上述法律条款来看，《宪法》规定国家保护和改善环境的法定义务，而没有规定公民的相

① 《环境保护法》第6条："一切单位和个人有保护环境的义务。"

② 《固体废物污染环境防治法》第4条："任何单位和个人都应当采取措施，减少固体废物的产生量，促进固体废物的综合利用，降低固体废物的危害性。"

③ 《环境保护法》第38条规定："公民应当遵守环境保护法律法规，配合实施环境保护措施，按照规定对生活废弃物进行分类放置，减少日常生活对环境造成的损害。"

④ 《固体废物污染环境防治法》第49条规定："产生生活垃圾的单位、家庭和个人应当依法履行生活垃圾源头减量和分类投放义务，承担生活垃圾产生者责任。"

关义务，但是政府无法凭一己之力保护和改善生活环境，生活环境干净美好需要依靠每一位公民的日常保护，因此公民在享受干净美好的生活环境的同时，也应承担相应的保护环境的责任。

另外，对于生活垃圾分类运输和处理的主体，地方立法中均规定为获得政府许可的企业可以从事生活垃圾分类运输、处理行为。

3. 法律责任

法律责任主要是指由于主体违反第一性义务而产生的第二性义务。[①] 生活垃圾分类管理主体和义务主体承担进行生活垃圾分类的义务，若其违反相关法律法规，则必然要承担相应的法律责任。在目前的地方立法中，均设置了法律责任一章。

对于分类管理主体需要承担的法律责任，主要是为行政机关不作为或者不积极履行其职责而设定。大部分城市规定行政机关工作人员不履行相关职责，对其进行依法处理，主要采用行政处分的形式对其进行处罚，从而督促其积极行使权力。同时在立法中还规定，工作人员若触犯《刑法》，需要承担相应责任，对于分类义务主体主要以行政处罚的方式进行规制。针对分类投放的义务主体，各地立法均采用警告、罚款的方式对违反生活垃圾分类法律法规的行为进行处罚，但是在罚款数额方面，各地立法存在一定的差异，这是由于地方经济水平有所差别，在经济发展较为落后的地区，其罚款数额较低，在经济发展水平较高的地区，其罚款数额也会有所提高，这样的差别立法在一定程度上做到因地制宜，可以发挥法律的规制作用。但是如果罚款数额差别超出合理的范围，则可能导致公民财产权利受到侵犯。另外，在个别城市地方立法中，采用了责令改正的前置程序，若行政相对人未按照规定分类投放生活垃圾，由行政机关先行责令其改正，如果行政相对人拒绝改正、态度恶劣，则会进行一定的处罚。有的地方立法设置志愿者时长代替行政处罚的规定，若行政相对人未按照规定投放生活垃圾，可以选择以在社区做生活垃圾分类志愿者的方式代替接受罚款。这样的柔性处理方式，可以更

① 张文显：《法理学》，北京大学出版社，2013。

为显明地体现教育作用，教育代替强硬的罚款，更加有利于生活垃圾分类制度的普及，提高公民的接受程度。

另外，对于分类运输和处理义务主体的法律责任的设定，地方立法中规定采用罚款的方式进行行政处罚，并且罚款的数额较之分类投放义务主体来说较大，通常均在几千元不等。一般来说，生活垃圾分类运输和处理义务主体多为企业，企业以营利为目的，采用大额罚款有利于促使其遵守相关规定，有一定的合理性。除此之外，行政机关还采取吊销许可证的方式，对生活垃圾分类运输和处理义务主体进行规制。企业要具有运输和处理生活垃圾的资质，需要得到行政机关的许可，若其违反相关规定，行政机关自然也有权力吊销其许可证。

通过以上法律责任的承担方式，可以促使分类投放义务主体、分类运输和处理义务主体遵守生活垃圾分类的法律法规，按照规定履行应尽义务。

（三）生活垃圾分类法规中的治理方式

1. 构建生活垃圾收费制度

生活垃圾收费制度是世界各国都普遍运用的一项生活垃圾治理方式，是指公民在接受政府提供的生活垃圾治理服务过程之中，需要支付相应的费用。一方面可以减轻财政压力，另一方面可以利用经济手段促使公民减少生活垃圾的产生。

我国目前 46 个重点试点城市的地方立法中，明确规定生活垃圾收费制度的有上海、广州、杭州等 28 个城市，约占试点城市 61%，而南昌、天津、银川、德阳、广元、哈尔滨、昆明、拉萨、兰州、青岛、乌鲁木齐、武汉、西宁、郑州 14 个城市未在其地方立法中规定生活垃圾收费制度，铜陵、石家庄、咸阳、宜昌 4 个城市表述为“逐步探索和建立生活垃圾收费制度”。其中沈阳、合肥、大连等 11 个城市仅在地方立法中粗略地规定建立生活垃圾收费制度，没有具体的原则和操作规范。大部分城市的地方立法依照“污染者付费”原则、“谁产生谁付费、多产生多付费”原则建立生活垃圾收费制度。值得注意的是，北京、成都、贵阳和重庆 4 个城市提出以

“多排放多付费、少排放少付费、混合垃圾多付费、分类垃圾少付费”的原则构建生活垃圾收费制度，其在“多产生多付费”的基础上，新增了“混合垃圾多付费，分类垃圾少付费”的原则，这样的变化更加有利于生活垃圾分类的实施（见表8）。我国虽然大部分城市在立法中表示建立生活垃圾收费制度，但是仅是原则性的表述，具体操作规范和措施，如收费标准、收费方式等，均没有细化规定，可操作性有限。《长沙市生活垃圾管理条例》规定了生活垃圾处理费专项用于生活垃圾的分类、收集、运输和处理，不得挪作他用①，在立法层面对生活垃圾处理费的用途作了明确规定，是一个比较大的进步。

表8　46个重点试点城市生活垃圾分类收费制度统计

生活垃圾收费制度内容	城市	数量
排放城市生活垃圾的单位和个人应当按照国家规定缴纳生活垃圾处理费	沈阳、合肥、大连、济南、南京、南宁、深圳、苏州、西安、长沙、日喀则	11
谁产生谁付费、多产生多付费	上海、广州、杭州、厦门、宁波、海口、太原、长春、福州、泰安、宜春、邯郸、呼和浩特	13
多排放多付费、少排放少付费、混合垃圾多付费、分类垃圾少付费	贵阳、重庆、北京、成都	4

2. 适用信用管理制度

信用管理制度是行政机关利用社会信用管理信息系统，对不按照相关法律法规投放、运输和处理生活垃圾的行为进行惩戒的管理制度。目前从实践成本来看，运用信用管理制度可以有效促使公民按照法律法规进行生活垃圾分类活动，但是将公民的日常行为纳入如此严厉的征信系统，对公民的购房、贷款以及个人生活会产生非常大的影响。

自从合肥首次将违反生活垃圾分类立法的行为纳入社会征信平台后，

① 《长沙市生活垃圾管理条例》第8条：“生活垃圾处理费应当专项用于生活垃圾的收集、运输和处理等，不得挪作他用。”

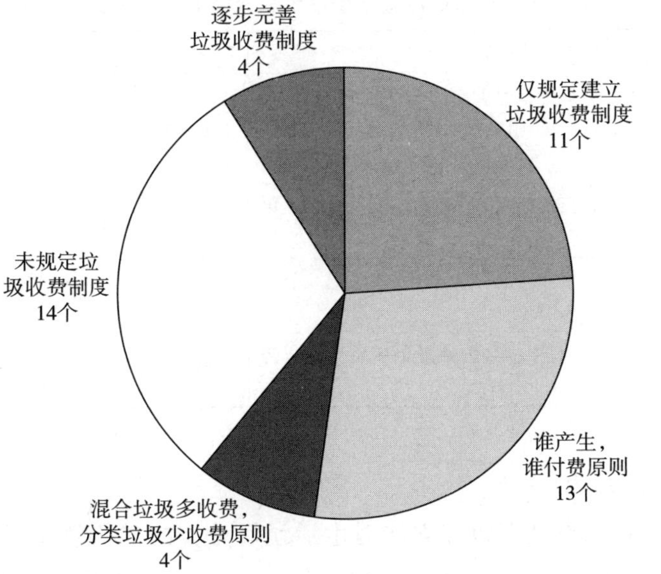

图 2　46 个重点试点城市生活垃圾分类收费制度统计

22 个试点城市，也就是近一半的试点城市将生活垃圾分类违法行为开始逐步纳入征信。其中上海、宁波、福州等 17 个城市详细地规定了应当纳入社会信用信息共享平台的行为（见表 9）。上海、厦门、太原、兰州和铜陵详细规定了应当纳入社会信用信息平台的情形；宁波、深圳和青岛则将违反生活垃圾分类地方立法且受到行政处罚的行为纳入社会信用信息共享平台；福州、西安等七个城市将不履行生活垃圾分类义务的单位和个人纳入征信。而北京和西安两地仅将单位违反生活垃圾分类地方立法的行为纳入，没有涉及个人违法行为。成都、杭州和长春三市对于纳入征信的范围没有明确说明，只是规定逐步推行信用管理制度。由此可见，各地将违法行为纳入征信是大势所趋，利用征信规范生活垃圾分类，主要针对生活垃圾分类投放主体，但是各地纳入征信的标准和主体不尽相同，由于征信会对个人、单位的生产生活造成较大影响，应慎重而行，应由上位法对此作出统一规定。

表 9　46 个重点试点城市生活垃圾分类信用管理制度统计

具体内容	城市
详细规定了纳入社会信用信息共享平台的四种行为:不履行分类义务且影响严重、阻碍执法、打击报复以及其他情形	上海、厦门、太原、兰州、铜陵
违反本条例规定受到行政处罚的,应当记入有关个人、单位信用档案	宁波、深圳、青岛
单位和个人拒不履行生活垃圾分类义务,依法记入公共信用信息平台失信主体记录	福州、西安、哈尔滨、呼和浩特、宜昌、大连、南京
依法将违反规定投放、收集、运输、处置生活垃圾的行为纳入诚信体系	合肥、贵阳

3. 广泛宣传教育

46 个重点试点城市地方立法对生活垃圾分类的宣传教育工作均纳入立法之中。在宣传方面，主要规定了负责宣传事项的主体以及应尽的职责。其中关于媒体、行政机关以及生活垃圾分类管理责任人的宣传职责在各地立法中均有所体现，媒体以及行政机关需要对生活垃圾分类进行广泛宣传，城市管理部门需建立宣传教育基地，垃圾分类管理责任人需要在职责范围内承担宣传职责，并规定生活垃圾分类管理责任人如果不履行宣传职责应承担的法律责任。另外，部分城市在宣传方面还进行了创新，比如上海市充分发挥居委会的作用，由居委会负责普及分类的意义，并引导其进行生活垃圾分类，可以有效拉近与居民的距离，有利于政策实施；上海市还鼓励公益组织和志愿者积极参与到生活垃圾分类的宣传活动中，成立志愿者之家。广州市在宣传方面的做法也具有一定的创新性，其在立法中规定更为细致，不仅让社会力量参与宣传，在行政机关宣传方面，规定也非常细致，由旅游部门对企业进行宣传，由外来人员管理部门专项对外来人员进行宣传，这样分工具体、职责明确，更加有利于生活垃圾分类工作的落实，培养公民的生活垃圾分类意识。

在教育方面，地方立法纷纷将其纳入，要求中小学教育中应有相应的课程安排。大部分的城市仅笼统地在地方立法中规定将生活垃圾分类知识的普及纳入中小学教育之中，比如邯郸市。也有个别城市在教育立法方面进行创新，规定得较为详细，比如上海市要求地方政府建立生活垃圾分类相关的教育基地，不仅为学生提供学习和普及生活垃圾分类知识的场所，也对社会成员开放，有利于全社会对生活垃圾分类知识的学习。另外有些城市要求将生活垃圾分类纳入社会实践或者单位对职工的教育中，比如太原市要求教育部门将其纳入社会实践活动中，要求中小学生积极参与生活垃圾分类的社会实践活动，通过实践可以对生活垃圾分类有更直观的感受。各地虽然将教育工作纳入了地方立法，为推动生活垃圾分类教育工作的开展提供法律基础，但是仅较少的城市进行相关实践。比如上海市教育部门为落实地方立法，要求中小学将“开学第一课”的内容确定为生活垃圾分类。[①] 并且上海市还要求在中考中加入生活垃圾分类相关知识。这些教育举措，有利于培养公民生活垃圾分类的意识，让其认识到分类的重要性，从而自觉参与到生活垃圾分类的治理中。

4. 实施行政奖励

行政奖励是行政主体实施的一种具体行政行为，用于通过物质奖励或者精神奖励的方式表彰对国家和社会有贡献的行政相对人，以此激励和调动公民从事某种行为的积极性。[②] 行政奖励是最为直接的，可以通过行政奖励的方式，激励各分类主体积极履行分类义务。行政奖励可以分为物质奖励和精神奖励，在现行法律以及地方立法中，这两种行政奖励方式均有所体现，比如，《环境保护法》第 8 条[③]对生活垃圾分类制度中的行政奖励作出规范。地方立法中也有所体现，比如《北京市生活垃圾管理条例》第 11 条[④]的

---

① 《体验垃圾分类新时尚，上海中小学迎来“开学第一课”》，《澎湃新闻》，http：//finance.sina.com.cn/roll/2019－02－20/doc－ihrfqzka7496039.shtml，最后访问日期：2020 年 12 月 25 日。

② 姜明安：《行政法与行政诉讼法》，北京大学出版社，2005，第 278 页。

③ 《环境保护法》第 8 条：“对保护和改善环境有显著成绩的单位和个人，由人民政府予以奖励。”

④ 《北京市生活垃圾管理条例》第 11 条：“本市对在生活垃圾管理工作中做出突出贡献和取得优异成绩的单位和个人给予奖励。”

规定。

在物质奖励方面，部分城市在地方立法中采用积分兑换的方式激励公民积极参与生活垃圾分类治理。比如邯郸市和北京市，均将积分兑换方式纳入地方立法。物质奖励可以极大地提高公众参与的积极性，并且有效激励公众分类投放生活垃圾。在精神奖励方面，大多数城市均在地方立法中规定对具有重大贡献或取得重大成绩的行政相对人，可以给予一定奖励，一般为授予荣誉称号。这类精神奖励可以使公众获得荣誉感和认同感，在日后更加积极参与生活垃圾分类治理工作。

三　问题弊端：现行城市生活垃圾分类法规全面剖析

在对 46 个重点城市的地方立法进行梳理以及对各地实践状况进行分析之后，可以看出我国城市生活垃圾分类仍然处于起步阶段，存在诸多问题。

（一）现行城市生活垃圾分类地方立法不完善

1. 地方立法法律位阶低

通过上文对立法现状的梳理，发现在法律和行政法规中，对生活垃圾分类制度的规范较少，其大多集中于地方立法之中，包括地方性法规和地方政府规章，由此可以看出，目前城市生活垃圾分类的立法仍以地方立法为主。但是从上文可以看出，在全国 46 个重点试点城市中，仍有近一半的城市采用地方政府规章的形式对生活垃圾分类进行法律规制。地方政府规章在司法实践中属于参考适用的范畴，并非法定适用的范畴，其法律位阶较低，强制力较弱，从而导致生活垃圾分类在地方难以开展和实施。

另外，现行立法的执行力较弱，在法律、行政法规、部门规章中多为原则性和倡导性的表述，缺乏具体的操作指导。立法内容过于抽象，在地方立法中，存在多处“逐步推行”“鼓励”“支持”等表述，严重影响了地方立法的可操作性，使得很多制度和立法沦为口号。

2. 分类管理主体之间权责不明晰

城市生活垃圾分类制度从整体法规体系来看，可以发现由中央统筹规划和领导，地方政府和政府机关负责本地区的具体实施工作。在中央层面，由住建部、发改委以及生态环境部负责，但是在法律法规中并没有明确由哪一部门具体负责。如《固体废物污染环境防治法》第 9 条规定，固体废物的主管部门是生态环境部门，但是《城市生活垃圾管理办法》规定生活垃圾的主管部门为建设部门（住建部）。在法律法规中没有将生活垃圾分类管理主体进行明确，存在矛盾之处，便容易产生行政机关互相推诿的情况，降低行政效率，不利于生活垃圾分类制度开展。在地方立法层面，有的城市将生活垃圾分类的管理权责赋予市容绿化部门，有的城市将其赋予城市管理部门，并且将其中不同的职责赋予不同的部门，导致管理混乱，权责不明确，缺乏相应的协调机制。

3. 行政处罚限度不同

行政处罚是最容易对公民的权利造成侵害的行政行为。在各地制定的地方性法规中，行政处罚的形式和标准有很大区别，特别是在行政罚款的数额上，各地差异非常明显。我国地方经济发展差异较大，导致行政罚款的数额出现差别。但是在地方立法中出现超出合理范围的罚款数额，会导致行政权力侵犯公民的财产权利。另外，生活垃圾分类地方立法设定行政处罚缺乏上位法的依据，就目前而言，在《环境保护法》及《固体废物污染环境防治法》等法律中，没有关于行政处罚的依据，从而导致各地方在进行立法时没有基准，自行设置处罚限度。因此，需要通过上位法对行政处罚予以完善。

（二）配套制度设置不合理

1. 生活垃圾分类收费制度不合理

由上文可知，在大部分地方性法规和政府规章中，均规定了生活垃圾分类收费制度。但是在立法和执法的过程中，仍然存在一定的问题，主要表现为缺少上位法依据、收费模式不统一等问题。

第一，生活垃圾分类收费制度缺少上位法的依据。目前对生活垃圾分类收费制度的主要依据是《关于实行城市生活垃圾处理收费制度促进垃圾处理产业化的通知》，该通知是2006年住房与城乡建设部发布的规范性文件，其法律位阶低。另外，在该通知中，对生活垃圾分类收费制度的规定多为鼓励性的规定，对生活垃圾分类缺乏实际指导作用，难以应用于实践之中。同时，我国没有一部统一规定城市生活垃圾收费的法规，虽然各地立法规定单位和个人应当缴纳生活垃圾处理费，并在地方性法规和规章中明确由各地市政府或者主管部门制定具体办法，但是只有少数几个城市制定了有关的办法。①

第二，目前各地区生活垃圾分类收费制度主要有定额收费制度和计量收费制度两种，大多数地区采用定额收费制度。定额收费制度中，公民缴纳的生活垃圾处理费用与产生的生活垃圾量没有联系，无论产生多少生活垃圾，均收取同样的垃圾处理费用。② 这种垃圾收费制度虽然便捷且利于行政管理，但是已经不适应生活垃圾分类的现实。通过查询各地的生活垃圾处理收费标准，可以发现目前生活垃圾处理的收费标准非常低，没有与社会经济发展相适应，难以发挥其应有的作用。计量收费制度是根据垃圾的产生量进行收费，以上海市为典型，进行生活垃圾计量收费制度，以桶为计量单位，各单位每年核定一次生活垃圾处理量基数，基数外加价收费。③ 计量收费制度利用经济手段，可以在一定层面实现生活垃圾的减量化目标，使公众能够从源头进行生活垃圾减量。各地在地方立法中也明确要逐步建立生活垃圾收费制度，但是目前只有个别城市通过政府规范性文件对这项制度进行落实。

2. 定时定点分类投放制度难适用

定时定点制度在国外部分国家与生活垃圾分类制度配套实行，比如日本

---

① 钱宁：《我国城市生活垃圾收费制度研究》，华东政法大学硕士学位论文，2010，第12页。

② 丁纯：《生活垃圾收费制度的国际经验与借鉴》，《财经论丛》2007年第4期，第7页。

③ 《关于浦东新区单位生活垃圾处理收费有关事项的通知》，上海市环卫局，https：//www.pudong.gov.cn/shpd/InfoOpen/InfoDetail.aspx？InfoId = eb0b0992 - 821d - 49b5 - 8015 - 50b378952b29&EZqsWV1hgD8K = 1638369281858，最后访问日期：2020年12月26日。

在不同地区设置时间不同的垃圾收集日（如表 10），当地居民需要按照表 10 的时间分类投放生活垃圾，如果未在相应时间内投放指定的生活垃圾，则垃圾收集公司可以拒绝收集。

表 10　日本垃圾收集日历

分类 校区(地区)	可焚烧垃圾		粉碎垃圾、有害垃圾		罐子、瓶、PET 塑料瓶		纸张、布类		容器包装、塑料	
新番丁(日新、二番丁)鱼室、庵治、牟礼北部	每周	星期一	第 2	星期五	第 1	星期二	第 2	星期二	每周	星期三
		星期四	第 4		第 3		第 4			
高松第一(松岛、筑地、新经屋町)花园、新番丁(四番丁)、盐汀	每周	星期二	第 2	星期一	第 1	星期四	第 2	星期四	每周	星期三
		星期五	第 4		第 3		第 4			
栗林、太田香川(浅野)	每周	星期一	第 1	星期五	第 2	星期二	第 1	星期二	每周	星期三
		星期四	第 3		第 4		第 3			
鹤尾、一宫、圆座、川冈香川(川东)	每周	星期一	第 1	星期二	第 2	星期五	第 1	星期五	每周	星期三
		星期四	第 3		第 4		第 3			
木太、林、多肥国分寺南部	每周	星期二	第 1	星期一	第 2	星期四	第 1	星期四	每周	星期三
		星期五	第 3		第 4		第 3			
屋岛、古高松牟礼南部	每周	星期二	第 2	星期四	第 1	星期一	第 2	星期一	每周	星期三
		星期五	第 4		第 3		第 4			
檀治、弦打、香西、鬼无下笠居、国分寺北部	每周	星期一	第 2	星期二	第 1	星期五	第 2	星期五	每周	星期三
		星期四	第 4		第 3		第 4			
前田、三谷、川添、佛生山、川岛、十河西植田、东植田、香南、川谷(大野)	每周	星期二	第 1	星期四	第 2	星期一	第 1	星期一	每周	星期三
		星期五	第 3		第 4		第 3			

※星期六、星期日、年末年初(12/29～1/3)原则上不进行垃圾回收。※节假日正常回收。投弃垃圾时请严格遵守垃圾分类、垃圾投弃等相关规定。

注：该日历表格中的信息为“日本香川县高松市 2018 年第七版家庭垃圾分类时间规定”，为研究团队在日本访学时搜集。

定时定点投放生活垃圾的措施可以减轻行政机关的监督压力，只需要在规定的时间点进行监管即可，可以降低行政执法的成本，提高行政执法效率。但是这一制度的实施必须考虑本国的基本国情，我国各个小区住户多，人员庞杂，特别是中青年群体日常忙于工作，很难做到在规定的时间内分类投放生活垃圾。上海对定时定点分类投放进行了试点，依据小区的情况，设置不同数量的分类投放点，并且规定在上午七点至九点，下午五点至七点可以投放生活垃圾，其余时间均不得投放。① 很多居民在这个时间段内还处于工作岗位上，很难按照规定的时间投放生活垃圾，导致生活垃圾难以投放。另外，该制度的实施必须将垃圾桶撤走。目前，在上海试点地区，经常看不到在街道上设有垃圾桶，但是可以看到在监管不到的地方，随意丢弃的生活垃圾。由于目前国民素质参差不齐，贸然将垃圾桶撤走，在街道上不设立垃圾桶，会导致部分居民不仅不按照生活垃圾分类的相关法律法规投放生活垃圾，更严重的是随手将生活垃圾丢弃在路边，反而造成不良影响。

因此，定时定点投放生活垃圾制度是否应当强制实施，应当进行充分实践调研，并且考虑分类投放义务主体的现实需求。

（三）治理方式有缺陷

1. 滥用信用管理制度

在一些地方立法中，有部分城市将信用管理方式纳入城市生活垃圾分类的立法之中，希望通过纳入征信系统这样一种具有威慑力的方式，促使公民和单位、企业遵守生活垃圾分类的相关法律法规。将未遵守生活垃圾分类法律法规的行为纳入征信系统，虽然在一定程度上可以促使公民积极参与生活垃圾分类，但是利用征信系统的方式推动生活垃圾分类实施，不仅缺乏合理性，也缺乏上位法的依据，可能造成行政权力对公民合法权益的侵害。② 过度使用征信会造成滥用征信系统的嫌疑，会对国家资源造成浪费。③ 征信系统会对公民个人生活造成非常大的影响，滥用征信系统，会降低行政机关在公民心中的评价，影响行政机关的公信力，如果严重的话，还有可能造成群

---

① 《上海垃圾分类半年考“初战告捷” 定时定点有争议 后端处理待加强》，新华网，http：//www. xinhuanet. com/politics/2020 - 01/07/c - 1125428529. htm，最后访问日期：2020 年 12 月 15 日。

② 袁文瀚：《信用监管的行政法解读》，《行政法学研究》2019 年第 1 期，第 18 页。

③ 李林芳、徐亚文：《社会信用体系法治化原理探析》，《学习与实践》2019 年第 11 期，第 29 页。

体性上访事件，影响社会秩序。

在司法实践过程中，只有行政相对人的行为违背了诚实信用，才会使用征信系统，限制其个人高消费等，迫使其积极履行应尽的义务。一般认为，信用不仅是对借贷能力的评价，也是对经济活动能力的评价①，经济活动能力体现在生产、债务、履约等方面的能力②。但是在生活垃圾分类治理中，生活垃圾是否分类投放，与个人的诚实信用的关联性较小，强行将征信系统应用于生活垃圾分类治理中，不仅不会达到预期目标，更有可能适得其反。另外，征信系统关乎社会信用管理体制的建设，任意将某些行为纳入征信，会降低征信在公民心中的威慑力和公信力，不利于社会信用管理体制的建设，使其失去本身的惩戒作用。

因此，鉴于社会信用体制的严厉性和权威性，贸然将违反生活垃圾分类相关法律法规的行为纳入征信缺乏合理性。不良信用信息不仅会对个人日常生活中的金融行为产生影响，对个人日常出行、工作升迁、社会交往以及某些民事行为也会产生非常重大的影响。所以，对于将生活垃圾分类行为纳入征信系统，应当持谨慎的态度，避免征信滥用。

2. 法律责任设置模糊化、单一化

46 个重点试点城市均设定了违反或者不承担生活垃圾分类法律义务的法律责任。对于生活垃圾分类管理主体的法律责任而言，目前的地方立法存在责任设置模糊的问题。行政机关作为生活垃圾分类治理的引导者和监管者，其是否履行相应的行政职责，实施合法合理的行政行为，对于生活垃圾分类治理的开展具有重大作用，有权必有责是行政法的一项基本原则，行政机关拥有对生活垃圾分类治理的行政权力，也理所应当承担相应的法律责任。但是目前的地方立法中，部分城市对行政机关不作为、乱作为设定的法律责任非常模糊，仅规定“由有权机关处理”，甚至有部分城市在地方立法中对行政机关承担的法律责任毫无规定，导致行政机关在执法过程中存在不

① 王利明：《人格权法研究》（第三版），中国人民大学出版社，2018，第 524 页。

② 杨立新、尹艳：《论信用权及其损害的民法救济》，《法律科学》1995 年第 4 期，第 48 页。

规范和懒政怠政的情形。

另外，对于生活垃圾分类义务主体，主要包括分类投放、运输、处理主体，特别是分类投放主体在生活垃圾分类治理中占据着十分重要的地位。目前出台的地方立法，均对生活垃圾分类义务主体违反相关规定投放、运输和处理生活垃圾的行为作出规定，明确其应承担的法律责任。其中，对于分类投放主体，其法律责任多规定为警告、罚款，情节特别恶劣的可以进行行政拘留。若公民违反生活垃圾分类相关法律法规，对其进行强硬的行政处罚可以使其产生畏惧，为避免遭受处罚，公民会迫不得已进行生活垃圾分类投放。但是，这样的处罚方式，不仅会增加行政机关的执法成本，降低执法效率，也不能让公民从内心认同生活垃圾分类制度，极有可能在行政机关监管不到的地方，仍然乱扔生活垃圾。所以，在地方立法中，对于公民应当承担的法律责任可以设置多元化，其目的应以教育和引导为主，而非进行处罚，设置柔性的教育方式以中和强硬的行政处罚，更能提高公民接受度。另外，生活垃圾分类运输和处理主体一般为与行政机关有合作的公司和企业，其进行生活垃圾分类运输和处理可以从中盈利，并且如果这类主体违反生活垃圾分类的相关法律法规，造成的后果要比分类投放主体造成的后果严重，不仅浪费前期生活垃圾分类成果，更为重要的是会损害公民分类投放的积极性。因此，对分类运输和处理的主体，应采取较为严格的行政处罚方式，目前地方立法中对这类主体的处罚方式多为罚款，仅是罚款数额有所差别，仅罚款的行政处罚在某些情形下并不能促使公司、企业积极履行其义务，可以增加吊销许可证、责令停业整顿等较为严格的行政处罚方式，迫使其积极履行义务。

生活垃圾分类从提出概念到如今大力推行，目前已经进入生活垃圾分类“强制时代”，其中体现了党中央和国家对社会治理和生态文明建设的重视。各地纷纷出台生活垃圾分类制度相关的地方立法，为该制度的有效实施提供了法律支撑。但是在各地立法中，仍然存在诸多问题，包括立法体系不完善、缺乏配套制度、治理方式有缺陷等，导致生活垃圾分类制度难以在实践中运行，缺乏一定的操作性。

地方立法与资源环境专题

Local Legislation and Resource Environment

B.11

跨区域的流域治理协同立法研究

——兼论漳河流域生态环境治理协同立法的必要性与可行性

傅　丽　徐鹏飞　刘恒科*

摘　要：法律在地理空间维度上是动态的、多元的，且多元的制度安排间存在相互冲突和融合的张力。跨区域的流域治理便是一种典型的多元制度安排，体现着公共价值与协商共治的精神、空间塑造和事权配置的规则，以及多维套嵌与环境协调的现状。因而在多维治理困境、利益冲突障碍和地区间互动路径的阻隔作用下，区域协同立法成为改变流域治理现状的优选方案。由各地市的立法机关在共同规划、同步调研、充分协商的基础上，分别制定目标一致、内容衔接、重点突出、特色鲜明、程序协同、绩效共享的立法内容，建立主体

---

* 傅丽，太原师范学院法律系副教授，法学博士，地方立法研究中心主任，主要研究方向为经济法、地方立法；徐鹏飞，太原师范学院法律系副主任、副教授，主要研究方向为立法学；刘恒科，太原师范学院法律系副教授，法学博士，主要研究方向为经济法、土地法。

协同与程序协同、信息交流与信息共享、利益均衡与利益补偿、公众知情和公众参与的具体制度，是实现河流全域生态修复和综合治理的有效路径。

关键词： 流域治理 地方立法 协同立法

在水文地理研究中，流域就是河流或水系的集水区域，包括地面集水区域和地下集水区域，代表着受到河流影响的空间区域，也是对河流本身产生直接作用的影响区域。正是由于存在这种双向的作用模式，对河流生态环境的治理往往表现为全流域的综合治理。然而河流生成于特定的自然历史环境中，其流域面积与行政区划往往存在不一致的现象，于是便产生了跨越行政区划的流域治理问题。在全面建设法治社会的今天，依法保护生态环境已成为全社会的共识，地方立法也成为各个河流流域生态保护的重要制度依据。而对于跨区域的河流水系，全流域治理需要上下游地区合作共治、协调补偿，由此，地区间关于流域治理的协同立法应运而生。近年来，区域协同立法已逐渐成为立法理论研究中新的关注点，这一做法在国外早已有较为成熟的范例，在我国的地方立法实践中也已取得了突破。2016～2017 年，《湘西土家族苗族自治州酉水河保护条例》和《恩施土家族苗族自治州酉水河保护条例》相继制定实施，为我国国内跨地区流域治理的区域协同立法做出了示范。

一 跨区域流域治理协同立法的理论探析

在地方立法研究中，地方立法权限分为省、市两级。如果以设区的市立法为研究坐标，则跨区域的河流水系就是指流域范围超越一市行政区划的江河泉域等，其流域治理也必然涉及两个或两个以上设区的市合作共治的问题。为实现跨地域河流的综合治理、系统治理和源头治理，需要在流域范围内实施设区的市之间的区域协同立法。在理念上，协同立法不是共同立法，不是多地共用相同的地方立法文本，而是由各市的立法机关在共同规划、同步调研、充分协商的基础上，分别制定目标一致、内容衔接、重点突出、特色鲜明、程序协同、绩效共享的立法内容，以实现河流全流域的生态修复和综合治理。这其中体现了公共价值与协商共治的精神，体现了空间塑造和事权配置的规则，也体现了多维套嵌与环境协调的现状。

（一）公共价值与协商共治

公共价值是协商共治、协同立法所追求的根本目标。流域治理的协同立法在根本上是一个上下游地区间相容性制度的建构问题，是通过制度化的协同手段将各级各类治理主体整合到一个富于激励机制和利益补偿机制的网格化治理模式之中，并共同践行河流流域生态涵养和环境保护等公共价值的制度安排。这种“协同—绩效”的链式治理反映的是主动释放流域治理主客体及环境间张力、聚合碎片化管理环节的协同过程，这一聚合机制的动力源和联结点均在于河流流域的整体公共价值。在流域治理的区域协同立法模式下，关联地区通过平等参与、协商对话、信息共享、绩效共建等措施整合同级政府之间、上下级政府之间、政府与公民/企业/社会组织之间的治理能力，以现实的公共利益为纽带，遵循生态伦理和环境法治的双重规范体系，“形成一个全面的、有效的流域治理系统，并促使组织系统有序、可持续运作，产生单个组织所不具备的新功能，从而在共同治理流域公共事务过程中最大限度地维护和增进公共利益”①，进而使得“公共价值的内涵受到政府流域治理行为影响，而协同绩效本身也成为协同治理、协同立法行为的结果”②。

① 胡徽：《流域协同治理的主体动力研究》，湘潭大学硕士学位论文，2015。

② 陈新明：《我国流域水资源治理协同绩效及实现机制研究》，中央财经大学博士学位论文，2018。

（二）空间塑造与事权配置

地方立法权限遵照《立法法》的规范，具体以地方事权的配置来界定其必要范围，而河流对流域空间的塑造却在客观上打破了事权配置的边界。“所谓事权，就是政府承担职能和事务的责任与权力，事务是前提，权力是工具，职能是内容，责任是约束，合理是标尺。不同区域范围和层级政府之间的事权划分，本质上是公共事务及其相应的公共权力在这些区域各层级政府之间的区别性划分。”① 而公共事务不仅具有政治属性、经济属性，还具有自然属性，自然界的万物并不受人类社会中行政区域划分的限制，如跨区域河流等。自然属性造成的特定公共事务可以根据其影响、受益范围以及程度的大小，确定其归属于何种区域范围和层级的主体。河流流域不仅是跨越行政区划的自然现象，也是事权空间塑造和延伸的主要影响力量。依据“空间均衡、系统治理”的总体原则，流域治理要基于水资源、水环境的承载能力，“以水定地、以水定人，量水而行、因水制宜”。② 依据这一公共事务的内在属性来协调事权的配置，通过区域协同立法将流域范围内治理事务的公共性和特殊性和谐统一在一起，适用高效、民主、灵活的原则，改善跨区域流域治理的治理体系和治理水平。

（三）多维套嵌与环境协调

在北方干旱地区，流域治理担负着生态涵养、环境恢复、水资源供给等多重使命，治理主体和治理模式在部门和层级之间形成了多维套嵌的复杂现状。上下级政府间、同级政府间、政府的不同职能部门间凭借水资源综合利用、水环境综合治理以及人与自然和谐共生等不同的治理视角对同一流域的治理生成了不同的利益主张，在水资源、水环境、水生态、水安全、水文化等各个方面形成了不同的治理需求和治理措施相互重叠、相互套嵌的多维结

① 王浦劬：《中央与地方事权划分的国别研究及启示》，人民出版社，2016。

② 央视网学习专稿：《这五年，习近平展开美丽中国新画卷》，2017 年 8 月 21 日。

构。由此，环境利益协调自然而然成为流域治理制度中必不可少的内容。在地区和部门条块分割的网格化治理空间内部，“流域治理模式中的环境治理权力与权利主体存在着内在张力的冲突与失衡，传统治理方式已经陷入了碎片化与分割治理的困境”①。这一现状在很大程度上源于地区间、部门间的制度壁垒，包括基于利益主动规避共治的积极壁垒和基于信息阻隔、政策差异等的消极壁垒。区域协同立法就是要通过完善地方法律制度体系及其保障机制、构建协商共治的流域法律机制，以立法促动在多主体协同主导的网格化运行中形成多维的治理分工关系，应对治理需求的网络套嵌结构，清晰界定各项措施的环境成本，以共同价值为核心解决流域治理中的内部结构性利益冲突，克服信息公开机制不完备、综合管理体制不完善等共治障碍。

二　跨区域流域治理协同立法的合法性分析

跨区域的流域治理协同立法彰显了公共价值与协商共治的精神，适应流域的空间塑造对地方立法事权配置进行了协调与延伸，也对应多维套嵌的治理现状提供了环境利益协调的法治路径，具有理论上和逻辑上的合理性。同时，区域协同立法作为一种新的立法样态或立法模式，还应当具备其合宪性与合法性。

（一）跨区域流域治理协同立法目的的合宪性

跨区域的流域治理协同立法属于地方立法的横向协调问题，在我国一元多层的立法体制下，跨越行政区划的协同立法一定程度上确实存在合法性争议，需要首先从宪法和立法法的角度证明其合法性。由于协同立法在宪法、

① 顾向一、曾丽渲：《从“单一主导”走向“协商共治”——长江流域生态环境治理模式之变》，《南京工业大学学报》（社会科学版）2020年第5期，第24～36页。

立法法、地方组织法等相关法律部门中仍缺乏直接依据，其合宪性更多地体现在目的解释的角度。

“区域协同立法涉及对现有立法体制的改变和调整。宪法法律既没有规定区域不能协同立法，也没有规定区域可以协同立法，更没有规定区域如何协同立法，以及协同立法的职权边界。”① 根据刘松山教授的阐释，宪法和《立法法》未明确规定协同立法的合法性和效力问题，可能引发两种解释效果，一种是“法无禁止即可为”，另一种是“法无授权不可为”。将这两种结论做合目的性的解释分析，“法无禁止即可为”的目的在于赋予公民在合法限度内自由活动的权利；“法无授权不可为”的目的在于限制行政主体对公民、法人、其他组织监管权力的任意扩张。二者的最终目的都在于保护行政相对人的合法权益不受行政权的非法侵害，而非制约地方立法对公共价值和生态环境利益的追求。我国地方立法权设置的初衷是保障宪法与法律在本行政区域内的实施、补充国家立法，因地制宜地解决地方实际问题。在现有地方立法体制内，协同立法无论是在立法程序的多元信息合作机制中，还是在立法内容的沟通协调机制上，都只是在规范的制定过程中加入了各方主体协调的因素，是各个地方立法权在行事方式上的变革，而非对立法权限和立法体制的根本性突破，因而对区域协同立法在目的上宜适用法无禁止即可为的理解。

党的十七大报告明确提出落实科学发展观要“突破行政区划界限”“推动区域协调发展”，党的十九大报告再次提出要“实施区域协调发展战略”“建立更加有效的区域协调发展机制”，区域协同立法正是对国家区域发展战略的积极回应。然而，这一解释在适用主体上仍存在瑕疵，“法无禁止即可为”的通常适用主体是公民或者称为行政相对人，而非行政主体，因而对区域协同立法的合宪性界定仍然有待明确。

---

① 刘松山：《区域协同立法的宪法法律问题》，《中国法律评论》2019 年第 4 期，第 62 ~ 75 页。

（二）跨区域流域治理协同立法的合法性推定

除宪法与《立法法》之外，其他法律法规中也有一些具体规则隐含了区域协同立法的精神。首先，在流域治理方面，《水污染防治法》第28条、第31条都基于水环境的流动性和跨行政区域性特征以及地区间由此产生的经济、社会利益的地区性和群体性特征，规定了不同部门和不同地区间的流域水环境保护联合协调机制，① 而河流上下游不同区域之间在资源、环境、经济、社会等方面的联合协调机制应当包含了跨区域的流域治理协同立法。

其次，在联合立法方面，《立法法》第81条规定国务院各部门可以联合制定部门规章，② 说明法律对国家机关之间联合行使制定规则权的活动持肯定态度，而区域协同立法尚不需要联合发布地方性法规，只是在目标和程序协同的基础上促使条文中的关联条款相一致、相协调，应当是符合我国现有立法体制的。

再者，关于区域协同立法，我国的立法实践中已有成例。2016年，津京冀三地人大常委会联合发布《关于加强津京冀人大立法工作协同的若干意见》；2017年三地人大常委会再次联合发布《津京冀人大立法项目协同办法》；直至2020年初，三地已就机动车与非道路移动机械的治理开展了协同立法实践活动。而在跨区域的流域治理问题上，《湘西土家族苗族自治州西水河保护条例》和《恩施土家族苗族自治州西水河保护条例》已提供了成功的国内立法例，地方立法机关根据本行政区域的具体情况和实际需求贯彻协同理念、践行协同精神，已成为一体化治理的重要实践路径。

---

① 《中华人民共和国水污染防治法》第28条：“国务院环境保护主管部门应当会同国务院水行政等部门和有关省、自治区、直辖市人民政府，建立重要江河、湖泊的流域水环境保护联合协调机制，实行统一规划、统一标准、统一监测、统一的防治措施。”第31条：“跨行政区域的水污染纠纷，由有关地方人民政府协商解决，或者由其共同的上级人民政府协调解决。”

② 《中华人民共和国立法法》第81条：“涉及两个以上国务院部门职权范围的事项，应当提请国务院制定行政法规或者由国务院有关部门联合制定规章。”

三　跨区域流域治理协同立法的现实需求——以漳河流域生态环境治理的协同立法为例

跨区域的流域治理解决的是基于流域生态系统整体性和复杂性的利益平衡和多元共治的问题。根据“决策科学、执行有力、多元参与、良性互动”的治理体系目标，① 协同立法至少须解决实践、空间、过程和要素等维度的多重问题（见表1）。这些问题具体到漳河流域生态环境治理的协同立法当中，表现得更为清晰、更为直观。

表1　流域综合治理中的多维度关系②

要素维	过程维	调控维		时间维	空间维
		工程措施	非工程措施		
水资源	流域水循环过程、水资源利用过程、节水过程、耗水过程等	引调水工程、节水灌溉工程、企业节水改造工程、污水再生利用工程、海水淡化工程、雨水和微咸水利用工程等	如水价制度、水权分配与交易制度、取水许可制度、水资源调度制度、资金优惠制度、公众参与制度等	数年、多年、年、月、日、时等	流域、区域、控制单元、子流域、水文响应单元等
水环境	污染物产生迁移转化过程、河湖水环境演化过程等	污水处理工程、调水引流和截污工程、曝气和生态清淤工程等；水生态方面包括水生态修复工程、生物修复与控制等水生态修复工程、生态－生物修复与控制工程、生态补水工程等	三同时制度、排污收费制度、污水定价制度、排污许可制度、水污染应急调度制度等	年、月、日、时、分等	流域、区域、控制单元、子流域等

① 《关于构建现代环境治理体系的指导意见》，中共中央办公厅、国务院办公厅于2020年3月3日印发。

② 褚俊英、周祖昊、王浩、戴东宸：《流域综合治理的多维嵌套理论与技术体系》，《水资源保护》2019年第1期，第1～5页。

续表

要素维	过程维	调控维		时间维	空间维
		工程措施	非工程措施		
水生态	河湖生态系统演替过程、坡面生态系统演替过程等	水生态修复工程、生物修复与控制工程等	地下水开采许可制度等	日、时、分、秒等	流域、区域、控制单元、子流域等
水安全	洪水演进过程、涝水过程、干旱过程等	防洪工程、蓄滞洪区建设工程、海绵体建设工程、排水管网工程、排水泵站工程、应急供水工程	洪水预报制度、洪水保险制度、洪泛区与河道管理制度等	时、分、秒等	流域、区域、控制单元、子流域、水文响应单元等
水文化	文化沉淀过程、景观格局演变过程等	景观带建设工程、景观节点建设工程等	水文化教育、水文化宣传制度等	数年、年等	流域、区域、控制单元、子流域等

漳河是华北地区海河流域漳卫南运河水系的支流，上游由清漳河与浊漳河两河合一，两支五个源头分别发源于山西省晋中市和长治市，下游作为界河流经河南、河北两省边界，至河北省邯郸市馆陶县合流卫河，进入海河水系的南运河，共流经三省四市 21 县区，长约 439 公里，流域面积为 1.82 万平方公里，是海河水系中最长的河流。新中国成立后，漳河流域先后建设了漳泽水库、岳城水库、红旗渠、漳南渠等大型水利工程，在流域农业生产和洪涝灾害治理方面发挥了作用。

漳河山西部分集中在晋中市与长治市的 12 个县区，流域涉及 8 个工业园区和 2000 多万吨焦化产能。在山西境内漳河流域生态环境治理的过程中，广泛存在水资源跨地区调配、水环境不同程度污染、水生态急需修复等问题，既涉及居民用水、农业灌溉和引水工程等民生问题，又关乎工矿业生产等经济问题；既涉及同一地区不同部门间的政策一致性问题，又涉及不同地市间公共资源利益的弥合问题，因而亟须通过协同立法的方式加以集中规范。目前，晋中、长治两市已同时将漳河流域生态环境治理项目列入 2021 年的立法计划当中，对协同立法的需求从理论走向了实践。

（一）地区和部门交织的多维治理困境

根据《山西省河湖和水库工程管理范围划界技术规定（试行）》，漳河属于省管河道，按照《山西省全面推行河长制实施方案》的要求，漳河河长由省领导担任，并由流经的市、县、乡政府主要负责人分级分段担任河长，由此，山西境内的漳河流域治理形成了“一省两市十二县”的治理结构，不同层级的政府各自承担相应职责。其中，山西省和晋中、长治两市拥有立法权。

漳河流域的综合治理在要素维度主要涉及水资源保护、水污染防治、水环境治理和水生态修复四个主要问题，涉及发展与改革、国土、环保、水利、农业等诸多部门，不同部门主管的问题都有不同的成因、表现和治理需求。而晋中市和长治市位于漳河流域中不同的具体区位之上，长治市属于相对的富水区，但沿岸的采石挖矿等活动对地表水、地下水和河道都造成了不同程度的污染；而晋中市大部分属于贫水区，以漳河为水资源输出来源的东山供水工程作为典型的跨流域、跨区域、多水源的联合引调水工程，其目的就是要将太行山脉东部水资源相对丰沛的漳河流域水调入水资源匮乏的汾河流域晋中盆地，实现长治到晋中的跨区域互连互通。在传统意义上，流域仅是自然形成的概念范围，但取水工程的兴建人为地拓展了流域的指涉范围，增加了流域治理协同立法的地区范围和协作内容，因而晋中、长治两市对漳河流域治理形成了内容各异但相互影响、相互衔接的制度要求。这样的要求在以传统方式各自为政制定的地方性法规中难以得到有效实现，原因就在于立法主体对相互间的治理需求和整体的治理架构缺乏统一、完整的考量，无法在地方立法的制度设计中完全回应多维治理的套嵌结构带来的制度需求。

（二）利益冲突和程序限制并存的共治障碍

由于环境具有公共资源属性、外部性、空间外延性等特征，流域综合治理所面临的问题也具有多样性和复杂性，不同地区因其水资源、水环境、水生态等方面的禀赋差异形成对河流的不同治理需求，如果流域治理的整体性被不同行政区域所分割，则会在一定程度上引发地区间的利益冲突。如何合理调配和利用流域水资源、上游水污染的沉积对下游会产生何种影响、同一流域生态破坏在上下游之间会如何相互作用、为流域治理的共同目标做出贡献或放弃利益的损失如何相互补偿、关联区域对漳河文化资源的培育和开发应采取何种措施……如此种种，都需要协同共治的流域治理模式加以协调和维系。

然而，在地方治理的现有程序中，并不存在协调跨区域流域治理利益冲突的成熟模式，而是各自出于本地区的实际需求制定、实施治理措施。例如，长治市在启动浊漳河南源河流生态修复工程时，仅针对其辖区内长治县的水体污染及河道淤积问题、沁县的河道采砂问题进行了整治；与此同时，晋中市在积极实施左权县泽城—麻田段河道治理工程，而两者间缺乏有效的沟通和衔接，规划不协调、时间不集中、标准不一致、降低了治理的实际效果。因而，跨区域的流域治理亟须通过协同立法来解决利益协调与补偿、程序统合与衔接的问题。

（三）省内地区与跨省地区互动的路径阻隔

跨地区的流域治理并非仅限于一省境内，而很有可能延伸到位于不同省份的设区的市。例如漳河，在流出山西以后有一段成为河南、河北两省的界河，进而经邯郸市汇入海河/南运河。因而漳河的治理就不仅是山西境内晋中市与长治市的协同治理，还包括不同省份间的地市合作。早在 2011 年 3 月，山西省长治市平顺县、河北省邯郸市磁县和涉县、河南省安阳市林州市和安阳县五县（市）水利局局长在平顺县举行了漳河治理联席会议，但遗憾的是此后这一做法并未得到延续，会议也仅限于县一级的水利部门，仍有待于在地方立法的规范下形成稳固的长效机制。然而跨省的协同立法比省内的协同立法更加困难，不仅立法主体不同，审查主体也不一致，信息和程序的阻隔更加严重。

四 跨区域流域治理协同立法的实现路径

实现跨区域流域治理的协同立法，就是要加强法制融合、消除制度壁垒，“通过地方立法的紧密协作方式，在一定区域内有关立法主体对某一事项采取共同的立法行动，形成一致的行为规则，来解决区域法制冲突、不一致等问题，以达到区域法制的协调、统一，并促进区域经济一体化深入发展的目的”,① 在具体的路径选择上，大致可分为统一型、协商型和示范型三种模式。统一型的立法模式在于统合区域内的不同立法主体，共同建立一套区域内普遍适用的地方性法律制度。这一模式能够直接避免地方制度间的壁垒，但在合法性或合宪性的问题上存在较大的争议。协商型的立法模式是各个立法主体就区域内共同事务进行充分协商，实行程序协同，确定共同的宗旨、原则和衔接性内容，再各自根据实际情况形成本行政区内实施的具体法规制度。这一模式兼顾了协同立法的目的性和灵活性，是当前较能获得认可的基本模式。示范型的立法模式是通过一地的立法向其他地市提供示范性制度规则，继而由其他地市参考拟定相同或相似的地方性法律制度，以实现区域法制的协调或统一，美国各州之间流域治理的协同立法曾采取这一模式。就漳河流域治理的协同立法而言，宜适用协商型的立法模式，以实现山西省内晋中市与长治市在具体制度设计上较高程度的协同一致性；同时，可以探索示范型的立法模式，推动跨省份的协同立法尝试。在具体措施的实施中，跨区域流域治理的协同立法还应实现主体协同与程序协同、信息交流与信息共享、利益均衡与利益补偿、公众知情和公众参与。

（一）主体协同与程序协同

跨区域流域治理的协同立法是由河流上下游相关地市的立法机关在共同

① 陈雪珍：《粤港澳大湾区协同立法的困境与出路》，《地方立法研究》2020 年第 4 期，第 97 ~ 105 页。

规划、同步调研、充分协商的基础上，分别制定目标一致、内容衔接、重点突出、特色鲜明、程序协同、绩效共享的立法内容，以实现河流全流域的生态修复和综合治理。这其中既包含主体的协同，也包括程序的协同。主体的协同在于管理体制中设计合理、有效的协同机制，例如《湘西土家族苗族自治州西水河保护条例》和《恩施土家族苗族自治州西水河保护条例》中就同时规定“建立跨行政区域联动协调保护机制”，作为协同治理的常态化议事协调机制。程序的协同在于施行“同步立项—联合调研—交叉审议—合并评估—协同监管—绩效共建”一系列立法协同举措，在程序上保证协同立法的有效实施。目前关于漳河治理，晋中市与长治市已同时提出立法计划，并曾实践过水利部门的联席会议，具备了主体协同和程序协同的初步基础。

（二）信息交流与信息共享

建立立法信息共享平台是区域协同立法的应有之义。区域协同立法要求协同地区在立法前加强沟通协商与信息共享，结合本区域共同需要合理制定立法规划与年度计划，在立法过程中注意吸纳彼此意见。在这一意义上，立法信息的交流与共享既包括同级立法机关之间，也包括上下级立法机关之间。建立协同立法信息共享平台，可以将立法信息集中起来，再分散到各个地区，一方面可以有效避免区域间立法冲突，另一方面可以实现立法信息共享，节约立法资源。良性的立法信息交流是开展协同立法的基础和前提，如立法动态通报、工作简报、实地考察、会议座谈等方式都能够实现信息交互和观念共享，解决信息不顺畅、不准确、不直接、不迅捷带来的障碍和阻隔，推动政务信息互通、电子数据互联。

（三）利益均衡与利益补偿

建立有效的利益补偿机制、集中反映区域治理中各方的利益诉求、处理好利益分配问题是跨区域流域治理的协同立法的重要方面。应当确立“谁受益谁补偿”的原则，“基于市场激励进行利益协同主要通过利益补偿机制平衡主体间利益关系”,[1] 设立一种由受益者向受损者进行利益补偿的再分配机制，形成不同地区间平等和均衡的互动关系，发挥区域内部利益分配的制度作用，有利于提高多元主体治理的积极性，实现协同治理的最终目的。例如，2017 年 9 月南京市出台了《南京市水环境区域补偿工作方案》，在省补偿断面基础上试点设置市级补偿断面，并用水质和水量综合的通量进行补偿资金测算；2018 年 4 月，制定实施《全市重点断面水环境区域补偿工作方案》，在水环境治理领域确立了区域补偿制度，突出生态环境的整体性和全局性特征，在地方法制层面建立了生态补偿量化机制、损失和补偿评估机制。在漳河流域治理的协同立法实践中，也应积极借鉴这一制度。

（四）公众知情和公众参与

根据《立法法》的规定，“立法应当体现人民的意志，发扬社会主义民主，保障人民通过多种途径参与立法活动”。跨区域流域治理的协同立法因其具有公共价值与协商共治精神，涉及区域内公民普遍的权利和义务，公众的知情和参与便更加重要。立法的公众参与既包括公众的知情权也应包括参与权，在法律法规制定过程中广泛听取机关、组织和公民等各方意见并据以实现利益表达和利益聚合。完善公众参与机制，明确参与事项、参与范围，丰富参与形式，通过听证、论证等方式加强立法决策过程前、过程中和过程后的全程参与，建立公众评价机制、实现民主立法，是立法赋权于社会、在政府与社会和公民之间建立沟通渠道的制度安排，是促进地区间治理平等的有效途径，也是在行政内部机制失灵时推动制度运行的动力来源。

总而言之，漳河流域的生态环境治理因其存在地区和部门交织的多维治理困境、利益冲突和程序限制并存的共治障碍以及省内地区与跨省地区互动的路径阻隔而具有协同立法的必要性。在协同的模式上，采用协商型模式以

① 肖建华：《省际环境污染联防联控治理的空间逻辑》，《探索》2020 年第 5 期，第 41 ~ 51 页。

实现山西省内晋中市与长治市在具体制度设计上较高程度的一致性，并探索示范型模式以推动跨省份的协同立法尝试。在具体措施上，应当建立主体协同与程序协同、信息交流与信息共享、利益均衡与利益补偿、公众知情和公众参与等制度，实现目标一致、内容衔接、重点突出、特色鲜明、程序协同、绩效共享的区域协同立法构想。

B.12
流域治理的现实观照与立法意涵

张　虹*

摘　要：河长制在很大程度上破解了“九龙治水”的顽疾，但是囿于河段区域划分和分段包干考核局限，也存在短板。基于十年流域水质变化的实证分析得出表征，昭示流域治理的系统观以及流域治理立法意涵的生态文明指向。整个流域的跨区域政府合作、机构合作与协调都会受到局域、行政分割单元的牵制。流域治理需要确立系统观，基于科学的系统观是流域立法的应有意涵。关注流域的整体性、关联性、层次性、动态性、开放性等，是流域立法所指与能指。立法理念是确立系统观，立法路径是关键环节突破，立法落地保障是强化各级党政绿色发展责任。

关键词：流域治理　立法意涵　整体观　绿色发展

一　引言

河长制在流域治理的跨部门协同上，是一种制度创新，于行政管理效率而言，很大程度上破解了“九龙治水”的顽疾；于流域治理科学角度而言，囿于河段区域划分和分段包干考核，也存在短板，整个流域的跨区域政府合作、机构合作与协调都会受到局域、行政分割单元的牵制。以下基于实证分

* 张虹，四川省社会科学研究所副研究员，法学博士，研究方向为立法学、经济法。

析展开，十年流域水质变化表征，昭示流域治理的系统观、整体观以及流域治理立法意涵的生态文明指向。

二　实证启示：十年流域水质变化表征

2007 年 8 月，无锡市在中国率先实行河长制，河长制实施后效果明显，无锡境内水功能区水质达标率从 2007 年的 7.1% 提高到 2015 年的 44.4%，太湖水质也显著改善。[①] 2008 年关于水环境治理的多项会议以及各项文件如环境保护部印发的《杂环类农药工业水污染物排放标准（GB 21523 - 2008）》《饮用水水源保护区标志技术要求（HJ/T 433 - 2008）》等陆续出台，全国对水环境的治理加大力度。图 1 是 2008 年至 2019 年国家统计局关于长江、黄河、珠江、松花江、淮河、海河、辽河、浙闽片河流、西北诸河和西南诸河十大流域的国控断面中Ⅳ - Ⅴ类水质和劣Ⅴ类水质变化的情况。

图 1　2008 ~ 2019 年诸流域水质变化情况

① 参见《河道有了“父母官”——“河长制”在全国渐次推开背后》，搜狐网，http://business.sohu.com/20160831/n466980695.shtml，2016 年 8 月31 日。

根据国家统计局数据，截止至2019年，劣Ⅴ类水质在大力整治后已经缩小到一个很小的比例。但是Ⅳ－Ⅴ类水质所占比例一直在20%上下波动，对此可以假定其中劣Ⅴ类水质在逐渐恢复过程中刚好处于Ⅳ－Ⅴ类水质，同时还存在因污染又降至Ⅳ－Ⅴ类水质等情况。同时根据数据以及统计局的相关资料，近十年来，黄河流域干流水质一直处于优，但主要支流水质一直处于中度污染，其污染指标近十年一直为化学需氧量和氨氮；松花江水质近十年一直是轻度污染，其污染指标一直为化学需氧量、高锰酸盐指数和氨氮；其余流域情况也大致相同。究其原因，可以作出如下推测。

上下游之间的污染物不同，上游的污水经过处理后只要符合国家标准便进行排放，极其容易与下游经过处理后的污水中的物质结合产生新的污染。究其原因，是流域具有自然属性，跨越多个行政区，而以行政区为单位设立河长，无法将河流跨行政区的自然属性割裂开来。为何Ⅳ－Ⅴ类水质所占的比重处于一个变化不大的状态，究其原因，各地对劣Ⅴ类水质都投入较大的人力、物力等，所以劣Ⅴ类水质比重一直呈缓慢下降的趋势。而各行政区为本行政区的利益考量，只需要本行政区域内的水质达标即可，这就会导致处在上游的行政区所承担的治理任务较轻，只需水质的指标符合国家标准。这就导致流出其行政区域的水质已经含有污染物质，而下游区域一方面需要处理上游水质所含有的污染物质，还需要处理本流域内的污水，同时兼顾预防本流域已经处理并且符合国家标准的污水与上游来水混合产生新的污染，一条河流所跨的行政区域众多，如此交复，导致一条河流内的污染总是反复，所以会产生劣Ⅴ类水质所占比重一直降低，而Ⅳ－Ⅴ类水质一直处于波动的状态。

一个流域的水质变化，也能从另一个角度予以表征。图2“长江2010～2019年水质变化情况”也可以佐证。可以看出Ⅳ－Ⅴ类水质一直处于较大的波动状态，而劣Ⅴ类水质一直呈下降的趋势；污染指标一直没有改变，国家统计局发布的资料显示黄河的污染指标近十年一直为化学需氧量和氨氮，松花江水质近十年一直是轻度污染，其污染指标一直为化学需氧量、高锰酸盐指数和氨氮；同时根据国家统计局发布的资料，几乎十大流域内的主要污染区域一直是固定的地方，比如黄河流域干流水质一直处于优，但主要支流水质一直处于中度污染。①

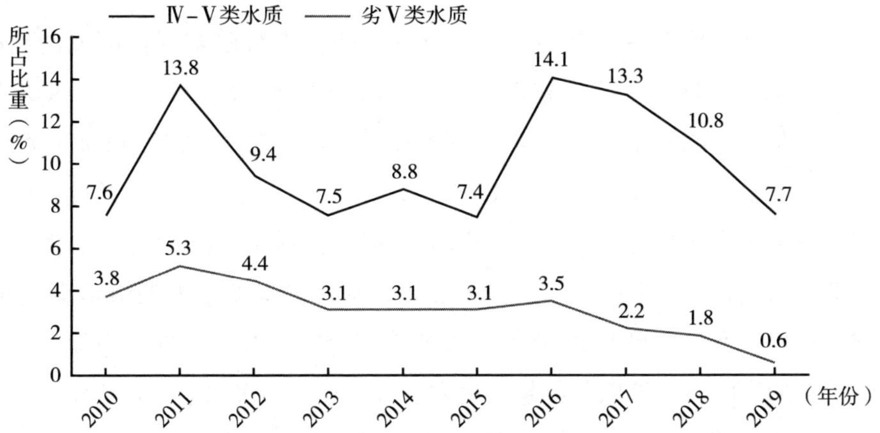

图 2　长江 2010～2019 年水质变化情况

“河长制”明确了流域治理的主体责任，一定程度上消解了“九龙治水”的弊端，但仍无法突破河流自然地理的限制。长江流域覆盖面广、流程长，左右岸、上下游、干支流，污染情况复杂。“河长制”将流域以行政区域划分开来进行治理，必然会出现治理碎片化问题，导致政府在推行政策与执行分离等改革手段时，加剧了各机构碎片化的制度缺陷，使政策制定系统的复杂性增加，使跨区域流域间各政府机构的合作与协调变得更加困难。流域覆盖面广、流程长，左右岸、上下游、干支流，污染情况复杂。河流污染在河里，根子在岸上。河长制在很大程度上解决了“九龙治水”的弊端，但是人为地将流域以行政区域划分，分割治理。因为，限于区域行政，河长制难以避免碎片化的“分割治理”、各自为营，流域治理的整体观、系统

① 参见近十年《中国生态环境公报》，http：//www.mee.gov.cn/hjzl/sthjzk/zghjzkgb/201605/P020160526562650021158.pdf。

化，受到制约。整个流域的跨区域政府合作、机构合作与协调都会受到局域、行政分割单元的牵制。

三　流域治理新制度：河长制溯源与困局

河长制是由地方各级党委和政府负责人担任本行政辖区内河流湖泊的“河长”，通过采取一定的措施进行水资源保护以及水环境治理的一项新制度。河长制可以溯源至2007年的太湖蓝藻暴发。太湖位于江苏和浙江交界，是长江中下游重要的湖泊，早在1960年，中共中央就考虑到太湖分属江浙两省，不利于水资源统一开发，一旦出现污染有可能招致互相推诿，为方便统一管理，便将太湖全部划归北岸的江苏，浙江只保留了太湖南岸50米的水域管理权。所以，自1960年始，太湖就完全归江苏省管理。而随着改革开放大潮的来临，太湖以其优越的地理位置，连接诸多水系，加之湖内河港纵横，河口众多，主要进出河流就有50余条，为江苏省尤其是苏南的经济发展提供了强有力的助力。而随着江苏的经济发展，环境问题也率先在江苏爆发。

2007年，太湖沿岸的无锡市水污染严重，河道长时间没有清淤整治，企业违法排污，农业面源污染，导致了太湖蓝藻暴发。面对突出的水污染问题，当时的无锡市委、市政府自加压力，在2007年8月23日，由无锡市委办公室和无锡市人民政府办公室印发了《无锡市河（湖、库、荡、氿）断面水质控制目标及考核办法（试行）》。在下达的这份文件中明确指出：将河流断面水质的检测结果“纳入各市（县）、区党政主要负责人政绩考核内容”，“各市（县）、区不按期报告或拒报、谎报水质检测结果的，按照有关规定追究责任”。这是国内首次将环境质量纳入党政主要负责人的政绩考核中。在这之后，无锡市又在实践中逐渐完善和发展了河长制。无锡由各级党政负责人分别担任64条河道的河长，加强污染物源头治理，负责督办河道水质改善工作。

梳理我国河长制的发展，主要分为三个阶段，第一个阶段是2007～

2012 年的太湖流域的推行阶段。无锡在 2007 年实施河长制以后，其河流的水质达标率大大提升，起到了比较好的效果，所以太湖流域的河流分别设立河长，太湖流域统一进行了综合治理。第二个阶段则是 2012 ~ 2016 年的江苏省内推行河长制的阶段。2012 年，江苏省政府发布了关于加强全省河道管理“河长制”工作意见的通知，全面推动河长制落地见效，并成为河长制的发源地。第三个阶段就是 2016 年至今的全国推行“河长制”的阶段。中共中央和国务院于 2016 年 12 月发布了《关于全面推行河长制的意见》，为进一步加强河湖管理保护工作，落实属地责任，健全长效机制，就全面推行河长制提出指导性意见。这是落实绿色发展理念、推进生态文明建设的内在要求，是解决我国复杂水问题、维护河湖健康生命的有效举措，是完善水治理体系、保障国家水安全的制度创新。

河长制推广的这十来年中，各项规章制度与全国各地的河长办公室等常设机构陆续建立了，很多地方也将河长考核办法以及建章立制纳入了评分标准。2017 年 6 月 27 日，河长制作为一项水环境保护法定制度在新修订的《中华人民共和国水污染防治法》中得以明确；全国第一部关于河长制的地方性法规《浙江省河长制规定》于 2017 年 7 月 28 日由浙江省人大常委会通过，其余省市也陆陆续续出台了有关的地方性法规或政府规范性文件。河长制逐渐走向法治化。

目前，学界认为河长制暴露的问题主要集中在四个方面：（1）河长制依托科层体制，而非法制；（2）河长制是应急机制，不是长效机制；（3）河长制考核结果的运用重奖励轻惩罚；（4）河长制强化权力集中弱化公众参与。本文认为：河长制在流域治理的跨部门协同上，是一种制度创新，于行政管理效率而言，很大程度上破解了“九龙治水”的顽疾；于流域治理科学角度而言，囿于河段区域划分和分段包干考核，存在问题。而河长制法治化是未来趋向，立基于遵循自然规律基础上的流域治理模式，以系统的、整体的河长制法治作为指引，催生和保障系列的长效机制，将会促使河长制有律可寻、有法可依、有章可循。

四　流域治理模式的域外经验

有三种主流的流域治理模式：集中治理模式、分散治理模式、集中－分散治理模式。[①]

表 1　流域治理主流模式

治理模式	集中治理模式	分散治理模式	集中－分散治理
特点	由国家设置或者指定专门机构进行整体流域治理，促进机构下的国、州以及省相互对话，共同合作达成共识	由各个部门根据自身的职责对河流进行治理	由负责流域治理的部门协调涉及流域治理开发利用的各机构与各地区，并自主制定流域的相关政策、法规和标准等，按照不同的分工职责完成对流域环境的治理
主要国家或组织	美国是最早应用集中治理模式的国家，其在 1933 年成立的田纳西流域管理局便是最早的集中治理流域水资源的机构； 1955 年美国和加拿大成立的“五大湖委员会”便是典型的跨流域治理； 欧洲的“保护莱茵河国际委员会”是于 1950 年成立的，由莱茵河全流域的荷兰、瑞士、法国、卢森堡和德国等参与的，旨在发现莱茵河保护问题并寻求解决方案的组织； 1959 年成立的“博登湖国际水域保护委员会”便是由该湖泊所流经的德国、奥地利、瑞士三国联合参与的	日本是典型的分散治理模式，中央层面有相当多涉及流域治理的机构，在 2001 年 1 月政府机构大规模改革之前涉及 6 个部级机构：环境厅、国土厅、厚生省、农林水产省、通商产业省、建设省。改革之后，国土厅和建设省都被合并于国土交通省。其中，主要涉及流域综合治理的是国土交通省、环境省和农林水产省，各部门根据自身职责对流域进行治理	典型的集中－分散治理模式的国家是澳大利亚，澳大利亚涉及流域治理方面的联邦部门是联邦政府水利委员会，负责统筹全国的涉水研究和发展规划，提供水质信息及治理相关政策导向，并通过流域部门对流域内的各州治理情况进行协调

① 邢利民：《国外流域水资源管理体制做法及经验借鉴——流域水资源管理问题系列研究之一》，《生产力研究》2004 年第 7 期。

关于三种治理模式的效果，根据各个国家和地区采取的治理模式可以看出，流域面积大的国家和地区采取集中治理或者集中－分散治理的模式会取得更好的效果，如美国、澳大利亚以及欧洲众多国家成立的跨国治理组织；而面积较小的国家和地区采取分散治理的模式则能发挥更大的作用，例如日本的琵琶湖以及韩国的清溪川都是分散治理的典型模式。

五　逻辑澄清：流域治理的系统观与立法意涵

河流污染，表面在水里，根源在岸上。因而，逻辑上需要澄清：流域治理的系统观与立法意涵。结合国外实践和经验，立法思考如下。

（一）立法理念：确立系统观

1. 立基于科学的系统观是流域立法的应有意涵

马克思主义哲学早就指出世界的普遍联系性。系统是自然界物质的普遍存在形式，系统观就是科学地以系统的观点看待自然界、认识事物。流域治理需要确立系统观，立基于科学的系统观是流域立法的应有意涵。关注流域的整体性、关联性、层次性、动态性、开放性等，是流域立法所指与能指。

2. 流域立法契合习近平生态文明思想

在习近平生态文明思想指引下，流域治理以国家生态屏障建设为己任，高度重视生态文明建设，国家先后出台了一系列重大决策部署，扎实推进绿色发展、污染防治攻坚、长江大保护、国土整治、两型社会建设等工作，生态文明建设取得了重大进展和积极成效。即将进入的“十四五”时期是在全面建成小康社会后，向社会主义现代化国家再出发的一个新征程，是迈向“美丽中国”过程中继往开来的重要时期，在这个时期，站在“两个一百年”目标的历史交汇点，我们应当把握新时代的生态文明新思想、新要求、新特征，“山水林田湖草”系统治理。

（二）立法路径：关键环节突破

1. 制度破解关键问题

目前流域治理中的一些突出问题，主要原因在于资源使用及管理体制不健全，导致全民所有自然资源资产的所有权人不到位，所有权人权益不落实。故，“建立流域资源使用和管理制度”“建立自然资源资产审计制度”“流域生态补偿”等是解决问题的关键。例如，必须遵循“山水林田湖是一个生命共同体”理念，流域立法应当建立流域自然资源资产产权和用途管制制度以及有偿使用制度，完善已有产权登记制度，对水流、森林、山岭、草原、荒地、湿地等自然生态空间进行统一确权登记。战略上，要在“摸清家底”基础上，加大自然资源资产责任追究力度，将自然资源资产责任审计作为流域领导干部经济责任审计的重要内容。有学者也有类似论述。[①]

2. 促进政府－市场－社会相结合的现代治理体系的法治保障

政府－市场－社会相结合的现代治理体系，既是新时代国家治理的变革，也是流域治理的立法方向。

基于现代社会治理的广度和深度，任何单一的市场或社会自治都难以胜任，政府－市场－社会三位一体的治理体系是势之所趋。政府负责制定社会治理的法规，按法规进行重要的内政和外交管理；市场按照规则以及政府的调控来配置资源；社会各方实行内部自治并参与社会事务的管理。流域治理本身就是社会治理的一个环节，流域立法必须契合政府－市场－社会相结合的现代治理体系。当下，流域治理必须跨越行政主导甚至垄断的水治理格局，立法注重保障和发展水治理的相关市场机制和社会参与机制。

3. 流域立法客体环境要素考量

流域的上下游、左右岸、干支流等，涉及水、土、山、矿、森林、草木等。例如现在倡导的长江立法，就有学者认为，在长江保护立法中，是否要考虑将所有的环境要素纳入“长江保护”的客体范畴中以及以怎样的形式

① 黄锡生、史玉成：《中国环境法律体系的架构与完善》，《当代法学》2014 年第 1 期。

纳入立法，认为："我国《环境保护法》与《长江保护法》两部法律的名称相似，且都是调整某个整体空间的法律，当我们划定长江保护立法客体时，可以适当借鉴《环境保护法》的规范客体。"我国《环境保护法》对环境采用概括加列举的方式作出了相对具体的规定，即"本法所称环境，是指影响人类生存和发展的各种天然的和经过人工改造过的自然因素的总体，包括大气、水、海洋、土地、矿藏、森林、草原、野生生物、自然遗迹、人文遗迹、自然保护区、风景名胜区、城市和乡村等"①。

（三）立法落地保障：强化各级党政绿色发展责任

流域立法彰显党领导下的流域管理制度、生态文明的体制机制、法律法规安排，这既是国家治理体系的要求，也是将各级党政担负的生态文明建设责任与执行国家法律、党内法规的政治责任相结合的方式。科学立法、落实执法和执规责任，明责知责、履责尽责、考责问责，进一步实施好生态环境保护党政同责、一岗双责和长效机制，严肃查处生态文明建设领域违反和破坏党内法规的各种行为，防止形成"破窗效应"。制定可操作、可量化的绿色发展指标体系，强化生态文明建设目标评价考核机制，把资源消耗、环境损害、生态效益纳入经济社会发展评价体系，不断完善绿色发展的刚性约束，规范考核程序，突出结果应用，配套奖惩机制。根据不同区域主体功能定位，实行差异化的领导干部政绩考核等。

① 柯坚、琪若娜：《"长江保护"的客体识别——从环境要素保护到生态系统保护的立法功能递进》，《南京工业大学学报》（社会科学版）2020年第5期。

B.13

环境资源的地方立法：规范、实效与测评

——基于陕西省的考察*

吕康宁**

摘　要：　地方国家机关获得环境资源及保护领域的地方立法权以来，在现实中究竟是如何实践的？效果怎样？测度该领域法治实践的具体途径又是什么？以北大法宝数据库检索的立法成果信息为依据，对该领域在全国和陕西省两个层面的实践状况进行统计、梳理，由此试图对该领域地方立法的做法、绩效和评估有一个基本的考察和总结。另外，完成上述探索的一个前提性思考，是对环境资源地方立法权的法律依据和法理正当性的理论推演，由此完成对上述工作实践及其价值考察的正当性证立。

关键词：　环境资源　地方立法　立法规范　立法实效　立法测评

2015年《立法法》的修改颁行，是一个具有里程碑意义的事件。从此，

---

* 基金项目：国家社科基金后期资助项目“法治的形式要素及其法理意涵研究”（19FFXB066）；教育部人文社科研究青年基金项目“法律规则立法原理的法经济学分析研究”（18XJC820003）；陕西省教育厅人文社会科学基金项目“裁判过程与裁判文书的不同逻辑——司法权力运行机制科学化重大基础问题研究”（15JK1719）。

** 吕康宁，法学博士，西北大学法学院讲师，主要从事法理学教学与研究。

地方国家机关可以对城乡建设与管理、环境保护、历史文化等方面的事项制定地方性法规。在我国这样一个单一制宪法国家，在今天这样一个时代，生态环境问题对于经济社会发展、民生改善乃至国家长治久安的战略意义得到了社会各界的充分理解和重视，同时也成为必须高度重视的治理课题。现在，对于环境资源及其保护问题，除了中央之外的地方也开始有权力进行立法，那么，过去的五年中环境资源的地方立法乃至治理实践活动究竟是一个什么样的状况呢？本文试从环境资源地方立法的规范依据、实践效果及测度评估三个方面对此展开探索。

对此，下文将在厘清相关立法权及其规范渊源的基础上，以北大法宝数据库检索所得信息为依据，试图重点运用该领域陕西省立法实践的基本数据及实践，对这一追问展开简要考察，以求丰富、推进学界对这一问题的探讨和认识。具体来说，首先对环境资源地方立法的规范依据进行理论阐释和梳理；其次，从治理效能视角考察环境资源地方立法权及其在全国和陕西两个层次的概况；最后，着重对环境资源地方立法实效测评的思路及其展开进行探讨。

一　环境资源地方立法的规范渊源

这里所说的规范渊源，既是指地方立法的法律依据，又是指法律依据背后的法理，概而言之就是一个立法的正当性问题。《现代汉语词典》注解，正当就是合理、合法。所谓法的正当性，是指法与特定社会的由物质条件所决定的客观规律和特定社会中人们普遍的价值观念相吻合，并由此获得人们的认可和自觉服从的属性和状态。正当就是指既要合道理或者事理，又要符合实在法。而这是法学界对“正当”一词的最常用的提法。由此可将“正当”一词释义为合理或合法，或者既合理又合法。也因此，对地方环境资源立法正当性问题的讨论，也应当从合理、合法两大层面加以展开。我们通过对环境资源地方立法权规范渊源的分析，来证成它的合法性；通过对国家治理视野下的立法权中央与地方的分配来说明它的合理性，从而构成对该领域地方立法正当性的理论阐释。

某种活动的合法律性，顾名思义是说其合乎法律规定要求的那种性质或状态。地方立法权的合法性，当然是指该权力在法律上就其来源、性质、范围、行使程序等有明确的规定或授权，即所谓的地方立法权的规范渊源。从理论上对这一问题进行符合逻辑的阐明，至少需要从四个层面展开才能完成：一是立法权的含义与实质性内容；二是中央与地方立法权划分视角下的地方立法权问题；三是属于地方立法权力事项范围的环境资源立法问题；四是上述立法权、立法配置及它们在实践中运用的具体情况。

（一）立法活动及其决策的实质

一般来说，立法有狭义和广义两种含义。狭义的立法是指国家最高权力机关制定法律（特定的规范性文件）的专门活动。广义的立法是指特定的国家机关依据法定职权并通过法定程序创制法律规范的活动。我国《立法法》第 2 条规定："法律、行政法规、地方性法规、自治条例和单行条例的制定、修改和废止，适用本法。"这表明我国《立法法》是在广义上使用"立法"概念[①]。因而，立法的实质是一种将在国家生活和社会中占据主导地位的社会主体的意志上升为国家意志的活动。[②] 在这个意义上，立法概念可以进一步概括为：立法是由特定主体，依据一定的职权和程序，运用一定技术，制定、认可和变动法这种特定的社会规范的活动。[③] 一切皆有法，一切皆有度。人们把立法活动所遵循的各种实体性准则统称为立法制度。因而，我们可以通过对立法制度文本规定的分析，梳理并归纳出环境资源地方立法权问题的规范渊源。从立法的概念可以发现，立法作为一种涉及重大利益调整的集体活动，本质上是权力的运用，那么，由什么人针对什么事，以怎样的方式发出何种指令，就是此项工作的题中之义。

① 参见张文显《法理学》（第五版），高等教育出版社，2018，第 226 页。
② 参见周旺生《立法学》，法律出版社，2009，第 49 页。
③ 参见周旺生《立法学》，法律出版社，2009，第 55 页。

（二）中央－地方分权视野下的地方立法渊源

1. 立法体制

实践中，关于立法权载体与运行的模式被称为立法体制。当今世界，主要存在单一制、复合制和制衡的立法体制。根据我国《宪法》第22条的规定，全国人民代表大会是行使国家立法权的唯一机关，说明我国是一个单一制宪法国家。单一制（unitary government type）作为一种国家结构形式，与复合制相比，是指若干不享有独立主权的行政区域组成同一主权国家的制度。一般来说，单一制国家在国内根据治理需要划分的行政区划不享有国家主权，国家权力在宪法框架内运行，只有一个中央机关，中央与地方两级政府是领导关系，两者之间的分权程度是由中央政府通过法律授权的方式进行。这里面有两个层次的分权：一是中央地方立法分权，涉及的是两者的权力分割与利益分割；二是地方权力机关与地方政府之间分权，涉及的是人大主导立法权，以及政府行政职能能否有效发挥的问题。[①] 中央分权给地方，是为了调动地方发展的积极性以及主动性。也正因为如此，《宪法》规定："中央和地方的国家机构职权的划分，遵循在中央统一领导下，充分发挥地方的主动性、积极性的原则"，从而实现对各自利益的合理划分，用立法形式明晰两者之间的权力界限，解决权益冲突问题。地方人大与地方政府分权界定，则既由政治权力构架本身的属性决定，也是为了发挥不同国家机关的治理功能。具体来说，地方性法规是民主与民意的反映，往往是为了解决本行政区域根本性、长远性的问题，而地方性规章是执行民主与民意的产物，是为有效行使行政管理职权。这意味着，单一制国家的权力体系是自上而下纵向建构的，中央政府建立以后再以地方的行政区划为国家权力的基本组成单元。同时，从法律体系来看，国家只有一部宪法，由中央立法机关根据宪法制定法律，为治理国家需要，中央政府通过授权给予地方政府一定的立法

① 参见胡戎恩《中国地方立法研究》，法律出版社，2018，第93页。

权。[1] 由此，就产生了受中央立法权领导与控制、限定权力范围、规范立法程序的地方立法权。

2. 立法传承

从历史传承角度看，新中国的地方立法主要经历了三个阶段：一是1949～1954年的分散立法时期；二是1954～1979年的中央集权立法时期；三是1979年至今的分权立法阶段（授予地方立法权）。具体来说，1979年《地方组织法》改变了中央集权立法的局面，赋予了省级人大及其常委会地方性法规的制定权；1982年《宪法》确定了中央与地方分享立法权的基本体制，即全国人大及其常委会行使国家立法权，有权制定基本法律和基本法律以外的其他法律，国务院有权制定行政法规，国务院各部委有权制定规章，省、自治区和直辖市的人大及其常委会有权制定地方性法规，民族自治地方的人大有权制定自治条例和单行条例。1982年《地方组织法》规定，省政府所在地市、较大市人大及其常委会拥有“拟定”地方性法规草案，提请省人大审议的权力；省、自治区政府有权制定地方规章；1997年香港回归、1999年澳门回归祖国，分别开始实施特别行政区法。2000年颁布《立法法》，确定经济特区所在地市政府也有权制定规章。2015年《立法法》修改，“设区的市”普遍被赋予地方立法权。

3. 地方立法权

地方立法，是享有立法权的地方国家机关制定地方性法律规范的活动。在中国宪法框架下，地方立法的地位居于较低层次但具有重大作用，不可或缺，这是由于《宪法》和《立法法》以根本法和基本法律的形式确立了地方立法在现行中国立法体制中的合法地位，其有合法性但低于中央立法。从整体上看，地方立法的作用主要在于：有效实施国家法律、行政法规和政策方针，促进国家治理体系和治理能力现代化；也具有先行先试实践价值，从而为中央立法提供了基本经验；地方立法的地方性也保护了地方特色文化、资源等方面；作为一项依法治理的政务活动能够提高国家治理能力和治理体

① 参见胡戎恩《中国地方立法研究》，法律出版社，2018，第59～60页。

系的法治化水准。[1]

就地方立法原则来说，主要有两方面：一是地方特色原则，要求根据本行政区域内的具体情况和实际需要，通过立法反映本地的特殊性；二是不相抵触原则，要求立法活动坚持法制统一，不得与宪法、法律、行政法规相冲突、相违背。在我国，除了香港和澳门两个特别行政区以外，有权制定地方法的主体包括地方权力机关和地方人民政府。地方权力机关所立之法有两种表达方式：一是一般的行政区域立法，表现形式为地方性法规；二是民族区域自治立法，表现形式为自治条例和单行条例。地方人民政府所制定的法统称为地方政府规章。由于一般地方立法更具普遍性、任务更繁重，有必要进一步加以阐释。

从类别看，我国的地方立法包括权力机关和政府两类主体展开的立法成果。立法的主要内容包括：制定和变动地方性法规、地方性规章，根据授权立法和进行地方立法监督。就调整范围来说，根据《立法法》第 73 条的规定，地方立法可以就三个方面的事项根据本行政区域的实际情况作出规定，分别是：为具体执行法律、行政法规规定需要立法的事项；为处理地方性事务需要立法的事项；根据法律规定可以先行制定地方性法规的事项。由此，由此，通过对权力来源、行使原则、享有主体和调整对象四个方面的分析，就可以对我国法律为地方立法权确立的规范性要求有基本把握。

具体到本文所讨论的环境资源地方立法问题，地方在这一领域获得立法权进而展开活动，逻辑上显然都从属于我国宪法和立法法对地方立法权的规范性要求，从而具备基本的合法性要件。实践中，环境资源的地方立法成为一项涉及面广、影响深远的地方治理手段，2015 年《立法法》修改后赋予设区的市在环境保护方面的立法权，这就使得国家长期高速发展带来的环境资源保护问题在国家“全面推进依法治国”整体战略背景下得到了迅捷、切实的回应。那么，地方在环境资源领域立法权的权力来源、规范依据、行使方式以及实践效果究竟如何？尤其是本研究所限定的陕西省的立法状况是

---

① 参见胡戎恩《中国地方立法研究》，法律出版社，2018，第 11 页。

否存在需要推进的地方？这些问题的解答正是论证地方环境资源立法正当性的题中之义。

（三）环境资源地方立法权的直接依据

地方有权力对环境资源领域问题展开立法活动，根本上来源于法律上的授权，具体来说则是因为地方立法权的扩容[①]。这一点是在2015年我国《立法法》修改后成为现实的。修改后的《立法法》第72条规定："设区的市的人民代表大会及其常务委员会根据本市的具体情况和实际需要，在不同宪法、法律、行政法规和本省、自治区的地方性法规相抵触的前提下，可以对城乡建设与管理、环境保护、历史文化保护等方面的事项制定地方性法规。"有了这一规定，地方立法机关就有权力对上述三大领域的活动行使地方立法权，从而使地方环境资源事项正式成为地方立法权力可以调整的领域。至此，全国除了27个省、自治区和4个直辖市以及49个较大市之外，共有239个设区的市陆续获得地方立法权。那么，在新的立法格局之下，我国的环境资源立法的总体面貌怎样？进而立法实践的效益如何呢？重新审视陕西省环境资源立法这项工作的实践状况及其效益指标，又是不是一项值得研究的课题呢？

二　治理效能视野下的环境资源地方立法

我国作为一个单一制国家，地方在某些领域获得立法权是中央授权的产物，体现了关于国家政治权力的一种分权策略。文章第一部分针对这种地方立法权在今天的国家法律法规中的基本表达（也就是规范渊源问题）进行了专门梳理和总结，接下来将在中央－地方分权治理视角下对作为政治策略的地方立法治理的正当性进行理论化解析，从而完成在合法性与合理性两方面对地方立法权正当性逻辑的论证。

① 参见周尚君《地方立法权扩容的"喜""忧"》，《学习时报》2015年10月29日，第4版。

（一）中央－地方分权治理视野下的地方立法

分权，是一种政治措施和手段，是为解决具体的社会治理问题而提出的一种基本权力构架。只要不是极小的国家，历史上大部分国家都必定存在某种形式的纵向分权，即在不同权力机关之间配置不同的治理权。这是因为，一方面，受交通通信的限制，治理信息的传递非常耗费成本，同时各地复杂的民族构成及地理条件意味着存在的问题和解决方式也应当不同；另一方面，如果都采用中央权力机关那种抽象、统一的原则性规定的话，治理将无法实现。因此，民族众多、各地区发展不平衡的大国往往都会采取某种程度的中央－地方分权，这样不仅可以分担治理的责任，还有各种收益。其中最重要的是，允许地方自治或者有一定的自主权，具有激励制度创新和制度竞争的功能。换句话说，治理策略层面的中央－地方分权，满足了激励地方积极性的需要，提供了竞争动力，同时根据具体情况由地方进行立法，降低了治理成本，提高了权力的效能。在依法治国层面上，这样做规范了中央－地方权力关系，通过法律的方式凝固权力机关的决策意志，使重大改革于法有据，提升了国家治理能力和治理现代化水平。

正是考虑到这些因素，1956 年毛泽东发表了著名的《论十大关系》，首次从政制结构上讨论了中央－地方分权的问题，并提出了几条基本的措施。他认为，因为中国是一个大国，人口数目庞大，国情复杂，分权管理比集中管理的效果更好，能够充分发挥中央和地方的两个积极性。在这个意义上，新中国的建立完成了中国人近代以来一直追求的统一、独立和自强的战略目标，使中国经济、政治、社会发展具备了最重要的前提条件，而“两个积极性”的基本思路通过实践智慧不断落实、发展和丰富，基本成功解决了中国近代以来一直存在的中央－地方分权这一最重大的宪制问题。[1] 针对分权问题确定的基本方向和框架，实践证明符合国情，是一种更具活力和创造

① 参见苏力《当代中国的中央与地方分权——重读毛泽东〈论十大关系〉第五节》，《中国社会科学》2004 年第 2 期。

力的分权制。在这个意义上，我们就可以更好理解 1982 年《宪法》关于国家立法权与地方立法权的规定，以及后来的《地方组织法》《立法法》不断赋予相关级别的政府获得立法权的地方立法变迁的政治背景与意义。

（二）中央－地方在环境资源领域的立法实践与绩效

学者的最新研究显示，我国环境资源立法在中央与地方立法两阶层体系下呈现立法繁荣与效益不彰的怪圈循环。[①] 中央层面的立法，根据环保部门公开的数据，环保部主管及与其他部委公管的法律共有 45 部、环境行政法规有 49 项、部门规章有 85 件。地方层面的立法，以“环境保护”为关键词检索全国现行有效的综合性环境保护地方性法规，可以发现，从文本构成看，总共有 294 条地方性法规信息，其中省级 168 条、设区的市 88 条、经济特区 9 条、自治条例和单行条例 29 条。由于数据库把修改、废止法规的决定、决议等都予以统计，经过筛选可见，有地方综合性环境保护条例 172 部，其中省级 78 部、设区的市 65 部、经济特区 6 部、自治条例和单行条例 23 部。此外还有大量涉及环境保护的文件、标准。由此可见，历经 40 年实践，我国“环保领域的立法，是立法最活跃、修订最频繁、成果最突出、体系最完备的立法领域之一”[②]。然而，如此可观的环境立法规模和投入与环境资源立法效益之间却形成鲜明对比。主要问题集中在五个方面：一是环境立法产品本身因为结构或者内容缺陷存在重复、闲置、过期和矛盾等问题；二是条文的适用率低；三是立法落实面临实际的困难；四是整体环境质量未见明显好转；五是公众对环境法治的信赖不足。显然，这种法治投入与

---

① 参见周迪《论提高环境立法效益的可行路径：中央与地方环境立法事项合理分配》，《地方立法研究》2018 年第 4 期。

② 2017 年 8 月 22 日，“环保部 8 月例行新闻发布会”，指出党的十八大以来国家环保法律法规和环境经济政策工作取得积极进展。习近平总书记在 2013 年 5 月 24 日中共中央政治局第六次集体学习时强调：“只有实行最严格的制度、最严密的法治，才能为生态文明建设提供可靠的保障。”这为加强环境政策法规工作提供了难得的历史机遇。http://greenfinance. xinhua08. com/a/20170822/1722182. shtml? f = arelated，最后访问日期：2020 年 6 月 1 日。

产出的不匹配状况不能不引起研究者的注意，无疑需要俯下身去扎实摸清实际状况，调查总结问题症结所在，向政府决策部门提供行之有效的解决方案。实际上，陕西省环境资源的立法及其绩效与问题和全国的总体状况有很大的相似性。

（三）陕西省环境资源地方立法实践与绩效

选择以陕西省为例，对其地方立法中的环境保护立法进行全面梳理、总结，目的是在横向上提供观察全国创制性地方环境立法实践的一个样本。就综合性环境保护地方法规的制定来看，陕西省共制定 6 部法规。其中，省一级制定了陕西省实施环境保护法办法、秦岭生态环境保护条例、陕西省石油天然气开发生态环境保护条例；市一级制定了西安市秦岭生态环境保护条例、西安市水环境保护条例和汉中市汉江流域水环境保护条例。其立法数量在 31 个省级立法主体中居第 13 位。立法的具体内容则具有鲜明的地方性。比如，省级和省会所在地西安市都制定了关于秦岭生态环境保护的法规，陕西作为矿产资源大省有关于石油天然气开发的环境保护法规，以及对于贯穿陕南全域的汉江流域水环境的保护法规，特别是因为丹江口水库是南水北调中线水源地对重点区域的生态环境保护立法等。

2015 年 9 月 30 日，根据立法法有关规定，陕西省人大常务委员会确定宝鸡、咸阳、铜川、渭南、延安、榆林、汉中、安康、商洛九个市的市人民代表大会及其常务委员会，可依法对城乡建设与管理、环境保护、历史文化保护等方面的事项制定地方性法规。由此，陕西省有权制定地方性法规的主体，就从之前的省人大及其常委会、西安市人大及其常委会扩展到了其他九个设区的市的人大及其常委会。通过检索可以发现，从数量上看，1987 年 7 月 25 日至 2021 年 3 月 20 日，陕西省现行有效的地方性法规共有 409 部，其中省级 234 部，设区的市 175 部，其中西安市 129 部、宝鸡市 5 部、咸阳市 4 部、榆林市 5 部、铜川市 6 部、渭南市 7 部、延安市 6 部、汉中市 5 部、安康市 4 部、商洛市 4 部。

就省级创制性立法情况来看，在数量上，从 1991 年到 2020 年总共制定了现行有效的地方环境保护法规 45 部。立法的内容主要集中在六个方面：水资源、水土保持 11 部；森林、绿化、节能和气候 9 部；风景区、文物遗址保护 8 部；防治灾害、污染 6 部；矿产、野生动物、草原 8 部；环境综合保护类 3 部。

从内容构成看，一是制定实施中央各类单项环境保护法规的办法。这些中央法律法规主要有草原法、野生动物保护法、防洪法、水法、环境影响评价法、全面禁止非法野生动物交易等事项的决定等。二是体现陕西省区域特色的立法。因为陕西厚重独特的历史人文资源，关于自然人文景观尤其是文物保护的立法数量大、重视程度高，共制定了 8 部这类法规。比如综合类立法就有风景区管理条例、文物保护条例、旅游条例，单项立法有针对华山风景区、秦始皇陵、石峁遗址、延安革命旧址以及古树名木的专门法规。其中省文物保护条例自 1988 年制定至 2019 年已修订 4 次。三是体现全省作为整体相对全国有局部性、相对辖区又有全局性的自然资源保护及污染治理立法。比如森林公园、河道管理、煤石油天然气开发、水资源、大气污染、水土保持、封山禁牧、绿化、湿地、放射性污染等方面的立法，特别是关于渭河流域管理、汉江丹江流域水污染管理、秦岭生态环境保护的立法，其中河道管理条例迄今修订了 4 次。

就省级以下立法情况来看，在数量上，陕西省包括西安市在内的十个设区的市制定的现行有效的地方性环境保护法规有 54 部，其中西安市 26 部，占 48%，其他九个设区的市 28 部，占 52%。就西安市的地方立法内容构成来看，一是具体实施省一级法规的执行性立法有 14 部，集中在文物保护、绿化、古树名木、公园、饮用水及水源地、湿地、地下水、固体废弃物、秦岭、矿产资源等事项，而且有 8 部的制定在时间上早于相应的省级立法。二是体现西安市区域特点的创制性立法，比如一方面因为西安是十三朝古都、省会所在地、国家中心城市之一，重视公园、城市绿化建设和文化遗址保护等方面的立法；另一方面西安市位于汾渭平原，大气污染治理难度大，城市规模迅速扩大带来很大的环境压力，因此在烟花爆竹销售、生活垃圾、建筑垃圾、机动车尾气排放、市容环境卫生、噪声污染、散装水泥管理等领域都进行了专门立法。此外，西安是我国严重缺水的特大城市之一，这一问题在 2003 年随着黑河水库的建成才得到基本解决，因此在黑河引水系统保护、城市饮用水水源污染防治、污水处理和再生水利用、节约用水、供水用水条例等领域都进行了专门立法。

另外，就设区的市地方立法内容构成看，主要有四个方面的特点。一是工业相对发达的五个市均重视防治大气污染立法。鉴于工业化、城市化快速推进带来的雾霾等严重空气污染，宝鸡、咸阳、铜川、汉中都制定了专门的大气污染防治条例，宝鸡还制定了烟花爆竹燃放管理法规，咸阳制定了禁止露天焚烧农作物秸秆法规，渭南制定了建筑工地扬尘污染防治法规，共计 7 部。二是主要城市都重视对河流、湿地等生态区的保护。比如，咸阳、渭南的湿地保护，榆林无定河流域水污染防治，延安延河流域水污染防治，汉中汉江流域水环境保护，安康龙山国家级自然保护区立法，共计 5 部。三是对饮用水水源地保护及节约用水规范的重视。比如，宝鸡饮用水水源地保护、榆林节约用水规范和商洛农村居民引水安全管理，共有 3 部。其中，榆林属于干旱地区，又是我国著名的能源化工重镇，工农业用水量大，因此节约用水就尤为重要；而商洛则是因为地处秦岭山区，发展相对落后，农村居民的饮水质量安全问题突出，该项立法成为陕西省首个地方性农村居民饮水安全管理法规。四是针对文化遗址等领域形成了一批具有区域鲜明特色的立法。比如，延安市实施《陕西省延安革命旧址保护条例》办法、渭南的仓颉墓与庙保护、汉中的张骞墓保护、安康的硒资源保护与利用等共有 4 部。

综上，针对环境资源地方立法权的正当性问题，从合法性与合理性两个层面，重点就环境资源地方立法权的规范渊源及治理效能的正当性问题进行了论证。就论证的线索来说，主线是规范渊源层面的，叙述了国家立法活动的内容及决策的实质性，进而在中央 - 地方分权配置视野下，针对我国法律地方立法权的框架位置、传承与基本要求予以阐明；暗线是治理效能层面的，我们从国家建立与治理的宪政层面，对我国中央 - 地方分权问题进行了理论化分析，进而对国家在环境资源领域的立法状况及其效能问题进行了梳理，最后聚焦于陕西省地方环境资源立法在省一级和设区的市一级两个层面取得的成绩以及存在的不足。两条线索，一明一暗，平面化梳理与纵深化开掘两端用力，共同构成了环境资源地方立法的正当性逻辑。

三　地方环境资源立法实效测度的思路与展开

（一）“立法之后怎样”的问题

2012年3月10日，时任全国人大常委会委员长吴邦国在十一届全国人大四次会议第二次全体会议上庄重宣布：“中国特色社会主义法律体系已经形成。”自从“1982年通过了现行宪法，此后又根据客观形势的发展需要，先后通过了4个宪法修正案。到2010年底，我国已制定现行有效法律236件、行政法规690多件、地方性法规8600多件，并全面完成对现行法律和行政法规、地方性法规的集中清理工作。目前，涵盖社会关系各个方面的法律部门已经齐全，各法律部门中基本的、主要的法律已经制定，相应的行政法规和地方性法规比较完备，法律体系内部总体做到科学和谐统一”。然而，“法律的生命力在于实施。中国特色社会主义法律体系的形成，总体上解决了有法可依的问题，在这种情况下，有法可依、执法必严、违法必究的问题就显得更为突出、更加紧迫，这也是广大人民群众普遍关注、各方面反映强烈的问题”①。正如400多年前的明代宰相张居正说过的一句名言：“天下之事，不难于立法，而难于法之必行。”这里提出的实际上都是“立法之后怎样”的问题。

实际上，奠定了中华文明之政治制度基础的“商鞅变法”也面临过同样的考验，最早提出了这一问题。在《商君书·定分》一开场，秦孝公就提出了被称为“孝公难题”的经典问题：法令以当时立之者，明旦，欲使天下之吏民皆明知而用之，如一而无私，奈何？（立法之后，要想在旦夕之

① 吴邦国：《中国特色社会主义法律体系已经形成》，中国新闻网，http：//www.chinanews.com/gn/2011/03－10/2895965.shtml，最后访问日期：2021年5月11日。

间，使天下的所有官员和百姓都能明确知道和严格服从法律并且能够保证法制统一、执法公正，该如何是好呢?）凌斌教授指出，这一问道出了实现法治的要害问题，必须有格外的措施，才能实现从“法”到“治”的实质转变。这一问，至少包含了四个实现法治最需解决的问题：一是立法之后的法律传达问题；二是法律传达之后的法律实效问题；三是法律实施中的法制统一问题；四是法律运作之中的执法公正问题。① 在今天的中国推进法制化建设，立法之后的传达问题因为传媒、通信技术的空前发达已非难题，但此后的实效及法制的统一与公正问题，依然面临现实压力。基于此，“后立法时代”势必将迈向重点加大对法律法规实际效果的考察和评价的新征程。

（二）作为有效机制的立法后评估

正是基于对新时期国家治理转型重大现实问题解决需求的回应，在中央层面还未形成统一、协调地方法治实效测度与评估机制的前提下，近年来，全国许多地方积极探讨或实施法治评估机制。法治评估体系、法治政府指标体系、司法公开标准等在实践中得到广泛应用，法治指数、司法透明指数、电子政府发展指数、司法文明指数、司法公信力指数、司法公正指数等指数化测评相继出现。时至今日，法治评估已然成为一项地方法治建设的“抓手”。2013 年《中共中央关于全面深化改革若干重大问题的决定》（以下简称《改革决定》）和 2014 年《中共中央关于全面推进依法治国若干重大问题的决定》（以下简称《法治决定》）出台。按照《改革决定》要求，“到 2020 年，在重要领域和关键环节改革上取得决定性成果，完成本决定提出的改革任务”。《改革决定》提出“建设科学的法治建设指标体系和考核标准”，这为全国范围内的法治评估提出了总方向，从最顶层意义上明确了法治评估是实现治理现代化这个总目标的一种有效机制。《法治决定》将法治纳入考核，将从根本上改变领导干部的政绩观。把握《改革决定》确定的总方向、《法治决定》的法治考核精神以及法治评估转型的客观要求，促进

① 参见凌斌《法治的中国道路》，北京大学出版社，2013，第 2 ~ 3 页。

法治评估转型顺利实现就成为推进法治中国建设、实现治理现代化必须解决的重大任务。[①] 因而，法治评估本质上是一种治理工具。

实际上，法治评估对治理现代化发挥着一种治理工具的作用，最关键的是用绩效评估作为一种管理方式，推动了绩效的提升，从而实现管理的现代化和科学化，促进了国家治理形成完整的工程系统。具体来说，通过法治评估，扎根实证调查，就能为地方性法规的创制、改进提供根据。在这个过程中，创造了一个让群众参与立法、监督立法施行的规范化平台，能快速改进立法监督的根本方式，从而最终推动立法科学化、规范化，提高立法质量。就地方立法评估来说，如果我们按照立法评估工作开展的先后顺序来分类，其包括地方立法前评估、中评估以及后评估。立法实效的评估是指对已经施行了一定时期的法律规范所开展的回顾性效益评估，因而是一种典型的立法后评估。

具体来说，作为制度的立法后评估通常是指，在法律法规出台施行一定时期后，联系法律法规的实施状况，如获得的结果、出现的弊端，对特定法律法规所展开的价值评判，目标在于更好地施行、修正、改进被评估的法律法规，并从中归纳经验，为有关立法项目提供参照和建议。[②] 周旺生教授将这种活动称为“立法评价”，即“法律实施一定时间后对法律的功能作用、实施效果的评论估价和在此基础上对整个立法质量、价值的评论估价”。[③] 由此可见，法治评估总体上看，是贯穿地方立法全过程的评估工作，既是对地方性法规立项、起草、审议、颁布几个阶段有关程序的评估，也是对其具体内容、文字表述和实施效果等法规实体的评估。

（三）立法评估的原则与标准

地方环境资源立法实效的测度与评价，仍然具备一般性立法评估的基本特征，也就是要成功处理几个关键性的问题：一是确定评估主体，包括法定

---

① 参见钱弘道《论中国法治评估的转型》，《中国社会科学》2015 年第 5 期。

② 参见胡戎恩《中国地方立法研究》，法律出版社，2018，第 152 ~ 153 页。

③ 参见周旺生、张建华《立法技术手册》，中国法制出版社，1999，第 499 页。

的和非法定的两类主体，说明立法机关可以引入社会力量或委托独立机构进行评估；二是评估的对象，中心在于对现有法律规范进行成效评价，分析其实用性和合法性；三是作为完整审查评价，既包括对具体条文进行技术层面的分析，也包括对立法实际绩效进行评判；四是要确定科学多样的评估方法，同时广泛动员群众的参与。

在上述意义上，一般认为这一活动的展开必须遵循四个方面的原则。分别是：客观性原则、科学性原则、民主性原则、全面性原则。客观性原则，要求公正合理处理信息并将评估对象放置在特定时代背景下考量，实事求是评价其可操作性；科学性原则，要求扎实收集一手资料，依据事实作出结论，合理规范设计问卷调查，理性分析得出结论；民主性原则，是说既要民众的广泛参与，又要把评估程序与评估结果公开透明化，从而吸引更多社会力量参与到活动中来；全面性原则，意味着对一项条款展开评价，不应局限于该条款，应该考虑法规之间的统一性、实质内容的合理性、效率等系统性问题。通过对这些基本原则的遵循，就为立法后评估工作的展开奠定了重要的基石，从而保证沿着正确的轨道前行。

进入立法后评估的具体工作环节当中来，核心任务无疑是具体去完成对立法成效或质量的衡量，这一活动当然也需要理论的指导。地方立法后评估标准，这一概念就是应运而生的，是指衡量地方立法质量或实施效果的具体准则，是评估内容的规范性要求或理想状态。① 在这一领域的研究中，学界提出了四项标准来完成对测度内容的评估工作。一是合法性标准；二是合理性标准；三是技术性标准；四是实效性标准。② 所谓合法性标准，包括形式合法性和实质合法性，前者是指作为下位法的地方立法，不得与上位法的宪法、法律等相抵触，后者是说要符合社会的主导性意识形态和价值观念。合理性标准，包括三方面要求，即逻辑性一致、比例性和经济效益的要求。技术性标准，针对的是立法技术问题，即依照一定体例，遵循一定格式、语

① 参见任尔昕等《地方立法质量跟踪评估制度研究》，北京大学出版社，2011，第 77 页。

② 参见谢勇《地方立法学》，法律出版社，2019，第 194～196 页。

言，使立法意志落实为具体条文的活动，对体例结构、法条格式和立法语言都提出了明确要求。实效性标准，针对的是法的实效性问题，即具有法律效力的制定法在社会生活中被执行、使用和遵守的状况①，要求关注预期立法效果与实际效果之间的符合性问题。总而言之，相比于对物质产品价值的评估，对法律规范的评估是一项复杂的活动，但有了这些基本标准的帮助，衡量效益的工作将变得有确定性、科学性和正当性。

（四）实效调查与评估方法

没有调查就没有发言权，诚哉斯言。成功的调查能获取真实、有价值的有关社会事实的信息，其往往取决于所运用的方法的质量。“工欲善其事，必先利其器。”说的就是这个意思。结合以往的调查实践，学者们总结、提炼出了行之有效的评估方法，也据此取得了丰硕的成果。总体上看，所有的方法不外乎两大类型：定性评估方法和定量评估方法。定性分析，是指立法者依照自身的学识和实践，使用辩证思维对评估客体作出抽象判断；定量分析，是评估者依据实证调查获得的信息与数据，运用相关统计与计算工具处理后得出结论。② 对法治状态的定量评价，可以为法治建设提供方向和技术指引。法治评估中所运用的量化方法科学与否，将直接影响评估结果的合理性、执行力及社会效果。③ 在这个宏观分类之下，地方立法研究者认为主要有以下评估方法，分别是：内容与文本分析方法、问卷调查方法、利益相关人座谈会方法、专家论证会方法、个别走访方法和匿名反馈函询方法等④。

具体来说，内容与文本分析方法，介于定量与定性分析之间，在这里主要应用于地方立法文本资料的研究，因为收益高从而有了独特的优势，通常经过资料收集、文本量化分析（如基本结构、频率分析等）和推论几个步

---

① 参见张文显《法理学》，高等教育出版社，2004，第 263 页。

② 参见周尚君、尚海明《法学研究中的定量与定性》，北京大学出版社，2017。

③ 参见周祖成、杨惠琪《法治如何定量——我国法治评估量化方法评析》，《法学研究》2016 年第 3 期。

④ 参见谢勇《地方立法学》，法律出版社，2019，第 197 ~ 198 页。

骤。问卷调查方法，是现代社会科学最常用的资料收集方法，被誉为“社会调查的支柱”，作为量化研究方法，通过设计问卷、回收问卷、整理分析数据得出研究结论，主要包括抽样、问卷调查和统计分析几个步骤。利益相关人座谈会方法，是在立法机关作为评估主体时频繁采用，往往将地方立法机构评估人员分散到各基层单位等利益群体中展开专题性调研，此时往往体现为座谈会交流的方式，同时再结合实地考察将大大提高调查的效率。专家论证会方法，是指邀请有关领域的专家学者、实务界权威人物，对评估对象的制度或内容进行集体会诊，形成专家意见、结论，其优势是理论深度和专业水平有保障，能充分发挥智力密集人群的智能效应，有利于集中智慧纵深解决问题，规避单个成员的知识和工作盲点。

从我国的地方立法后评估工作实践来看，大体上主要采用实地考察的方法，同时辅之以文本分析、成本收益分析、比较分析等非实践方法，某些情况下，也采取座谈会、访谈等方法，丰富信息获取和分析评价的广度和深度，推动实证调研与理论分析的有效结合，从而最终提高整个评估工作的效率。实际上，早在党的十六大明确指出“加强立法工作，提高立法质量”是立法活动的根本性要求后，我国各地就颁布施行的地方性法规或政府规章的立法评估进行了多方面的探索。比如，许多地方人大常委会、有关委员会及其工作机构就通过委托完成评估（由有需要的机构在清晰界定好评估主体后，授权独立部门进行评估）。通过这些复合式、多元化的地方立法评估活动，进一步引导地方立法注重立法的实效，对约束地方越权立法起到了重要的规范作用，推动了立法决策的理性化和开放性。这一切对立法评估活动的要求和规范，最终体现在了评估方法之上。实践中的这些方法着眼点在于优化立法质量，具体是通过对法律法规施行的状态、实践与社会政治、经济、文化进步之间的关系及发展趋势进行关联分析，去衡量这些规范的针对性与可操作性，在实践对比、系统评价与微观的成本收益坐标系中，卓有成效地完成对地方环境资源立法实践从文本到绩效的调查与评价。

地方立法技术专题

Local Legislation Technology

B.14

地方性法规结构特征研究*

——以成都市、广州市、杭州市和武汉市为例

张　琼**

摘　要：《立法法》修改以后，以往较大的市的立法权随之被限缩，整体法规结构的样态被重置。个案分析和对比分析能够快速掌握地方性法规结构的变动信息，从而了解地方立法的最新趋势。通过对我国东中西部四个设区的市的地方性法规结构特征和尚待提升之处的分析发现，城乡建设与管理成为各个城市的立法重点领域，但是四个城市各有侧重。成都市注重环保立法；杭州市立法理念较为先进，敢于尝试创新性立法；广州市和武汉市的促进型立法较为丰富。通过对法规内

* 本文是2020年重庆市社会科学培育项目（2020PY77）和2020年重庆市地方立法研究协同创新中心地方立法研究规划重点项目（DFLF2020Z02）的阶段性成果。

** 张琼，西南政法大学行政法学院讲师，重庆市地方立法研究协同创新中心研究员，法学博士，研究方向为立法学。

部结构的比较发现，成都市和武汉市法规结构具有显著关联性，与杭州市法规结构关联性最低。前者可以为成都市提供立法参照，后者可以为成都市提供立法创新思路。

关键词：　法规结构　成都市　广州市　杭州市　武汉市

在副省级城市中，选取成都市、广州市、杭州市和武汉市的地方性法规结构的立法特色和问题进行分析。而后，本文对四者进行比较分析，以了解《立法法》修改以后，分布于我国东中西部的以往设区的市法规结构的样态与重心。选取成都市作为分析样本是由于成都市是成渝地区双城经济圈建设的核心城市，具有西部辐射力；选取广州市和杭州市的原因是其分别属于粤港澳大湾区和长三角城市群，其立法可以为成渝双城经济圈的城市立法提供参照；武汉市作为中部交通枢纽能够为同为西南交通枢纽的成都市贡献立法思路。①

一　成都市地方性法规体系的特色与问题

（一）成都市地方性法规体系的特色

在法规结构特征方面，呈现以城乡建设与管理为重心的结构特征。成都市现行有效地方性法规共有 72 件，各类法规数量如图 1 所示，分别为城乡建设与管理 48 件、环境保护 8 件、历史文化保护 3 件、其他 13 件，分别占比 66.67%、11.11%、4.17%、18.06%。尽管城乡建设与管理领域立法数量最多，但都是 2015 年以前制定的，较为陈旧。2015 年以后，成都市立法

① 数据来源：成都市、广州市、杭州市、武汉市人大常委会网站。数据收集截止日期为 2020 年 11 月 30 日。

重心侧重于环境保护立法，如制定了兴隆湖区域生态保护、三岔湖保护、都江堰灌区保护和龙泉山城市森林公园保护等法规。成都市历史文化保护法规数量最少，但是成都市历史文化极为丰富，现有 23 座历史名城名镇名村、40 余项非物质文化遗产、27 处工业遗产以及大遗址、博物馆文化，历史文化立法需求相对旺盛。

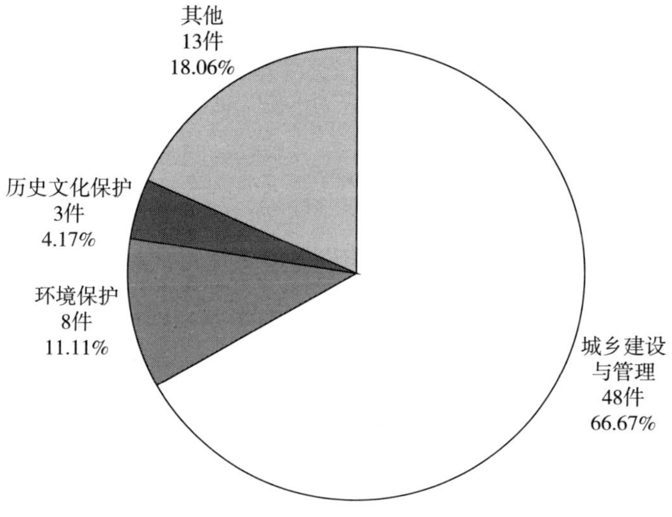

图 1　成都市地方性法规结构样态

在立法内容上，成都市地方性法规已经从原来的供给导向转向社会需求导向，从应景性、应急性立法转向科学性、规律性立法。进而言之，地方性法规要围绕高质量发展抓好高质量立法，围绕民生和社会治理抓好惠民立法，围绕生态环保重点问题抓好环保立法，围绕社会主义核心价值观抓好弘德立法，围绕区域发展战略和特点抓好协同立法。具体而言，一是聚焦城市战略目标立法。围绕建设全面体现新发展理念的城市、美丽宜居公园城市，积极践行公园城市理念，在全国率先开展美丽宜居公园城市建设、城市森林公园保护立法，在副省级城市中率先开展城市景观风貌保护、灌区保护立法。二是聚焦城市改革任务立法。围绕中央关于城市执法体制改革的要求，将城市管理综合行政执法条例与成都市城市执法体制改革实施意见同步出台，实现立法决策和改革决策协调同步；围绕成都市关于优化中心城区结构、深化管理体制改革的要求，及时修改14件地方性法规，确保中心城区“11+2”区域一体化发展有关要求于法有据。三是聚焦城市治理需求立法。围绕民生改善、文化传承、基层治理，先后出台了养老服务促进、社区教育促进、轨道交通管理、燃气管理、市容环境卫生管理、历史文化保护等方面的地方性法规，积极推进社区治理发展、生活垃圾管理、违法建设治理相关立法工作。

（二）成都市地方性法规结构尚可提升之处

尽管成都市在城乡建设与管理领域立法数量最大，但是立法权限缩后，成都市在该领域的新制定之法的增长率并未显著提升，对新型社区公用事业的关注不够，尤其是在促进型立法领域具有较大的提升空间。

二　广州市地方性法规体系的特色与问题

（一）广州市地方性法规体系的特色

在立法理念特征上，广州市地方性法规体系体现了公平和共享的理念。在以人为本的立法理念基础上，广州市人大常委会注重运用立法保障社会弱势群体的利益，彰显了公平的立法理念。广州市作为经济较为发达的城市，公民物质不充分的矛盾已不是主要矛盾，而更关注在物质保障基础上对美好生活的向往。正如党的十九大报告提出，新时代的社会主要矛盾是“人民日益增长的美好生活需要和不平衡不充分的发展之间的矛盾”。广州市人大常委会对社会矛盾的转变较为敏感，为了公众能够更充分地享受城市发展福利，以提高公民素质为目的制定了较多鼓励型法规，如《广州市奖励和保护见义勇为人员条例（2015修正）》《广州市全民健身条例（2015修正）》等。可以说，广州市立法紧跟社会发展的节奏。

在法规结构特征方面，呈现以城乡建设与管理为重心的结构特征。广州市现行有效地方性法规共有 87 件，各类法规数量如图 2 所示，分别为城乡建设与管理 30 件、环境保护 11 件、历史文化保护 3 件、其他 43 件，分别占比为 34.5%、12.6%、3.4%、49.4%。在已明确的三项立法事权中，城乡建设与管理法规数量最多，与该事项所涵盖范围广泛的特征吻合。其他事项类法规主要由经济建设类和科教文卫类法规组成。可以说，自 2015 年广州市立法权限缩以后，广州市地方性法规体系形成以城乡建设与管理为重心的基本结构。在立法时间上，广州市仅 3 件法规是在 20 世纪 90 年代制定且未修正过，占比较少，说明广州市人大常委会较为注重法规对社会发展的适应性。在立法修正上，广州市在 2015 年对地方性法规进行大量修正，数量多达 44 件，采用一揽子修改方式确保立法的适应性，说明广州市人大常委会较为注重立法的更新。总的来说，广州市法规体系对社会发展具有较高的适应性。

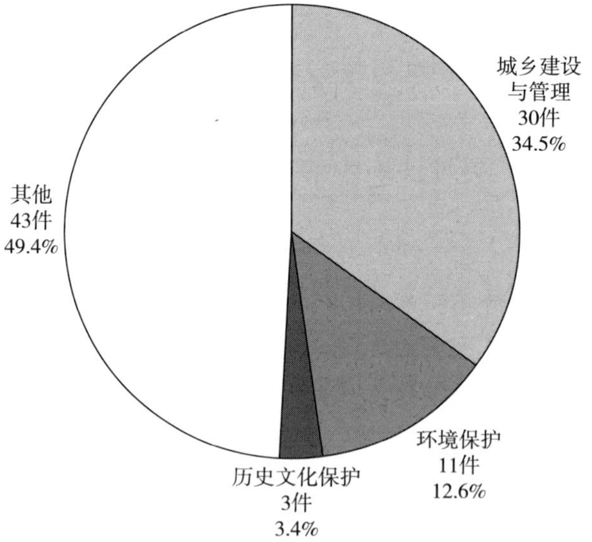

图 2　广州市地方性法规结构样态

在立法内容上，广州市地方性法规体系整体体现以人为本的基本原则，主要表现为对弱势群体的立法扶助以及鼓励型立法。纵观整个广州市法规体系，在城乡建设与管理立法中，涉及了妇女、幼儿、未成年人、老年人、残疾人等弱势群体的专项立法以及社会保险、社会工作等社会服务类综合立法。相应的，管理类立法偏少且多存在于城乡建设与管理类立法中，符合该立法结构特征。在环境保护立法中，广州市更重视水流水域的保护，整体体现绿色的立法理念。在历史文化立法领域，广州市仅3件条例，都属于一般综合性规定，总体以保护作为立法理念，但是在内容上缺少广州市特色。总的来说，广州市法规体系立法理念较为多元化，整体体现以人为本的理念。

在立法供需特征上，受立法权限缩影响，广州市地方性法规体系总体供需略显不平衡，但供给突出、特色明显。后疫情时代，广州市政府把稳步发展作为管理重心，“腾出更多资金援企稳岗保民生，坚决守住‘六保’底线，稳住经济基本盘，以保促稳、稳中求进，为渡过难关创造条件，为高质量发展赢得先机”。其中，确立了“全面深化改革激活蛰伏的发展潜能，以高水平对外开放对冲逆全球化带来的不利影响，加快构建更高水平开放型经济新体制”以及发展“四新”经济的目标。[①] 然而，囿于立法权的限缩，广州市自2015年后未就经济建设和经济深化改革进行立法，但与经济相关的民生保障类立法可以作为城市建设与管理类立法的一部分发挥立法对经济保障的作用，例如《广州市信息化促进条例》等地方性法规。在立法权限内，广州市法规体系对社会立法需求的契合度较高且符合广州市发展特色。广州市2020年政府报告中提出，广州市把科技发展、融入和联通粤港澳大湾区的协同发展、服务业优化升级、能源利用的绿色化以及民生保障作为未来城市发展关注的重点领域。在立法上，广州市立法与科技发展、能源绿色化和民生保障的契合度较高，其中特色性表现为立法机关对科技发展的重视。相比于其他城市仅有1~2件科技相关的立法来说，广州市人大常委会制定了6件相关的法规。例如，《广州市中新广州知识城条例》是一件具有广州市地方特色且有利于人才聚集、知识创新管理的条例，属于创新性法规。《广州市科学技术经费投入与管理条例》于1997年制定、2015年修正，是迄今为

---

① 《2020年广州市政府工作报告》，广州市人民政府网，http://www.gz.gov.cn/zwgk/zjgb/zfgzbg/content/post_5894347.html，最后访问时间：2021年12月8日。

止全国少有的立法，属于创新立法。广州市科技类立法极具广州市发展特色且符合城市发展定位。在民生上，广州市立法较为注重对弱势群体的关怀，立法对象全面且细致。例如，在已有《广州市残疾人权益保障条例》的基础上，还专门制定了《广州市按比例安排残疾人就业办法》，属于立法先行的创新法规，也体现了对残疾人权益保障在就业上的具体落实。因为广州市立法集中度较高，部分领域的立法则契合度较低，如粤港澳大湾区的协同立法、服务业优化升级立法等领域。当前，广州市尚无协同立法之项目。在服务业优化升级上，广州市重点发展会展业且具有丰富的经验，广交会、中博会、金交会等会展已具有较高影响力，但是广州市无会展业促进的相关立法。总的来说，广州市地方性法规立法较为集中，在部分领域立法供需高度契合，部分领域供需契合度则较低。

（二）广州市地方性法规结构尚可提升之处

第一，立法较为集中，兼顾性不足。如立法供需契合特征的分析结果所示，广州市立法具有集中解决社会主要矛盾的特征。在立法资源有限的情况下，集中立法也意味着对其他领域的忽视。立法虽具有特色，但是在立法供需关系上则较为失衡，不利于从整体上解决社会纠纷以及协调社会发展。

第二，鼓励型立法较难发挥实效。鼓励型立法固然是立法形式的创新，符合管理理念向治理理念的转变。但是，广州市鼓励型立法项目多属于私法领域的道德问题，不能对社会公众增加额外的义务，只能要求公权力机构为公众创造条件。鼓励型立法如何避免空洞化，即加强立法措施的可操作性，是一个立法技术难题。例如，《广州市母乳喂养促进条例》作为全国首创的立法并未受到其他地方的仿效。原因之一在于母乳喂养是当事人自主意志的选择，立法无权干涉公民意志。广州市多从宣传、对相关公权力机关增加职责进行立法。对于想要母乳喂养的家庭固然具有良好效应，但是对于不选择母乳喂养的家庭则无任何影响。因而，为了避免立法资源的浪费，鼓励型立法项目的选择应该审慎。

三　杭州市地方性法规体系的特色与问题

（一）杭州市地方性法规体系的特色

在立法理念上，杭州市法规体系表现为开放和发展的理念。2016 年，G20 杭州峰会的召开为杭州国际化发展提供了良好的契机。2018 年，杭州市人大常委会在此基础上制定《杭州市城市国际化促进条例》，属于地方立法的首创型立法，充分体现了开放的立法理念。此外，杭州市电子商务作为重要经济支柱也成为立法保障的对象。《杭州市智慧经济促进条例》和《杭州市跨境电子商务促进条例》两件 2015 年后制定的促进型立法彰显了杭州市对电子商务的保障和鼓励，有利于从立法层面更好地打造经济特色。

在法规结构特征上，呈现以城乡建设与管理为重心的结构特征。杭州市现行有效地方性法规共有 105 件，各类法规数量如图 3 所示，分别为城乡建设与管理 50 件、环境保护 10 件、历史文化保护 5 件、其他 40 件，分别占比 47.6%、9.5%、4.8%、38.1%。在已明确的三项立法事权中，城乡建设与管理法规数量最多，与该事项所涵盖范围广泛的特征吻合。杭州市地方性法规体系当前呈现以城乡建设与管理为重心的样态，其数量占法规总数近半。其他事项类法规主要是由经济建设类和民主政治类法规组成。在立法时间上，杭州市 2015 年以后的立法重心集中在城乡建设与管理领域。在立法修正上，杭州市新增和修订立法的数量相似，说明杭州市人大常委会注重对已有立法的更新。

在立法内容上，杭州市地方性法规体系总体具有较明显的地方特色，城乡建设和管理领域立法创新度较高。在城乡建设和管理立法领域，立法内容涉及面广泛，包括交通管理、生产居住安全、土地人口管理、供水卫生等城市建设多个领域。在上述传统领域以外，杭州市根据城市发展规划还创新性地制定了《杭州市城市国际化促进条例》《杭州市智慧经济促进条例》《杭州市跨境电子商务促进条例》等地方性法规。在环境保护立法中，杭州市

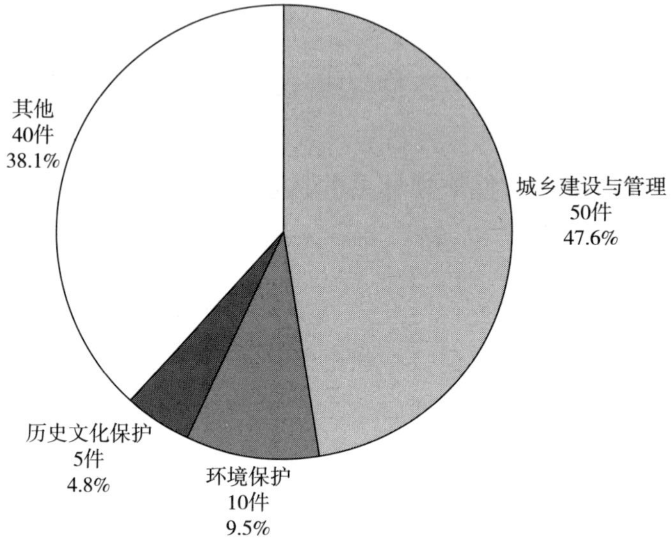

图3 杭州市地方性法规结构样态

制定了一部总括性的生态立法——《杭州市生态文明建设促进条例》。在具体环境保护上，涉及领域也较为广泛，包括大气污染、噪声污染、水污染等防治条例。在一般性生态保护立法基础上，杭州市还因地制宜地制定了地域关联的环保立法，如《杭州市西湖水域保护管理条例》等。可以说，杭州市环境保护类立法既有一般规定又有专项保护立法，立法较为全面且有问题针对性。在历史文化保护领域，立法特色也较为突出，都围绕杭州市特有的历史文化进行立法，如《杭州市大运河世界文化遗产保护条例》《杭州市西湖文化景观保护管理条例》等。

在立法供给需求特征上，杭州市立法供给需求契合度相对不均衡。2020年杭州市政府报告以大篇幅提出后疫情时代面临的经济复苏举措，例如“与企业携手共克时艰，全面落实‘1+12’惠企政策，进一步加大减税减费减租减息减支力度”等。但是，立法权限制使得难以利用立法资源制定经济建设的地方性法规。而在立法权限以内，杭州市地方性法规供需关系呈现相对不均衡的状态。具体来说，城乡建设与管理立法较为广泛，涉及社会多个领域，有利于城市建设和发展。但是，立法体系缺乏对杭州市农村发展的观照。尽管杭州市城镇化率在浙江省最高，2018 年时已达到 77.4%，但是“三农”问题仍然存在，立法应当兼顾公平发展。在环境保护领域，以“深化治水治气治废”为目标，立法已作出回应，具有高度契合性。在文化保护领域，杭州市选择开发和保护共进的思路。2020 年杭州市政府报告提出大力发展文化产业，“优化整合西湖南线景区，高水平建设大运河国家文化公园、良渚古城遗址公园，谋划推进南宋临安城遗址和钱塘江古海塘遗址综合保护，开工建设德寿宫遗址公园暨南宋博物院一期工程”。上述文化产业具有浓厚的地方特色，在此基础上，杭州市历史文化保护立法也以此为对象，体现了杭州市特色。在其他立法领域，杭州市立法较为注重民主政治和司法领域，制定了关于人大及其常委会询问和质询、专委会议事规定、立法条例、地方性法规制定程序、人民调解、冤假错案追责、法律援助等地方性法规，极为重视对公权力的规范。

（二）杭州市地方性法规体系尚可提升之处

地方立法创新既是地方立法机关能力的体现，同时也面临一定的风险。2015 年《立法法》的修改把杭州市整全的立法权限缩为三项事权。尽管学术界和实务部门都对“城乡建设与管理”事项涵盖的范围持有争议，但是可以明确排除的是经济建设的立法权。但是，杭州市在 2015 年以后仍然有可归于经济建设类的立法，如《杭州市智慧经济促进条例》和《杭州市跨境电子商务促进条例》。故而，地方立法创新应当在立法事权内进行，否则将影响我国法制体系的协调性和统一性。

四　武汉市地方性法规体系的特色与问题

（一）武汉市地方性法规体系的特色

在立法理念上，武汉市地方性法规体系的共享和发展理念较为突出。共享理念表现为武汉市人大常委会较为注重对“三农”问题的关注，缩小城乡发展差距，从立法层面确保农民与城镇居民一样共享城市的发展福利。发展理念表现为武汉市人大常委会对社会各领域的关注，城乡建设与管理立法数量最多且鲜少重复，涉及面较广，说明立法机关对城乡发展关注度较高。

在法规结构特征上，呈现以城乡建设与管理为重心的结构特征。武汉市现行有效地方性法规共有 111 件，各类法规数量如图 4 所示，分别为城乡建设与管理 68 件、环境保护 10 件、历史文化保护 4 件、其他 29 件，分别占比 61.3%、9.0%、3.6%、26.1%。在已明确的三项立法事权中，城乡建设与管理法规数量最多，与该事项所涵盖范围广泛的特征吻合。武汉市地方性法规体系当前呈现以城乡建设与管理为体系重心的样态，其占比过半。其他事项类法规主要是由经济建设类法规组成。武汉市较为注重环境保护类立法且具有较强的地方特色。尽管武汉市环保类立法高达 10 件，却未覆盖整个环境领域，而是突出地集中在水环境保护领域。该立法现象与武汉市“千湖之乡”的自然环境相吻合。在立法时间上，武汉市 2015 年以后的立法重心集中在城乡建设与管理领域。在立法修正上，武汉市立法修正数量大于新增数量，说明武汉市地方性法规体系结构已较为稳定。

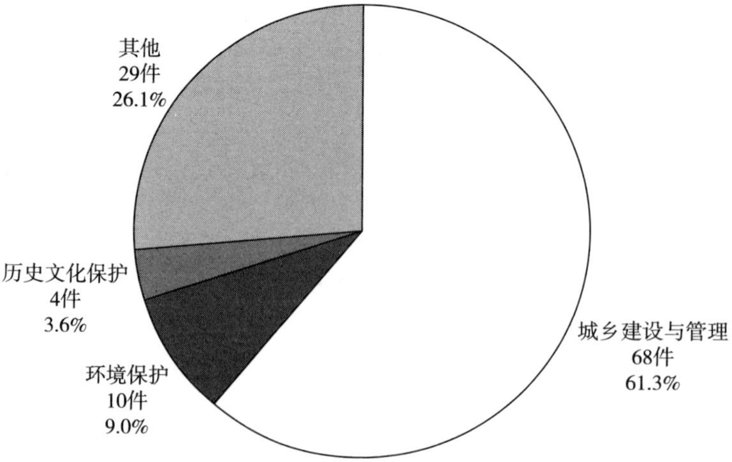

图 4　武汉市地方性法规结构样态

在立法价值上，武汉市法规体系以人民为中心的价值较为突出，表现为武汉市人大常委会对民生类立法的重视，广泛涉及公众生活的方方面面。例如，公园、风景名胜区、绿化等城市环境类内容，精神、卫生、红十字会、遗体捐赠、献血等城市健康类内容，养犬、交通等社会秩序类内容，未成年人、少数民族等权益保障类内容，文明行为促进等鼓励型内容。此外，以人民为中心的立法价值还表现为武汉市人大及其常委会对农村发展的关切，与农村相关的立法达5件，较为重视在城市发展进程中兼顾农村的权益，着力保障公民在社会发展中的平等性。

在立法供给需求特征上，武汉市重点强调对社会的治理，包括脱贫、智慧城市建设、城市精细化管理、基础设施建设等，关注经济的稳步提升和乡村振兴。武汉市注重在城市发展中对民生的保障，尤其是对贫困群体和农村发展领域。对于脱贫工作，武汉市脱贫目标具体到个人，“脱贫攻坚年度任务全部完成……新识别的1740名贫困人口全部脱贫销号”①。在经济领域则打造消费城市并发展新科技、改善营商环境以及提高对外水平。在乡村振兴上，主要发展农村特色产业、激发农村活力。就武汉市法规的供需关系而言，法规供给在社会治理和“三农”领域的契合度较高，但是在现代化建设，如高端技术、智慧城市等立法上缺少关注。整体来看，武汉市地方性法规的供给领域较为传统。

（二）武汉市地方性法规体系尚可提升之处

武汉市地方性法规在内容上整体呈现较为保守的倾向，即对新事物、新现象的立法较少。根据《武汉市2020年政府报告》，高端制造业发展、高端技术研发和创新等都是武汉市确立的发展重点领域，但是立法却未跟上武汉市的发展步伐，而是集中在社会发展的传统领域进行规范。故而，为了发挥立法的引领作用，武汉市立法可以更为开放。

① 《政府工作报告——2020年1月7日在武汉市第十四届人民代表大会第五次会议上》，武汉市人民政府网站，http：//www.wuhan.gov.cn/sy/whyw/202003/t20200316_960042.shtml，最后访问时间：2021年12月8日。

五　成都市、广州市、杭州市、武汉市地方性法规结构的差异及原因分析

（一）城市间地方性法规结构差异总览

首先，成都市立法活力尚需提高。如图 5 所示，在地方性法规数量上，成都市立法总量在四个城市中最低，现行有效的法规仅 72 件。法规量最多的是武汉市（111 件），其次为杭州市（105 件）。相较而言，成都市立法活力稍显不足，在未来立法中可以根据立法需求提高立法数量。

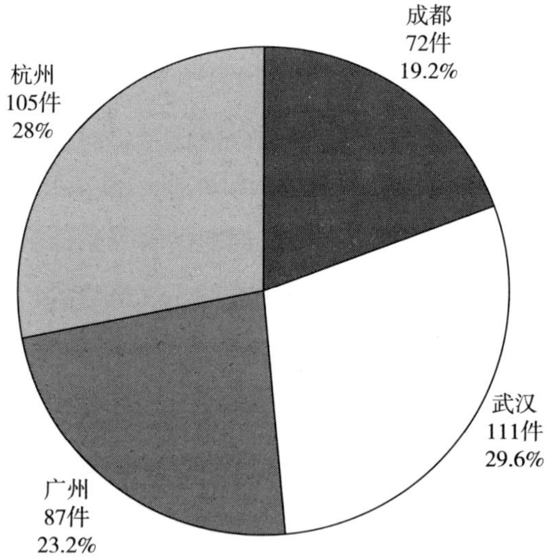

图 5　设区的市地方性法规数量比较

其次，成都市和武汉市在地方性法规结构上具有显著相关性。运用 SPSS24.0 对四个城市的法规结构进行相关性分析可以发现，仅武汉市和成都市的法规结构相关性具有显著性。如表 1 所示，显著值 0.021 小于 0.05，说明在置信区间 95% 上二者具有相似性。与成都市法规结构相关性最低的为杭州市。

表 1　地方性法规结构相关性

城市	相关	成都	武汉	广州	杭州
成都	皮尔森(Pearson)相关	1	0.979*	0.590	0.830
	显著性(双尾)		0.021	0.410	0.170
	N	4	4	4	4
武汉	皮尔森(Pearson)相关	0.979*	1	0.742	0.927
	显著性(双尾)	0.021		0.258	0.073
	N	4	4	4	4
广州	皮尔森(Pearson)相关	0.590	0.742	1	0.940
	显著性(双尾)	0.410	0.258		0.060
	N	4	4	4	4
杭州	皮尔森(Pearson)相关	0.830	0.927	0.940	1
	显著性(双尾)	0.170	0.073	0.060	
	N	4	4	4	4

注：* 表示相关性在 0.05 水平上显著（双尾）。

根据相关性分析结果，可以具体对成都市和武汉市的法规结构进行对比分析。如图 6 所示，成都市和武汉市的历史文化保护类法规量和环境保护类法规量相近，在城乡建设与管理领域和其他领域，武汉市法规量多于成都市，其法规总量高于成都市主要来源于这两个领域。

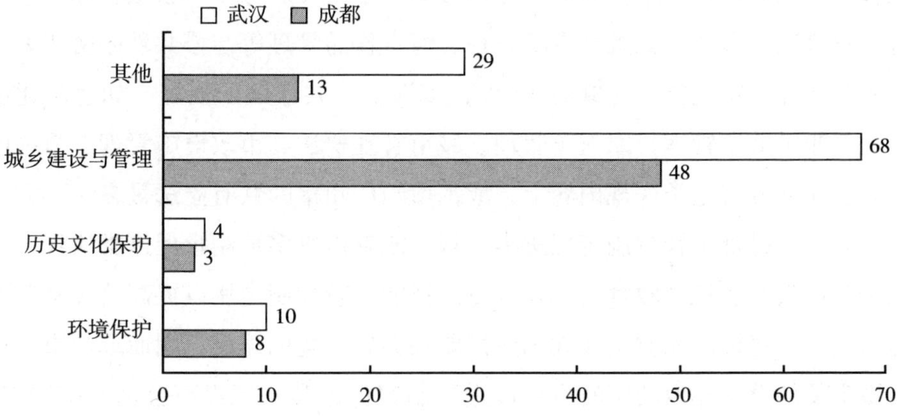

图 6　成都市和武汉市地方性法规结构对比

总览四个城市的地方性法规结构，成都市和武汉市法规结构具有显著关联性，与杭州市法规结构关联性最低。前者可以为成都市提供立法参照，后者可以为成都市提供立法创新思路。

（二）城市间地方性法规结构差异具体分析

在总体差异之外，各个城市在城乡建设与管理、环境保护和历史文化保护三个立法领域也表现出更为具体的地域特征。在以经济建设为主的其他立法领域上，各个城市在立法路径、立法思路、立法项目选择、立法理念和立法资源整合层面亦存在差异。

1. 城乡建设与管理类立法的差异

城乡建设与管理类法规在四个城市法规结构中占比最高，源于该事权涵盖内容较丰富，也成为设区的市的立法重心领域。通过对比，可以把地方立法分为独有特色类（仅某一个设区的市已立法）、部分特色类（某两个设区的市已立法）以及共性立法类（四个城市都已立法）。分析后可以得出以下结论。

第一，成都市独有特色类立法集中在公共安全和民生领域，部分特色类立法集中在公共秩序管理类立法领域。成都市共有13件独有特色类立法，涉及公共安全，如建筑施工安全、建筑垃圾处理、消防等；民生保障，如养老服务、就业促进、职业教育、法律援助、社区发展等多个领域。此外，也有涉及管理类立法，如烟草专卖管理、清真食品管理等与公共秩序密切关联的领域。部分特色类立法共有15件，多涉及公共秩序的规定，如违法建设治理、非机动车管理、摩托车管理、城市管理执法、市政设施管理、节约用水等。在部分特色类法规内容上，成都市与广州市的共有立法最多。

第二，成都市较少制定促进类法规。成都市更多地制定促进类法规用以鼓励职业教育、社区教育、就业等专门技能，较少制定用以提高公民基础素养的法规。建设高品质宜居地固然需要社会软环境的建设，因而成都市在加强城市硬件设施建设的同时也可以适当制定促进类法规提高公民基础素养。相较而言，其他三个城市都已制定文明行为促进条例，武汉市和广州市还制定了全民健身条例和鼓励见义勇为条例。上述法规都已有上位法规定，但相对抽象，成都市可以结合具体城市发展情况运用立法提高居民素质，创建文明友好城市，例如精神卫生条例、文化促进条例、图书馆管理条例等。

第三，武汉市和杭州市注重公共秩序立法。在公共秩序管理基础立法外，武汉市和杭州市还对具体的公共秩序事项立法，但是二者立法关注点略有差异。武汉市立法多以传统社会秩序规范为主，涉及领域极为广泛，如卫生、房屋桥梁、校园安全、城市规划和管理等。单就医疗卫生相关立法，武汉市制定了多达 6 部法规。杭州市在传统秩序规范基础上，还关注到新兴社会秩序，如大型活动管理、居住区配套管理、流动人口管理等领域，符合杭州市社会发展中涌现的较为突出的现象。2019 年，成都市常住人口 1658 万人，流动人口 437 万人。如此庞大的流动人口数量，管理上却无法可依，容易造成流动人口管理的失序，建议制定《成都市流动人口管理条例》。成都市作为超大型城市，在关注城市整体发展情况时，也可以立法保障基本民生问题。成都市已制定养老服务、未成年人保护等条例，但是在如此庞大的人口基数上未关注公民殡葬问题。该问题既是基本民生问题，也是城市管理不可回避的问题，建议制定《成都市殡葬管理条例》。此外，会展业逐渐成为成都市重点发展的产业，立法可以支持该产业的发展。在发展会展业的同时，有必要关注大型活动中的安全问题。故而，成都市立法可以根据社会发展需求关注公共安全问题。

第四，广州市法规注重促进型立法。相较于其他三个城市，广州市城乡建设与管理立法除涉及传统立法领域外，更注重制定促进型法规，如《广州市母乳喂养促进条例》《广州市信息化促进条例（2015 修正）》《广州市荣誉市民称号授予条例》等。上述法规也是广州市的创新法规。该做法给成都市的立法启示是：针对社会软环境建设类法规更宜采用较为柔性的立法思路，强化公权力机关为社会公众提供便利，弱化管理思维。

2. 环境保护类立法的差异

广州市最为注重环境保护类立法，制定了 11 件法规。成都市制定了 8 件，武汉市和杭州市制定了 10 件。四个城市的共性之处是都最为注重水环境立法，差异性则较为明显。由于环境保护与地理位置关系密切，故相关法规也都具有地方特色。

第一，成都市缺乏环境保护基本立法，武汉市和杭州市制定了生态基本法规。尽管成都市在环境保护立法领域极具地方特色，如制定了三岔湖保护条例、环城生态圈保护条例、都江堰灌区保护条例等，在水环境保护以外，还规定了噪声防治、森林资源的保护，但是，环境保护的分类防治难以概括所有环境问题，将导致并不普遍的环境保护纠纷无法可依。因而，成都市可以规划制定一部环境保护基本法规，例如《成都市生态文明促进条例》或者《成都市基本生态控制线管理条例》等。

第二，成都市缺乏复合型环保法规和可持续性环保立法。成都市环境保护类法规多针对区域环境保护或者单领域环境保护问题，缺乏复合型环境保护。现代城市建设的诸多项目都面临水土严重流失的问题，如修建地铁、铁路等各类交通运输网络，修建房屋、桥梁等。无论《成都市城市道路绿化建设导则》还是《四川省水土保持规划（2015～2030 年）》都强调水土保持的重要性。现代宜居城市应当以良好的水土环境作为基础，故而建议制定《成都市水土保持条例》。此外，在污染的防治以外，应当以发展性眼光保护环境，《武汉市再生资源回收管理条例》是一部体现资源再利用的可持续性发展条例，符合成都市建立“高品质生活宜居地”的需求。

第三，各个城市都缺乏野生动物保护立法。在新冠肺炎疫情突发之前，各地都忽视野生动物保护立法，仅对自然环境立法，未意识到动物作为自然环境的一个要素对人类的影响。国家层面早已制定《野生动物保护法》《陆生野生动物保护实施条例》《水生野生动物保护实施条例》等，地方可以根据各地境内野生动物情况立法，促进人类与野生动物的和谐共处。因此，建议制定《成都市野生动物保护条例》或者《成都市〈中华人民共和国野生动物保护法〉实施办法》。

第四，各地都缺乏危险废物污染环境防治条例。危险废物种类繁多，难以通过单领域环境保护法规进行规制，尤其对人类社会发展过程中衍生出的新型废物缺乏预测。受北京市立法启发，可以制定《成都市危险废物污染环境防治条例》，用以规定危险废物的产生、收集、贮存、运输、利用、处置等问题，确保社会免受危险废物的过度污染。

3. 历史文化保护类立法的差异

历史文化保护类立法各地都极具地方特色。相较而言，杭州市和武汉市立法较为突出。成都市作为历史文化名城，有必要运用立法宣传和促进文化的保护和发扬。在丰富的文物以外，成都市具有丰富的非物质文化遗产，例如蜀绣、川剧等。在《非物质文化遗产法》的基础上，成都市可以就本市丰富的非物质文化遗产的保护、开发和传承进行立法，既可以保护和开发非物质文化遗产，也有利于打造“文化名城”的品牌。

4. 以经济建设为主的其他特色性立法的差异

其他类型的法规主要由经济建设、民主政治等内容构成。2015 年以前，成都市与其他三个城市作为较大的市享有完整的立法权。2015 年，《立法法》对所有设区的市仅赋予三项立法事权。以往较大的市作为现有设区的市亦不可就事权以外的事项进行立法。故而，2015 年以前的经济建设、民主政治类等立法事项统一归为其他类立法。对比四个城市法规可以发现，其他事项立法多以经济建设类法规为主，但是四个城市的共同立法项目不到 5 项，因此，其他类立法的地方特色较为突出。除成都市以外，其他三个城市其他事项立法特征表现如下。

第一，在立法路径上，运用经济与城市建设结合的方式立法。尽管设区的市不能就经济建设进行立法，但是杭州市把经济建设与城市管理相结合，制定了《杭州市智慧经济促进条例》，把先进性的云计算、大数据、物联网、移动互联网等信息技术作为城市产业发展进行立法保障。广州市结合信息技术的发展制定了《广州市信息化促进条例》。成都市打造西部科技中心对新兴产业立法需求极为旺盛，故而可以制定《成都市智慧经济促进条例》《成都市智慧城市发展条例》等法规，运用立法支持新兴产业落户成都并予以发展支持措施。

第二，在立法思路上，擅于采用促进思路制定社会服务立法。尽管成都市对部分领域立法已采用促进型立法思路，但是多在教育、社区治理等领域，缺乏对社会公众素质的关怀。相较而言，武汉市和广州市更为擅长采用促进型立法思路提升公民素养以及培育公民高尚的理念，如两个城市都制定了全民健身条例、鼓励和保护见义勇为人员条例等，可以提高公众的道德素养，打造友好型城市。此外，广州市还就社会突出现象制定了《广州市荣誉市民称号授予条例》《广州市母乳喂养促进条例》等，强调公权力机关为社会公众提供便利，从而发挥立法的引导作用。

第三，在立法项目选择上，尝试创新性立法。成都市尚无首创性法规，即上位法没有依据且同位法也未制定的具有普遍性质的法规，不包括纯地方特色立法。然而，其他三个城市都至少具有 2 件首创性法规，例如《广州市母乳喂养促进条例》《广州市人大常委会立法微博管理办法》《广州市教育经费投入与管理条例（2015 修正）》《广州市社会工作服务条例》《武汉市农业经营合同条例》《武汉市工会审计条例》《杭州市城市国际化促进条例》《杭州市智慧经济促进条例》《杭州市冤案错案责任追究监督办法》。可以说，在不违反法制统一性的前提下，地方立法可以结合地方需求创新性探索立法项目，解放立法思维，满足立法需求。

第四，在立法理念上，注重科技成果创新和应用保障。成都市着力建设“西部科技中心”“西部经济中心”，但是缺乏对科技创新、科技成果转化、科技产业化的立法。相较而言，其他三个城市不仅制定了鼓励科技发展的立法，其中武汉市还专门制定了知识产权保护法规。发展科技的前提是科技人才，广州市和杭州市都专门制定了人才发展条例以吸引人才落户，确保新兴产业技术人力资源的供给。故而，在成都市有需求且其他城市有立法经验的基础上，建议成都市关注科技保障类立法以及人才发展类立法。

第五，在立法资源整合上，避免重复立法。三个城市具有成都市可以借鉴的立法优势，但也存在值得警醒的问题。囿于地方地理和社会发展特色，有的地方立法针对较为突出的现象重复立法，造成资源的浪费。例如，杭州市制定了《杭州市水上交通管理条例（2008 修正）》和《杭州市水上交通事故处理条例（2008 修正）》。对两件法规的内容进行比较分析后发现，两件法规的适用对象、内容、结构等都相似，可以进行合并立法，而无须单独立法。例如，武汉市作为中部中心城市、九省通衢，交通发达，制定了《武汉市实施〈中华人民共和国道路交通安全法〉办法》、《武汉市公路路政管理规定（2010 修正）》和《武汉市城市道路交通管理若干规定》。尽管三件法规各自的规制对象略有差别，但是存在诸多交叉内容，可以进行立法合并。当前，成都市立法体量较小，尚不存在该现象。

B.15

论设区的市法规指导的规范基础与功能定位*

王友健**

摘　要： 2015年设区的市扩容立法以后，设区的市法规审批制度实践中的一项过去长期存在但仅零星运作的机制——“法规指导”开始得到大规模运用，并逐步朝制度化方向发展。但在这一过程中，与法规指导理论大相径庭的实践催促着学界对法规指导的规范基础、功能定位等学理问题予以及时回应。本文通过考察法规指导的前身“提前介入”机制的历史发展脉络和运作实践后认为，《立法法》第72条第2款所规定的报批法规“不与上位法相抵触”的审批效果要求和“应在四个月内予以批准”的审批效率要求共同构成了通过法规指导提前开展合法性审查的正当性依据；省级人大常委会对设区的市法规所享有的“半个立法权”的批准权，为其提供了通过法规指导介入市法规制定工作的合法性依据；《立法法》第53条所规定的全国人大专门委员会、常务委员会工作机构得“提前参与有关方面的法律草案起草工作”，则构成了以“提前介入”为核心机制的法规指导制度化运作的可行性依据。在功能定位方面，法规指导的核心功能是保障法规审批

* 本文系全国人大常委会法工委委托课题“省级人大常委会审批、指导设区的市人大及其常委会法规的实践经验、主要问题及对策分析”（协议编号：FGW 20）的阶段性成果，课题主持人为浙江大学光华法学院郑磊副教授。在本文撰写过程中，郑磊副教授对本文的文章观点、写作方向、内容结构等多方面给予了精细指导，在此致谢。

** 王友健，浙江大学光华法学院宪法学与行政法学博士研究生，研究方向为立法学。

的效率与效果，附带功能是辅助提高设区的市的立法质量。

关键词：备案审查　地方立法　法规审批　法规指导　“提前介入”机制

引言：设区的市法规指导工作的普遍展开

法规指导，即省级人大常委会为提升设区的市法规审批效率和保证审批效果，在设区的市人大常委会将所制定的市法规报送其审查批准之前即对市法规制定工作进行指导，以便先行解决法规案中可能存在的合法性、合理性等问题的工作制度。其工作内容包括在法规指导过程中帮助设区的市法规制定主体对所起草的法规的合法性、合理性、立法技术等问题进行查找、研究和纠正。这一工作的时间跨度可覆盖从设区的市开始制订立法计划到设区的市法规审议通过之前。

从实践来看，该工作机制是法规审批工作的前移。2015 年《立法法》修改，所有设区的市被赋予地方立法权，市级立法主体数量从 49 个原较大的市激增到 322 个设区的市。而立法主体数量激增所带来的无疑是立法数量的成倍激增。根据《立法法》第 72 条第 2 款之规定，设区的市法规须报省级人大常委会审查批准后方能生效施行，这意味着，作为市法规审查批准主体的省级人大常委会，较《立法法》修改以前，所面临的法规审批压力将极大地增大。在这一背景下，法规审批工作关口前移成为纾解审批压力、提高审批效率的必要应对举措。因此，作为承载法规审批工作关口前移的、以往在各省零星运作的工作机制、工作平台——法规指导开始走向前台，得到设区的市法规审批主体的规模化实践，并逐步朝制度化方向发展。“加强法规指导”成为《立法法》修改以后，各省法规审批工作中着重强调的关键词。但从实践来看，在法规指导工作开展过程中，各省法规审批主体基本上是各自为政，对于法规指导的介入时间、法规指导的内容尺度、法规指导的工作方式等均有不同做法。这背后反映的是实践部门对于法规指导的一些原理性问题的认识分歧：法规指导仅具有工作方法层面的意义，还是具有规范依据；法规指导与法规审查批准的关系为何，仅是法规审批工作的组成部分，还是具有独立的制度意义；法规指导既有维护国家法制统一的功能，亦有提升法规审批效率的功能，还有保障设区的市立法质量的功能，那么其核心功能定位究竟是什么。这些问题的回答和厘清，对规范化开展法规指导工作和推动法规指导制度化建设具有重要意义。

从近年的研究成果来看，由于法规指导明确规范依据的缺乏，以往的研究基本聚焦的是具有程序性意义的法规审批制度的研究，法规指导并未受到学界的关注，难以从中找寻到答案。但在调研过程中笔者了解到，实践部门在谈及法规指导时经常会提到“提前介入”这一工作方法；同时，在立法法修改以前，与法规指导具有相似意涵的“提前介入”一词更为实践部门频繁使用。一定意义上可以说，“提前介入”是法规指导工作机制的前身。因此，本文尝试以《中国法律年鉴》和改革开放以后的学术文献为“史料”，对法规指导的前身“提前介入”进行梳理分析，以及对与其同时期存在的人大对同级政府法律法规起草工作的“提前介入”工作机制进行对比研究，希望通过考察法规指导的历史发展脉络，探究其形成的历史动因，从历史的角度对前述问题作出回答。

一　前身：较大的市时代下的市法规“提前介入”

1979 年恢复地方立法权以后，省级人大及其常委会的立法工作可以说是分为两块。一块是省级地方性法规的立法工作，其中，立法计划的提出、法规的起草在实践中大部分由省级政府有关部门进行，省级人大及其常委会主要负责法规草案的审议、表决。另一块即设区的市地方性法规的立法工作[①]，

① 2015 年《立法法》修改之前，地级市层面仅有原“较大的市”享有地方立法权。

1986年之前，立法计划的提出、法规的拟定由市级人大及其常委会进行，省级人大常委会负责市法规的审议表决；1986年之后，立法计划的提出、法规的制定（起草、审议、表决）由市级人大及其常委会进行，省级人大常委会负责市法规的审查批准。但是，从早期文献来看，也正是由于“多主体分工负责”这样的立法运作方式不可避免地会带来部门利益倾向严重、省市立法不协调、立法质量不高等问题，80年代后，为加强省级人大的立法主导地位，地方立法实践中开始运用“提前介入”[①] 这样一个工作机制。

（一）市法规“提前介入”的语词运用场景：以《中国法律年鉴》为分析样本

在《中国法律年鉴》中，涉及各省较大的市地方性法规制定工作情况介绍的文献，“提前介入”一词均出现在法规审批工作相关情况介绍之中。[②] 以“提前介入”是否与类似“法规指导”的语词同时出现，以及二者的语词逻辑关系为划分标准，笔者将“提前介入”的语词运用场景分为三种情形。

1. 单独出现

在《中国法律年鉴》收录的地方立法历年情况介绍中，“提前介入”单独出现时，所表达的意涵即我们当前所讨论的“法规指导”，基本涵盖了当前“法规指导”机制中的调研论证、提出初步审查意见等各项工作任务。例如山东人大的同志表示，“为了加强地方立法工作，常委会采取了一些重要措施”，“进一步理顺了制定和批准地方性法规的程序，有关专门委员会提前介入，对法规草案进行调研论证，提出初步审议意见”，“在维护法制

① 立法实践部门的官方表述里有时也会使用“提前参与”一词替代“提前介入”。

② 《中国法律年鉴》收录的稿件和资料，由中央、地方各有关部门和单位提供，除收录正式的法律文本、工作报告等官方文件性质的资料，大部分有关立法、司法等情况的介绍是由这些部门和单位的相关工作人员负责撰写。尽管这些情况介绍并非官方正式文件，但仍具有一定的权威性和代表性，能够反映当年各部门、各地的法治建设情况，能够满足本文的研究需要。

统一，增强法规的针对性和可操作性，提高法规质量方面取得了较明显的成效”①。青海人大的同志表示，青海“制定了《关于进一步规范省人大常委会批准地方性法规、自治条例和单行条例工作若干问题的意见》，对常委会批准法规、条例过程中的专门委员会提前介入、主任会议和常委会会议审议和法规、条例的公布等六个环节的工作以及规范文本的格式作出了具体规定”②。

2. 并列使用

在有的省份地方立法情况介绍中，“提前介入”与“加强指导”予以并列使用。在这一情形下，“提前介入”与“加强指导”为双重强调的关系，前者凸显了法规指导所采用的工作方法，后者强调了对法规指导工作的认真落实，均指向对法规审批工作的保障。例如青海人大的同志表示，“提前介入，加强指导，促进民族自治地方立法和省会市立法。为了支持民族地区加强社会治安综合治理”，“审查批准了《西宁市人大常委会关于修改〈西宁市社会治安综合治理条例〉的决定》”。③ 辽宁人大的同志表示，“提前介入，加强指导，认真审查批准较大市的地方性法规”。④

3. 组成部分

还有的省份地方立法情况介绍里，“提前介入”会在“加强立法工作的指导”的情况介绍中被提及。在这一情形下，“提前介入”则是作为法规指导的工作方式和组成部分，在逻辑上表现为手段与目的的关系。例如黑龙江人大的同志表示，“做好指导设区的市立法工作，加强对设区的市报批法规的审查批准，严格立法程序、确保立法质量，做到统筹规划、悉心指导、提前介入、严格把关”。⑤ 内蒙古人大的同志表示，“坚持合法性审查原则，做好批准地方性法规制定工作。常委会认真做好审查批准呼和

① 《中国法律年鉴（2001）》，中国法律年鉴社，2001，第 875 页。
② 《中国法律年鉴（2003）》，中国法律年鉴社，2003，第 987 页。
③ 《中国法律年鉴（2004）》，中国法律年鉴社，2004，第 692 页。
④ 《中国法律年鉴（2011）》，中国法律年鉴社，2011，第 662 页。
⑤ 《中国法律年鉴（2018）》，中国法律年鉴社，2018，第 835 页。

浩特市和包头市地方性法规的工作，坚持提前介入，加强调研论证，做好指导协调工作”①。

（二）市法规“提前介入”工作机制的建立动因：基于早期学术文献的分析

从笔者能够检索到的早期学术文献来看，提及“提前介入”的市法规审批制度的有关研究，至少可追溯到20世纪90年代初，且多为地方立法实务部门人士在进行讨论。② 如在《谈地方立法批准权性质》一文中，现任江苏省人大常委会研究室主任的王林同志当时表示，“明确法规批准权的性质，完善法规报批的程序，是当前地方立法迫切需要解决的问题。首先，必须加强省市之间立法协调工作，克服报批工作的盲目性。其次，在每一项法规报批之前，省人大常委会要提前介入，为行使批准权作准备。第三，要把握好审议的重点，简化批准和程序”③。

从这些早期学术文献的讨论情况来看，“提前介入”这一工作机制建立的首要、直接的动因，是保障法规审批工作的高效开展。1991年，原山东省人大常委会法制工作室的王泽云等同志撰文指出，“采取‘提前介入，让省、自治区人大有关部门有充分酝酿时间，把工作做在前面’的方法很值得提倡和借鉴。这样做的好处一是有利于省人大常委会的审议批准，使省人大常委会能够抓住大的问题即合法性问题进行审查把关，尽量简化手续，做到一次会议审议后及时批准省会市和较大市上送待批的地方性法规”。④

此外，“提前介入”机制的建立，也有保障市级立法机关的积极性、减少上下矛盾以形成合力等因素的考量。

---

① 《中国法律年鉴（2010）》，中国法律年鉴社，2010，第575页。

② 笔者以“提前介入”和“较大的市”为全文关键词在“知网”平台上进行检索，能够检索到的最早的学术文献是1991年王泽云、石晓在《法学杂志》上发表的《省会市和较大市立法问题初探》一文。未检索到80年代相关文献。有可能是该平台未收录80年代的期刊文献资料，也有可能是没有相关学术探讨，限于文献匮乏和个人能力，尚无法考证。

③ 王林：《谈地方立法批准权性质》，《法学杂志》1994年第5期。

④ 王泽云、石晓：《省会市和较大市立法问题初探》，《法学杂志》1991年第3期。

（三）市法规“提前介入”工作机制的形成渊源

从早期文献来看，“提前介入”机制是如何在市法规审批工作中形成的，尚无法考证。但在同一时期，“提前介入”机制不仅在市法规审批工作中予以运用，在由政府负责的同级人大的法律法规起草工作中也同样存在，并且更为活跃。既出现在国务院部委负责的法律起草工作中，也出现在省级政府负责的地方性法规起草工作中。

基于改革开放以后，较大的市在 1982 年获得市法规拟定权，1986 年才获得市法规制定权这一历史现实考虑①，“提前介入”机制在政府负责的同级人大的法律法规起草工作中率先运用的可能性更大，而市法规审批工作中“提前介入”机制的运用很可能即移植于前者。

此外，值得注意的是，2015 年《立法法》修改后的第 53 条，通过立法的方式率先确认了法律起草工作层面的“提前介入”制度——“全国人民代表大会有关的专门委员会、常务委员会工作机构应当提前参与有关方面的法律草案起草工作”，而在有关地方性法规制定工作中并未作此明确规定。这至少可以作两种解读：其一，“提前介入”机制的运作在中央立法层面已经较为成熟，亟须通过法律的形式予以确认和固定，地方则有待进一步实践；其二，尽管“提前介入”机制仅在中央立法层面予以法定化，但同为政府负责的同级人大的地方性法规起草工作，同样地可以参照中央立法有关规定予以执行，而对市法规审批工作中的“提前介入”或许因为已蕴含在《立法法》第 72 条第 2 款的法规审批规定之中，因此均无须予以重复申明。

二　旁系：人大对同级政府法律法规起草工作的“提前介入”

如前所述，在梳理市法规审批工作的“提前介入”机制相关文献资料

① 1979 年《地方组织法》出台，即赋予了省级人大及其常委会地方性法规制定权。

过程中，笔者同时观察到，在中央层面的国务院有关部委负责的法律起草工作中和地方层面的省级政府负责的法规起草工作中，同级人大也有积极运用“提前介入”机制，并且较省级人大常委会在市法规审批工作中“提前介入”机制的运用更为频繁。两类“提前介入”机制似有非常密切的联系和共通的原理。考察“提前介入”机制在同级政府负责的法律法规起草工作中的运作实践，对于我们探析“提前介入”机制的原理具有重要意义。

（一）人大对同级政府立法工作“提前介入”的样态考察

1. 全国人大对国务院有关部委法律起草工作的“提前介入”

笔者考察《中国法律年鉴》后发现，从“提前介入”的语词位置结构来看，在全国人大层面的立法工作中，对国务院有关部委负责的法律起草工作的“提前介入”，主要放置在有关“加强人大主导立法”的部分予以介绍。另外，“提前参与”一词时常与“提前介入”一词变换使用，二者意涵相同。如1997年全国人民代表大会常务委员会工作报告在介绍专门委员会工作情况时指出，“各专门委员会加强了同法律起草部门的联系，提前介入，搞好协调，督促起草工作的进行；并就法律草案起草或修改过程中遇到的一些问题，召开座谈会和研讨会，进行研究和论证”①。

如前所述，2015年《立法法》的修改，促成了“提前介入”机制在全国人大及其常委会立法层面的法定化，规定“全国人大有关的专门委员会、常委会工作机构应当提前参与有关方面的法律草案起草工作”。并明确指出，此举是为“加强和改进法律起草机制”，发挥人大在立法工作中的主导地位。②

2. 省级人大对省级政府法规起草工作的“提前介入”

与全国人大对国务院有关部委法律起草工作的“提前介入”相同，省级人大对省级政府法规起草工作的“提前介入”在语词位置结构上，也主

① 《中国法律年鉴（1997）》，中国法律年鉴社，1997，第39页。

② 参见《中国法律年鉴（2016）》，中国法律年鉴社，2016，第48页。

要放置在有关“加强人大主导立法”的部分予以介绍。同时，也会在各省份有关立法质量提升等情况的介绍中涉及。

如浙江人大的同志介绍，“在工作程序上，省人大常委会的有关工作委员会和法制工作委员会一般都提前介入政府的草案起草工作，主要是参与研究，掌握情况，但不干预具体工作”①。天津人大的同志表示，“在起草、初审法规草案过程中还采取凡法规草案由政府部门起草的，常委会工作部门提前介入；凡法规草案由常委会工作部门起草的，政府有关部门积极参与”②。山东人大的同志指出，要“重视和加强立法的前期基础工作。要求有关部门在立法议案提请审议之前，积极参与，提前介入，准确把握立法的重点和难点，采取有效措施，尽量把问题解决在起草过程中”③。上海人大的同志表示，“常委会、各专门委员会以及工作机构对法规的起草工作坚持提前参与、提前介入，对有关立法的决策问题，及时提出指导性意见和建议，把法规草案中的主要问题解决在提请常委会会议审议之前”④。

（二）人大“提前介入”同级政府立法工作的动因

结合《中国法律年鉴》的记载和对早期学术文献的梳理分析，人大对同级政府法律法规起草工作“提前介入”的主要动因有以下几个方面。

1. 加强人大对立法工作的主导

改革开放以后，由于经济社会建设的需要，加之法制的长期缺位，无论中央还是地方，人大都面临极重的立法任务，同时考虑诸多领域的立法专业性较强，因此将法律法规的起草工作交由同级政府来承担成为现实需要。但在实践运行中，不少部门借立法扩权争利，使得部门利益法制化倾向严重。如孙启明指出，“由于计划经济体制的束缚和影响，许多地方经济法规受部门利益局限，强化了部门单纯行政管理职能，削弱了协调、监督、管理、服

① 《中国法律年鉴（1992）》，中国法律年鉴社，1992，第675页。

② 《中国法律年鉴（1994）》，中国法律年鉴社，1994，第211页。

③ 《中国法律年鉴（1996）》，中国法律年鉴社，1996，第718页。

④ 《中国法律年鉴（1996）》，中国法律年鉴社，1996，第685页。

务等综合功能”。①

基于上述现实问题的出现，“加强人大对立法工作的主导”的呼声逐渐提高，发挥人大主导作用的相关体制机制也开始逐步建立健全，“提前介入”即其中重要的一项应对机制。如史建三等指出，“在立法导向方面，要进一步加强人大在地方立法中的主导作用，防止部门利益倾向”，“为此，人大各专门委员会提前介入法规起草过程，加强立法调研、论证和协调；在明确各类地方性法规起草分工的同时，对有些综合性的重要法规，由常委会组织有关专门委员会直接牵头起草”。②

2. 保障立法质量

从《中国法律年鉴》的记载来看，人大“提前介入”同级政府的法律法规起草工作，另一个重要的考量是为保障和提升立法质量。如青海人大的同志表示，“省人大各专门委员会和常委会工作机构重视立法前期工作，坚持提前介入一些地方性法规和单行条例的立法调研、起草论证，注意突出地方特色和民族特点，努力使立法工作符合宪法、法律，符合省情实际，能够解决青海的特殊问题”③。河北人大的同志表示，“对每一项法规草案，都提前介入，深入实际进行调查研究，广泛征求意见，组织力量反复进行论证，并及时做好协调工作，克服部门利益倾向，增强法规的针对性和可操作性，提高了法规的质量”④。

3. 提升立法效率

改革开放以后，随着市场经济建设的转向，相关的工作需要大量的法律法规支撑，加快立法步伐，健全法律体系，成了建设社会主义市场经济的迫切需要。如何高效立法是人大立法工作的重要议题之一。因此，将经济、行政管理等方面的法律法规交由同级政府部门进行起草的同时，通过

① 孙启明：《甘肃省地方立法基本情况的分析及探讨》，《甘肃政法学院学报》1996 年第 3 期。
② 史建三、吴天昊：《地方立法质量：现状、问题与对策——以上海人大地方立法为例》，《法学》2009 年第 6 期。
③ 《中国法律年鉴（1999）》，中国法律年鉴社，1999，第 820 页。
④ 《中国法律年鉴（1996）》，中国法律年鉴社，1996，第 685 页。

“提前介入”将法律法规草案中存在的相关问题尽可能解决于人大审议之前，以确保草案能够在人大审议阶段顺利通过，成了一项必要的工作机制。如山东人大的同志指出，“常委会、各专门委员会以及工作机构对法规的起草工作坚持提前参与、提前介入，对有关立法的决策问题，及时提出指导性意见和建议，把法规草案中的主要问题解决在提请常委会会议审议之前”①。

4. 应对立法监督职能的软化

此外，在改革开放初期，立法工作虽然得到了快速的开展，但与之相对应的立法监督工作的推进则较为迟缓，过去规范性文件“备而不审”的现象即其中的典型写照。因此，在法律法规制定过程中进行“提前介入”成了弥补事后立法监督不足的现实选择。如肖义舜表示，过去的立法监督制度还很不完善，“一是无强制性的立法监督程序，虽要求部门、地方的法律、法规，乃至规章一律上送备案，然而，对不执行者无相应对策；二是有关的立法监督程序也不尽科学，如不提前参与或了解有关立法，只待其送来备案时才去审查，显然难于发现其弊端；三是立法监督机关不健全和人员不足，苦于不能主动地经常地开展立法检查监督”②。

（三）两类“提前介入”机制的交叠原理

1. 共同的前提条件——两类立法工作均为同级或上级人大本职

从“提前介入”机制运用的场景来看，无论是原较大的市的人大及其常委会负责的市法规制定工作还是省级政府负责的省法规起草工作，抑或国务院各部委负责的法律起草工作，均被视为上级或同级人大及其常委会的本职事务范畴。

国务院各部委负责的法律起草工作和省级政府负责的省法规起草工作，毋庸讳言，均是同级人大及其常委会立法工作的本职所在。基于立法专业

① 《中国法律年鉴（1996）》，中国法律年鉴社，1996，第718页。

② 肖义舜：《立法误区及其对策》，《法律科学》1990年第4期。

性、立法效率的考量而将自身立法职能的一部分交由业务擅长的机关去履行，也即将法律法规起草工作负责主体从人大转移到同级政府的行为，并不会造成法律法规效力位阶的降格，也不会导致法律法规制定主体的变更。而人大在同级政府法律法规起草工作中运用“提前介入”机制的合法性基础也恰在于此——基于法律法规起草工作权责的本职性，为有效发挥人大在其中的主导作用，保证立法的质量、防止部门利益法制化倾向、协调各方利益等，人大及其常委会自然能够介入本该由自身完成，但因立法专业性等现实因素的考量而交由同级政府部门来进行的法律法规起草工作。

由此，尽管学理上对于设区的市法规与省级地方性法规的效力位阶关系存有争议，但从“提前介入”机制在市法规制定过程中运用这一实践出发，我们能够同理地推导出市法规的制定在实践中被视为省级人大常委会本职立法工作的定位。否则，在逻辑上则无法证成“提前介入”机制在市法规制定过程中运用的合法性。

在2018年宪法修正案明确设区的市的地方立法主体地位以前，无论学界还是实务界对设区的市立法权的普遍认识是“半个立法权”。这是因为，省级人大常委会所掌握的另一半“立法权”——市法规审批权，是设区的市地方性法规得以最终落地生效施行的关键。也只有将市法规审批权视为另外“半个立法权”而非立法监督权时，才能说省级人大及其常委会对市法规制定工作具有本职性。

另外，从这一层意义上来说，我们也可以得出省级地方性法规与省人大常委会批准的设区的市地方性法规在效力上是同位阶的结论。

2. 共通的功能——提供机关之间有效交互的平台

从省级人大常委会对设区的市法规审批工作的“提前介入”和人大对同级政府法律法规起草工作的“提前介入”的动因来看，前者主要出于弥合审批效率与审批效果①之间的张力，后者主要出于发挥人大主导立法作

① 审批效果即理论上通过对设区的市法规的审查，能够发现并解决其中存在的合法性问题，达到维护国家法制统一的效果。

用。二者看似目标并不一致，但笔者认为，“提前介入”机制所承载的一项基本功能是一致的，即为一项立法活动的共同责任主体之间提供有效交互的平台。

就省级人大常委会对设区的市法规审批工作的“提前介入”而言，省级人大常委会与设区的市人大及其常委会分别承担了市法规制定通过与审批生效两个阶段的工作，二者均是市法规的立法责任主体。通过“提前介入”机制的运用，省人大常委会在提前介入过程中凭借各类深度的立法参与形式来与设区的市立法机关共同地发现问题、达成共识，使制定的市法规当中可能存在的合法性、合理性等方面的问题得到提前的、充分的解决，则能够在提升正式审批效率的同时确保国家法制的统一，以及最大限度地保障市法规的立法质量。

同理，人大对同级政府法律法规起草工作的“提前介入”，同样承载着为机关之间提供有效交互平台的功能。当然，在整个立法过程中，并非只有“提前介入”一种交互平台或者机制，例如在法律法规案进入同级人大正式的审议程序或市法规进入省级人大常委会的审批程序中的机关之间的问询、协商等机制，也同样具有交互平台的功能，但是这里所强调的是“提前介入”机制所具有的“交互”有效性和效率性的特征。

三　今世：设区的市法规指导工作的“提前介入”原理

通过上述对设区的市法规指导的前身“提前介入”机制历史发展脉络的梳理及其运作实践样态的考察，至少可以对以下三个方面的法规指导的原理性问题予以回答和厘清。

（一）法规指导的规范基础

以往学界未对法规指导这一实践中活跃的工作机制予以关注，一定程度上是由于其缺乏一个显性的规范基础，仅将之视为一种工作方法，而非一项正式的法律制度。与之相对应的具有直接规范基础的法规审批制度则为学者较多关注。但是，通过对法规指导的前身“提前介入”的历史考察，以及对与之同时期运作的政府法律法规起草工作的“提前介入”进行对比分析，我们不难发现，法规指导不仅具有规范基础，而且就“隐藏”在作为设区的市法规审批规范基础的《立法法》第72条第2款之中。

首先，前述分析提到，省级人大常委会对设区的市法规审批工作“提前介入”的动因是为消解法规审批效率与法规审批效果之间的张力，而这种张力即源自《立法法》第72条第2款的规定。《立法法》第72条第2款规定，“省、自治区的人民代表大会常务委员会对报请批准的地方性法规，应当对其合法性进行审查”，“同宪法、法律、行政法规和本省、自治区的地方性法规不抵触的”应当批准，这即是对审批效果的要求。但同时，该款还规定，报批的设区的市法规同宪法、法律、行政法规和本省、自治区的地方性法规不抵触的，“应当在四个月内予以批准”，而这则是对审批效率的要求。一方面要求对报批的设区的市法规必须进行合法性审查，只有与上位法不相抵触的，方能予以批准；另一方面又要求对设区的市法规审批工作，要在设区的市报批后的四个月内完成。但现实是——法规审批工作如不提前介入，四个月内通常只能召开两次的省人大常委会会议很难确保报批法规能够既不存在合法性问题，又能如期批准。因此，这两项规定的同时存在，即构成了法规合法性审查工作得以前移的规范基础。

其次，如前所述，无论是省级人大常委会对市法规制定工作的“提前介入”，还是人大对同级政府法律法规起草工作的“提前介入”，得以运作的共同的前提条件是——两类立法均是同级或上级人大的本职工作。《立法法》第72条第2款规定，“设区的市的地方性法规须报省、自治区的人民代表大会常务委员会批准后施行”。该项规定背后所暗含的规范意涵即是，省级人大常委会享有决定设区的市地方性法规生效与否的权力，也即设区的市人大所未享有的另外“半个立法权”。如同人大因其享有法律法规的立法权而得依据《立法法》第53条第1款之规定“提前参与有关方面的法律草案起草工作”一样，省级人大常委会所享有的这“半个立法权”，则构成了介入设区的市人大及其常委会立法工作的规范基础。

综上，可以说，《立法法》第72条第2款的“审批效果”规定与“审批效率”规定共同为法规指导提供了得以提前开展合法性审查的正当性依据；省级人大常委会对设区的市法规所享有的“半个立法权”的批准权，为法规指导提供了得以介入市法规制定工作的合法性依据；《立法法》第53条第1款规定则为法规指导提供了以“提前介入”为核心的法规指导制度运作的可行性依据。

（二）法规指导的功能定位

通过对法规指导前身“提前介入”机制的历史发展脉络的梳理，笔者认为，法规指导至少具有以下两方面功能。

1. 核心功能：保障法规审批效率与效果

如前所述，省级人大对设区的市法规“提前介入”机制的动因是为消解法规审批效率与审批效果之间的张力。而脱胎于“提前介入”机制的法规指导，所需承载的核心功能自然是保障法规审批的效率与效果。这一功能在实践中主要体现在两方面。

（1）对法规案合法性问题的提前应对。实践中，省级人大常委会法工委在设区的市法规立项、起草、审议过程中会介入指导，通过参与调研、联合改稿、反馈修改意见等方式，将法规案中可能存在的合法性问题尽可能解决在提交省人大常委会审批之前。如此，在理论上既能够保证提请审批的法规不存在明显的合法性问题，有效维护国家法制统一，同时使得待批准法规能够及时、顺利地通过省级人大常委会会议的审查批准。

（2）对设区的市立法进度的提前把控。实践中，省级人大常委会法工委在设区的市制订年度立法计划的过程中，通常会建议或要求设区的市将立法计划提交其征求意见，通过反馈修改意见的方式将立法条件不成熟、非急需立法或与省级立法相冲突的法规项目予以筛除；与此同时，实践中部分省级人大常委会还会通过限定设区的市年度报批法规数量的方式来纾解法规审批压力，以此来保障法规审批的效率。

2. 附带功能：辅助提升设区的市法规质量

凭借能够提前介入市法规制定工作的“优势”，省级人大常委会在进行合法性问题预审的过程中通常会掌握诸多的市法规在规定合理性、立法技术科学性等方面的问题线索和信息。进而凭借自身所积累的立法经验，省级人大常委会能够为设区的市立法者就法规草案的完善提供有益的意见建议，辅助设区的市立法机关提升立法质量。观察法规指导的实践运作过程，我们也发现省级人大常委会法工委在具体开展法规指导时，不仅会对市法规案的合法性问题进行审查，而且也会对市法规案当中存在的合理性问题①、立法技术问题等进行指导和纠正。这实际上发挥的是法规指导的附带功能。

需要注意的是，由于这类意见建议无法获得后续正式的以合法性审查为内容的法规审批程序的保障，在理论上并不具有和法规指导过程中的合法性审查意见同等的刚性效力。因此，尽管实践中市法规审批机关非常重视法规指导这一附带功能的发挥，但辅助提升设区的市法规质量的功能仍仅是附带性、辅助性的，不宜借助审批权的行使来僭越设区的市立法主体地位来促成这一功能的发挥。②

（三）从“提前介入”到“法规指导”背后的实践逻辑

在2015年《立法法》修改以后，尤其是2018年设区的市立法主体地位在宪法上得到确认以后，类似“法规指导”的表述在各省法规审批工作情

① 这里所说的合理性问题，不包括在法规指导工作中发现的重大合理性问题。实践中对市法规所存在的重大合理性问题的纠正，省级人大常委会通常是要求设区的市人大及其常委会严格按照修改意见进行修改。

② 在实践中，对于这类问题，大部分省级人大常委会法工委通常仅给予修改建议，由设区的市人大及其常委会具体处理，不作强制修改要求。但由于市法规案进入省级人大常委会会议审议环节后，部分常委会组成人员会对法规合法性问题以外的合理性等问题提出意见，如设区的市不予修改，则可能面临表决不通过的风险，因此，亦有个别省份要求设区的市对这类问题也需要按照省级人大常委会法工委的意见予以修改。

况介绍中出现的频率显著增加，笔者认为，这并不仅仅是一个语词的简单替换，背后所深刻反映的是，省市级人大在设区的市法规制定工作中的地位关系变化所带来的省级人大常委会立法指导模式的改变。

首先，尽管目前设区的市法规的生效仍然需要经过省级人大常委会的审查批准，但2018年设区的市立法主体地位在宪法上的确认，使得原有的设区的市人大立法权对于省级人大立法权的依附关系或者派生关系不再具有极强的法理基础。省级人大常委会所行使的审批权的“半个立法权”属性可以说已极大地弱化。因此，在省级人大常委会对于设区的市法规制定工作不再具有严格意义的本职性的情势下，“提前介入”机制充分运用的正当性也自然遭到削弱。在同时面对有效行使法规审批权与充分尊重设区的市立法主体地位两方面问题时，省级人大常委会必然需要选择当前各省份普遍采用的“重点介入、充分尊重”的新型“提前介入”模式——法规指导。

其次，随着2015年设区的市扩容立法，所有的设区的市地方立法权的赋予，省级人大常委会所面临的是数倍于扩容立法以前的市法规审批任务。这也意味着对设区的市人大及其常委会在法规提请审批前进行的立法指导工作无法再过分地依赖于以往主动型、充分型的“提前介入”模式，被动地、有重点地介入指导的法规指导工作模式会逐渐成为常态。

余论：实践中的人大制度的研究契机

通过对法规指导的前身“提前介入”机制历史发展脉络的梳理和实践运作样态的考察发现，这一过程不仅可以对法规指导的规范基础、功能定位等问题予以有力回答，同时还能够间接地对设区的市法规审批权的性质、法规审批与法规指导的关系、省市级人大之间的关系等学理问题给予廓清。尽管法规指导仅是人大制度、法规审批制度当中的一个极小话题，但仍然可以通过对法规指导机制的研究去追问它身后相关的原理性问题，充分挖掘其内在学术价值。此外，一定意义上来说，理论指导着实践，实践也极大地推动着人大制度的规范命题发展，2020 年恰逢《立法法》通过 20 周年、设区的市扩容立法 5 周年，40 余年的地方立法实践、30 余年的市法规审批实践为我们研究相关问题已积累了足够的实践素材，从历史的角度、实践的角度对人大制度中的重大理论问题进行探究，不失为一条可行的、正逢其时的研究进路。

Abstract

The Blue Book of Local Legislation of this year consists of an overall report and several special reports, striving to outline the basic situations of local legislation in various regions of China in 2020, to discover, analyze and address specific issues in the practice of local legislation. Through the statistical analysis of the data of local legislation achievements in 2020, it is found that the local legislation in China in 2020 has maintained a positive legislative state, and the pattern of focusing on simultaneous promotion of legislation and amendment has gained continuous growth. In addition, the legislation at provincial level has become the main force of annual legislation, while various legislative matters show a balanced, yet concentric diversified development state in the year. The special report on local legislation in social governance conducts empirical analysis on hot issues including internet legislation and elderly-care legislation, covers the judicial application of local legislation, and discusses the means to cultivate the public awareness of rule of law from the perspective of local legislation. The special report on investigation and evaluation of local legislation focuses on the legislative work in salt management, investment promotion, water resources protection, city appearance and sanitation and waste classification in Chongqing, Bazhong and other places, and puts forward suggestions for legislative matters in the same category. In recent years, resource and environmental protection is a hot and key field of local legislation. In this book, a special report conducts a case evaluation with Shaanxi Province as its research sample, and offers an in-depth demonstration on river basin governance and collaborative legislation. In addition, the special report on local legislative technology makes a comparative study on the structure of local laws and regulations, investigates the structure of responsibility norms in local legislation, and systematically demonstrates the "law guidance" mechanism in the legislative practice of cities on the scale of having districts.

Keywords: Local Legislation; Legislative Technique; Construction of the Rule of Law; Social Governance

Contents

Ⅰ General Report

B.1 Development of Local Legislation of China in 2020

Yang Huiqi / 001

Abstract: Based on collection and compilation of the achievements in local legislation in 2020, this paper introduces eight economic zones, types of legislative matters and other elements, and includes in-depth analysis and research of the performance, hot issues and development trend of local legislative provinces and municipalities. After comprehensively showing the general situation of local legislation in China in 2020, it is concluded in this paper that the local legislation in China in 2020 has maintained a positive legislative state, and the legislation and amendment have been promoted simultaneously. In addition, the legislation at provincial level has become the main force of annual legislation, while various legislative matters show a more balanced development state in the year.

Keywords: Local Legislation; Empirical Research; Legislative Hot Issues

Ⅱ Local Legislation in Social Governance

B.2 The Present Status of Local Legislation Judicial Application and Interpretation

—*As an example of Gansu province* 1131 *Judicial Documents*

Kang Jiansheng, *Wu Qiong* / 024

Abstract: From the point of system of our country's legislation, local legislation is the basis of judicial judge. In China judgment online at all levels involved in Gansu province, 1131 copies of local legislation the written judgment suggests that local legislation "presence" in the judicial practice is extremely low, large quantity does not match with the local legislation. For this kind of phenomenon, from the three aspects of interpretation. One is from the main content of local legislation in the controversial law enforcement level, and the law is mainly accomplished by abide by; Second, the local legislation of repeated impact, the necessity of judicial application; Three, local legislation restricted by its authority, legislative content and justice "relevance" is not enough. Local legislation judicial application rate is low and can not be rejection and the negative value of the local legislation and the role, but for the local legislation of the repeatability, the rejection in the court for local legislation in judicial should attach importance to it.

Keywords: Local Legislation; Judicial Application; Legal Effect; Legislative Authority

B.3 Problems and Perfection of Local Network Legislation

Song Weizhi / 042

Abstract: After nearly 30 years of development, China's network legislation has achieved certain achievements. Existing research pays more attention to the legislative practice at the central level, and pays less attention to the local network legislation. After sorting out and analyzing the network legislation of 31 provinces, autonomous regions, and municipalities in Chinese mainland, local network legislation still has problems such as low level of legislation, excessive "management" thinking, and lack of innovation. To improve local network legislation, it is necessary to give full play to the characteristics of the "test first" of local legislation, give full play to the leading legislative role of local authorities, and give full play to the suggestions of the industry and the public on legislation, so that local network legislation can become a powerful guarantee for the healthy development of the Internet.

Keywords: Local Legislation; Internet Legislation; Internet Rule of Law; Internet Development

B.4 The appearance and enhancement path about the civilians' concept of rule of law

—*From the perspective of local legislation* *Xiao Wu* / 056

Abstract: The civilians' concept of rule of law was shaped by the objective situation of nation's rule of law and civilians' subjective feeling of rule of law, it is an important part of the concept of rule of law, and it included civilians' subjective cognition and objective cognition, perceptual cognition and rational cognition of rule of law. The degree of civilians' concept of rule of law is an important touchstone to test the situation of nation's rule of law, enhancing the civilians' awareness of the rule of law is an important goal of the construction of the rule of law, The empirical study shows that the civilians have some fuzzy cognition on legislation concept, there is a big variation between the civilians and the legal person on judicial concept, the civilians' degree of recognition and evaluation on law enforcement is very low, and they have different degree of cognitive error on the concept of abiding law. Strengthening the civilians' concept of rule of law is both a national issue and a local task, it focus on the whole country, but spread out locally, based on the difference of the civilians' concept of rule of law and the integration of local legislation and other factors, in the future, we can start from the perspective of local legislation, to correct the civilians' error concept of the rule of law, close the civilians and legal person's different cognition of rule of law, enhance the civilians' concept of rule of law, and then providing motivation concept and condensing social consensus for promoting the rule of law comprehensively.

Keywords: Concept of Rule of Law; Cognitive Differences; Local Legislation

B.5 Research on the Problems and Countermeasures of Local Legislation for Old-age Care in China *Li Chunlan* / 082

Abstract: China's aging population is gradually aggravating, how to properly solve the pension problem has become an urgent problem to be solved by the local legislature. This article through to the current effective on the pension issue 144 analysis of local laws and regulations to tease out the form and content characteristics of the existing laws and regulations, analyzes the local pension legislation existing legislation technology is not standard, legal update not in time, lack of interoperability, high duplication, and the top design problems such as lack of cohesion. Then according to the existing problems, this paper puts forward the optimization ideas. The local legislature should improve the local pension legislation technology and timely update, clarify the necessity of pension legislation, pay attention to reflect the characteristics of local pension, and carry out the detailed provisions of upper level law and pension policy, in order to promote the improvement of local pension legislation.

Keywords: Local Pension Legislation; Legislative Technology; Local Characteristics

Ⅲ Local Legislation Research and Evaluation

B.6 Legislative Research Report on *Chongqing Salt Management Act*

Yang Wenming / 105

Abstract: Chongqing is rich in salt resources, and there are many enterprises engaged in salt production, wholesale and retail, so salt management is facing difficulties. In terms of legal norms, the concept of fixed-point salt wholesale is vague, and there are overlapping and loopholes between salt monopoly management and salt quality management. In terms of practice, there are many illegal wholesale behaviors by using e-commerce business and third-party logistics enterprises, which increases the risk of non-edible salt and non-iodized salt flowing into the dining table. Therefore, *Chongqing Salt Management Act* should aim at strengthening the monopoly management and protecting the quality and safety of salt. To be specific, the legislation should enhance salt professional supervision, perfecting the salt fixed-point enterprise qualification management, regulating the behavior of salt monopoly enterprise, ensure that qualified iodized salt supply, perfecting the salt reserves and emergency management, standardizing of salt e-commerce, increasing the publicity of salt-related policy.

Keywords: Salt Management; Production Monopoly; Wholesale Monopoly; Salt Safety; Chongqing

B.7 The Background Introduction, Target Orientation and Frame Design of Investment Promotion Legislation in Chongqing

Zhao Zhongkui / 122

Abstract: As China enters the era of the new normal economy, promoting the rule of law of business environment should become the direction led by local governments. However, the "hierarchy effect" formed by the unbalanced regional economic development determines that it will be a complicated and long process for the government to realize the transformation from the traditional economic function of investment promotion to the economic function of optimizing business environment. It is still necessary for the government to carry out regional exchanges and cooperation with the help of investment attraction, but it should be regulated. Chongqing's basic situation determines that Chongqing is actively promoting the rule of law of government investment promotion when it optimizes the business environment through legislation. The problems exposed by the practice of investment promotion in Chongqing, such as non-standard investment promotion policy, imperfect investment promotion system, unreasonable investment promotion assessment guidance and insufficient investment promotion planning guidance, need to be solved through local legislation. In the process of local legislation, Chongqing should absorb the experience and deficiency of Yunnan province, Guizhou province and Guangxi autonomous region in formulating local laws and regulations on investment promotion. The legislative framework which is proposed on the basis of preliminary empirical research, legislative data analysis and literature study is expected to be beneficial to the local legislation related to investment promotion in Chongqing.

Keywords: Investment Promotion; Local Legislation; Fair Competition Review

B.8 Research on Methodology of Local Legislation Post-assessment

—*Based on the Theoretical and Empirical Analysis of the Post-legislative Evaluation of Regulations on Protection of Drinking Water Sources of Bazhong City*

Liang Xisheng, Feng Zixuan and Yang Gang / 139

Abstract: Post-implementation assessment of legislation is not only a new system design of the Legislation Law, but also the meaning of improving the quality of legislation in the new era. Especially with the legislative power of the district-divided cities, how to conduct post-legislative evaluation has become a major theoretical and practical issue. The methodology of post-legislative assessment is often related to the legislative path and the specific methods guided by the path. That is to say, the choice of the path of value judgment or fact judgment of post-legislation assessment determines the balance application of evaluation method fundamentally. However, the choice of a single path can not fundamentally solve the problem of post-legislation evaluation, so the comprehensive post-legislative assessment which incorporates theoretical analysis and empirical analysis has become the proper path choice. Therefore, it is necessary to reconstruct the method system from legitimacy evaluation, rationality evaluation, normative (technical) evaluation, operability evaluation to effectiveness evaluation under the comprehensive path selection.

Keywords: Post-legislative Assessment; Local Legislation; Evaluation Methods

B.9 Provincial local legislation on municipal appearance and environmental health Featured quality assessment

Zhao Xinyu / 160

Abstract: local characteristics are the soul and value of local legislation. Urban appearance and environmental health can best reflect local characteristics. Therefore, based on the optimization of the existing local legislation quality evaluation index system, this paper evaluates the quality of local legislation characteristics of 17 provincial city appearance and environmental health management regulations. Through the evaluation, it is found that the evaluation scores of local legislation characteristics are low, which reflects the shortcomings of conservative and lack of local characteristics in provincial city appearance and environmental health legislation, resulting in the low quality of provincial city appearance and environmental health legislation. Therefore, the provincial city appearance and environmental health legislation should pay more attention to increasing creative provisions, enhancing the operability of laws and regulations, and reducing the repetition rate of laws and regulations, so as to improve the quality of legislation and realize the scientific and standardized legislative decision-making.

Keywords: City Appearance and Environmental Sanitation; Local Legislative Characteristics; The Quality of Legislation; Legislation Evaluation

B.10 Research on the Status Quo of Local Legislation on the Classification of Municipal Solid Waste

—*Take the Local Legislation of* 46 *Key Cities as a Sample*

Zhang Ruinan / 193

Abstract: The legislation of municipal solid waste classification has experienced the stage from the awakening of consciousness to the establishment of the legal system, and its idea of development has shifted from resource conservation to environment protection. Since the Ministry of Housing and Urban-Rural Development issued the ‘Notice on Accelerating the Classification of Domestic Waste in Some Key Cities’ in 2017, 46 key cities have been required to issue relevant implementation plans or guidance on the classification and management of domestic waste. Local legislation has sprung up, and the period from 2018 to 2020 can be called the “legislative period”. Local legislation on the classification of municipal solid waste occupies the main part of the entire legal system. Through the analysis of local legislation, it can be found that in the local legislation, there are still some problems such as inadequate legislative system, unreasonable setting of related supporting systems, and tough and monotonous governance methods of government.

Keywords: Domestic Waste Classification; Local Legislation; Legislative Process

Ⅳ Local Legislation and Resource Environment

B.11 On Collaborative Legislation of Cross-regional Watershed Governance

—*Also Discusses the Necessity and Feasibility of Collaborative Legislation on Ecological Environment Control in Zhanghe River Basin*

Fu Li, *Xu Pengfei and Liu Hengke* / 221

Abstract: Law is dynamic and pluralistic in the dimension of geographical space. In addition, there exists tension of conflict and integration among multiple institutional arrangements. Trans-regional watershed management as a typical multi-institutional arrangement, embodies the spirit of public value and consultation, the rules of space shaping and power allocation, as well as the state of multi-dimensional nesting in harmony with the environment. Therefore, under the hindrance of multi-dimensional governance dilemma, interest conflict obstacle and interregional interaction path, regional collaborative legislation has become the optimal scheme to change the current situation of watershed management. On the basis of joint planning, simultaneous investigation and full consultation, it is an effective way for realize the ecological restoration and comprehensive management of the whole river, that to formulate legislation with identical goals, coherent contents, prominent priorities, distinctive features, coordinated procedures and Shared performance, as well as to establish a specific systems of subject coordination and procedure coordination, information exchange and information sharing, interest balance and benefit compensation, public knowledge and public participation.

Keywords: Watershed Management; Local Legislation; Collaborative Legislation

B.12 The realistic care and legislative implications of river basin governance *Zhang Hong* / 236

Abstract: The river chief system to the large extent has solved the stubborn disease of "Kowloon water control", but due to the limitations of regional division and segmented assessment, there are also shortcomings. Based on the empirical analysis of the water quality changes of the ten years, it shows the systematic view of basin governance and the ecological civilization direction of basin governance legislation. Cross-regional government cooperation, institutional cooperation and coordination in the whole river basin will be contained by local areas and administrative division units. Basin management needs to establish system view, and scientific system view is the due meaning of river basin legislation. Paying attention to the integrity, relevance, hierarchy, dynamics and openness of the watershed is the meaning and ability of the watershed legislation. The concept of legislation is to establish a systematic view, the legislative path is a key breakthrough, and to ensure legislation is to strengthen the responsibility for green development of the Party and government at all levels.

Keywords: Basin Governance; Legislation Meaning; Holistic View; Green Development

B.13 Local Legislation of Environmental Resources: Standardization, Effectiveness and Evaluation

—*Based on the Investigation in Shaanxi Province*

Lü Kangning / 246

Abstract: Since the local state organs obtained the local legislative power in the field of environmental resources and protection, how to put it into practice in reality? How did it work? What is the specific way to measure the practice of the rule of law in this field? Based on the information of legislative achievements retrieved by the PKU LAW. com, this paper makes statistics and combs the practice of this field at the national and Shaanxi levels, and attempts to make a basic investigation and summary of the practice, performance and evaluation of local legislation in this field. In addition, a prerequisite for the completion of the above exploration is the theoretical deduction of the legal basis and legal legitimacy of the local legislative power of environmental resources, thus completing the justification of the above work practice and its value investigation.

Keywords: Environmental Resources; Local Legislation; Standardization; Effectiveness; Evaluation

V Local Legislation Technology

B.14 Study on the Structural Characteristics of Local Regulations

—*Takes Chengdu, Guangzhou, Hangzhou and Wuhan for example*

Zhang Qiong / 264

Abstract: After the revision of the Legislative Law, the larger municipal legislative power was limited, and the overall legal structure was reset. Case analysis and comparative analysis can quickly grasp the change information of local regulatory structure, so as to understand the latest trends in local legislation. Through the analysis of the structural characteristics of local laws and regulations in the four districts locating in east, middle and west China and the problems still being upgraded, it is found that legislation about urban and rural construction and management have become the legislative focus areas of each city, but each of the four cities has its own emphasis. Chengdu pays attention to environmental protection legislation. Hangzhou city legislation concept is more advanced, which tries to explore innovative legislation. Guangzhou and Wuhan promotion-oriented legislation is more abundant. Through the comparison of the internal structure of regulations, it is concluded that the regulatory structure of Chengdu and Wuhan has significant correlation, and the correlatation of regulation structure with Hangzhou is the lowest. The former can provide legislative reference for Chengdu, while the latter can provide legislative innovation ideas for Chengdu.

Keywords: Structure of Local Legislation; Chengdu; Guangzhou; Hangzhou; Wuhan

B.15 The Normative Foundation and Functional Localization of Legislative Guidance of Cities with Districts

Wang Youjian / 284

Abstract: After all cities with districts have been given legislative power in 2015, a long-term and sporadic operation in the practice of the review and approval system of legislation of cities — "legislative guidance" began to be applied largely and institutionalized gradually. The rapid development of this practice urges academic community to respond to academic issues such as normative foundation and functional localization of legislative guidance. After studying the historical evolution and practice of the "early intervention" mechanism (the predecessor of legislative guidance), this paper believes that "no conflict with superior law" and "approval within four months" in Paragraph 2 of Article 72 of the Legislative Law on the approval of legislation of cities jointly constitute the legitimacy basis for carrying out legitimacy review in advance through legislative guidance. The Standing Committee of the Provincial People's Congress has obtained the legal basis for its intervention in the legislative work of cities by virtue of its approval power of "half the legislative power". Article 53 of the Legislative Law stipulates that the NPC Special Committee and the working organs of the Standing Committee of the NPC can "participate in the drafting of relevant draft laws in advance", which constitutes a feasible basis for the operation of legislative guidance with "early intervention" as the core mechanism. In terms of functional orientation, this paper believes that the core function of legislative guidance is to ensure the efficiency and effect of reviewing and approving legislation of cities, and the incidental function is to help improve the quality of legislation of cities.

Keywords: Record Review; Local Legislation; Regulation Review; Legislative Guidance; Early Intervention

S 基本子库
UB DATABASE

中国社会发展数据库（下设 12 个专题子库）

紧扣人口、政治、外交、法律、教育、医疗卫生、资源环境等 12 个社会发展领域的前沿和热点，全面整合专业著作、智库报告、学术资讯、调研数据等类型资源，帮助用户追踪中国社会发展动态、研究社会发展战略与政策、了解社会热点问题、分析社会发展趋势。

中国经济发展数据库（下设 12 专题子库）

内容涵盖宏观经济、产业经济、工业经济、农业经济、财政金融、房地产经济、城市经济、商业贸易等12个重点经济领域，为把握经济运行态势、洞察经济发展规律、研判经济发展趋势、进行经济调控决策提供参考和依据。

中国行业发展数据库（下设 17 个专题子库）

以中国国民经济行业分类为依据，覆盖金融业、旅游业、交通运输业、能源矿产业、制造业等 100 多个行业，跟踪分析国民经济相关行业市场运行状况和政策导向，汇集行业发展前沿资讯，为投资、从业及各种经济决策提供理论支撑和实践指导。

中国区域发展数据库（下设 4 个专题子库）

对中国特定区域内的经济、社会、文化等领域现状与发展情况进行深度分析和预测，涉及省级行政区、城市群、城市、农村等不同维度，研究层级至县及县以下行政区，为学者研究地方经济社会宏观态势、经验模式、发展案例提供支撑，为地方政府决策提供参考。

中国文化传媒数据库（下设 18 个专题子库）

内容覆盖文化产业、新闻传播、电影娱乐、文学艺术、群众文化、图书情报等 18 个重点研究领域，聚焦文化传媒领域发展前沿、热点话题、行业实践，服务用户的教学科研、文化投资、企业规划等需要。

世界经济与国际关系数据库（下设 6 个专题子库）

整合世界经济、国际政治、世界文化与科技、全球性问题、国际组织与国际法、区域研究 6 大领域研究成果，对世界经济形势、国际形势进行连续性深度分析，对年度热点问题进行专题解读，为研判全球发展趋势提供事实和数据支持。

法律声明